삶의 사유 공간과 그 해석

통합
사유
철학
강의

김주호 지음

자유정신사

삶의 사유 공간과 그 해석

통합사유철학강의

김주호 지음

자유정신사

삶의 사유 공간과 그 해석

진리가 우리를 자유롭게 하듯이
감성이 우리를 평등하게 할 것이다.

서론

　　인류가 가진 최대 유산인 위대한 철학 사상들은 우리 생각과 삶을, 공기가 기본적인 생명을 유지시켜 주는 것처럼, 조용히 지탱해 준다. '존재, 공(空), 무위, 어짊, 쾌락, 이데아, 관념, 경험, 이성, 실증, 합리, 변증, 유물, 실존, 실용' 천부적 능력과 끊임없는 노력으로 탄생된 그들의 사유는 우리 삶 속에서 아무렇지도 않게 마치 처음부터 우리 것인 것처럼 우리 생각을 구성하고 있다.

　　본 서(書)는 그들이 가진 생각을 해체하여 그 구조를 재구성하려고 한다. 존재, 의지, 인식을 기본 구조로 하여 존재 속에 숨어 있는 [반존재], 의지 속에 숨어 있는 [반의지], 인식 속에 숨어 있는 [반인식]을 정의하고 깊이 사유할 것이다. 이를 통해 접근하기 어렵고 접근하려고 하지 않았던 사유 세계 속 감추어진 비밀의 문을 넘어서려 한다. 이 과정은 인간 일반 사유를 통합적으로 분석하는 험난한 시도가 될 것이며, 본 서에서 그 윤곽과 형태가 완성되기를 기대한다.

- 有情 -

論 : 생각의 구조

I 장. 선형적 삶의 세계

Ⅱ장. 평면적 삶의 세계

Ⅲ장. 공간적 삶의 세계

삶의 사유 공간과 그 해석

論 : 생각의 구조

내가 진리를 만든 것도 아닌데
그것을 찾았다고 자랑할 것 없다.

존재와 시간은 유사성이 있다.

어디에나 있지만 보이지 않고, 계속 변화하지만 변화가 없다.

1. 사유 공간의 구성 요소

우리 인간 역사상 중요한 철학자들은 존재의 원자론적 본질론부터 시작하여, 무위 자연주의, 합리주의, 경험주의, 동서양의 관념론, 실존주의로 생각을 넓혀 갔다. 그들은 우리의 삶을 통찰했고 우리를 이끌었다. 그들의 생각은 민중에 파고들어 오랫동안 유지한 가치와 도덕, 그리고 삶을 바꾸었다. 칸트와 같이 철저하고 근면한 철학자도 있었고 니체와 같이 인간 생각의 한계를 넘는 감동스런 생각의 범람을 우리에게 선물하기도 하였다.

우리 위대한 철학자들은 무엇이 선과 악인지, 무엇이 옳고 그른지, 그리고 무엇이 진실이고 거짓인지를 알고 싶어 했다. 그리고 그들 모두 자신만의 논리와 화법으로 우리에게 그것이 무엇인지 알려 주었다. 그들은 모두 놀라울 정도로 독창적이었으며 그렇지 않은 자들은 아류(亞流)로서 우리들의 기억에서 사라졌다. 이는 앞으로도 다르지 않을 것이다. 그러나 우리 위대한 철학자들로부터 무엇인가 공통점이 발견된다. 그들의 사유 방법은, 대부분의 경우, 인간(주체)과 대상(객체) 사이에서 일어나는 현상을 분석하는 것이었고 그 속 숨겨진 진리가 우리에게 자유와 행복을 줄 것이라고 생각했다. 그리고 실제로 그러했다. 그러나 우리는 우리의 역사상 위대한 철학자들이 이야기하는 사유 속에 더 공통적인 메시지가 있을 것이라는 생각을 갖는다.

우리의 생각은 무엇으로 구성되는가? 생각하려면 대상이 있어야 한다. 그 대상이 어떤 존재이든 무엇인가 생각하려면 존재는 있어야 한다. 그리고 생각은 의지가 없으면 지속되지 않는다. 감각을 통해 들어오는 정보들을 우리는 생각이라 하지 않는다. 어떤 것이 생각되려면 그것을 유지하려는 의지가 있어야 한다. 생각이 조금 지속되면 누구에게나 무엇인가 생각이 정리되기 시작한다. 이것이 인식이다. 이렇게 시시각각 변하는 우리 사유는 존재, 의지, 인식이 구성하는 생각의 양태(樣態)라고 말할 수 있다. 일정 체계를 가진 생각, 사고(思考)를 사유(思惟)라 정의한다.

우선, 물(物, 대상)은 존재와 [반존재]로 구성된다. 존재는 실존이고 [반존재]는 존재 속 감추어진 허상이다. 물(物)의 세계는 존재와 [반존재]의 선형 세계를 구성한다. 그리고 힘은 의지와 [반의지]로 구성된다. 의지는 자유로운 움직임이고 [반의지]는 자유롭지 못하고 억압된

사유 공간의 구성 요소

힘이다. 힘의 세계는 의지와 [반의지]의 선형 세계를 구성한다. 마지막으로, 앎은 인식과 [반인식]으로 구성된다. 인식은 드러난 앎이고 [반인식]은 드러나지 않은 앎이다. 앎의 세계는 인식과 [반인식]의 선형 세계를 구성한다.

[반존재], [반의지], [반인식]에 대한 정의와 구체적 고찰은 후술한다. 모두는 아니겠지만, 많은 사람이 우리가 알 수 없는 삶의 양태(樣態)를 특정한 다른 사유 공간과 관계 맺는 것에 동의할 것으로 생각한다. 우리는 본 서(書)에서 지금까지와 다른 사유 공간에 대하여 정의하고 탐구할 것이다.

사유 공간의 구성 요소

2. 사유 공간의 배치

사유 공간은 우선 세 가지 세계로 분류된다. 선형 사유 세계, 평면 사유 세계, 공간 사유 세계이다. 선형적 세계는 존재와 [반존재]가 이루는 선형 세계, 의지와 [반의지]의 선형세계, 인식과 [반인식]이 이루는 선형 세계이다. 서로 대칭이고 사유 공간의 기본 좌표이며, 3개의 기본 선형적 사유 세계를 구성한다.

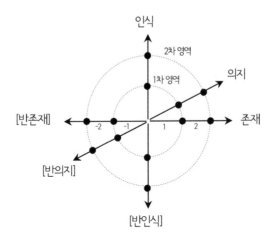

평면적 세계는 수평 평면 세계와 수직 평면 세계로 구성된다. 수평 평면 세계는 의지-존재, 의지-[반존재], [반존재]-[반의지] 그리고

사유 공간의 배치

생각의 구조

[반의지]-존재, 4개의 평면 세계이다. 수직 평면 세계는 존재-인식, 의지-인식, [반존재]-인식, [반의지]-인식, 네 가지로 구성된 인식 평면 세계와 존재-[반인식], 의지-[반인식], [반존재]-[반인식], [반의지]-[반인식], 네 가지로 구성된 [반인식] 평면 세계로 구성된다. 이와 같이 평면 사유 세계는 12개의 사유 평면으로 구성된다.

공간적 세계는 인식 공간과 [반인식] 공간 세계로 구성된다. 인식 공간 세계는 [제1 공간] 존재-의지-인식(사유 표출 공간), [제2 공간] [반존재]-의지-인식(실체 상실 공간), [제3 공간] 존재-[반의지]-인식(진리와 가치에 대한 무력 공간), [제4 공간] [반존재]-[반의지]-인식(허무적 니힐리즘 공간), [제5 공간] 존재-의지-[반인식](잠재 공간), [제6 공간] [반존재]-의지-[반인식](숨겨진 개별 질서 공간), [제7 공간] 존재-[반의지]-[반인식](실체적 무의식 공간), [제8 공간] [반존재]-[반의지]-[반인식](분열 공간)의 사유 공간으로 구성된다. 이와 같이 공간 사유 세계는 8개의 사유 공간으로 구성된다. 이때 인식 관점을 중심으로 분류하면 인식 공간과 [반인식] 공간으로 양분되며, 의지 관점을 기준으로 의지 공간과 [반의지] 공간, 존재 관점을 기준으로 하면 존재 공간과 [반존재] 공간으로 크게 양분된다.

사유 공간의 배치

생각의 구조

각 영역은 인간 일반의 지적 능력에 따른 사유로 도달할 수 있는 1차 (사유) 영역과 부단한 사유 작용 결과로서 도달할 수 있는 2차 (사유) 영역으로 구분된다. 보통 둘 사이의 벽은 제3의 탄생을 [나]에 대하여, 김유정, 자유정신사, 제3의 탄생, p136 (2012) 통하여 무너져, 사유 공간이 크게 확대된다. 1차 영역과 2차 영역을 기준으로 공간을 재배치하면 사유 공간은 64개의 세부 공간으로 분류된다. 예를 들면, [제1 사유 공간], 존재-의지-인식 공간은 8개의 세부 공간으로 분류된다. 이들은 [1차 존재-1차 의지-1차 인식 공간], [1차 존재-1차 의지-2차 인식 공간], [1차 존재-2차 의지-1차 인식 공간], [1차 존재-2차 의지-2차 인식 공간], [2차 존재-1차 의지-1차 인식 공간], [2차 존재-1차 의지-2차 인식 공간], [2차 존재-2차 의지-1차 인식 공간] [2차 존재-2차 의지-2차 인식 공간]으로 구성된 8개 세부 사유 공간이다.

사유 공간의 배치

3. 사유 공간별 인간 사유 역사

이제부터 인간 일반 위대한 사유의 궤적을 분석한다. 우리의 위대한 철학가들을 각자 하나의 영역만으로 특정할 수는 없다. 그들의 생각도 아침, 저녁으로 달라질 수 있고, 청년 시대와 노년 시대의 생각은 궤적을 그리며 계속 변하기 때문이다. 비트겐슈타인은 자신의 청년 시절 철학을 비판했다. 분석은 다소 주관적일 수 있으며 저자 지식의 한계에 따라 오류가 있을 수 있다. 이는 각 철학자를 깊이 공부한 독자나 철학자에 의해 수정될 수 있을 것이다. 사실 그들의 생각은 누구도 정확히 알 수 없다. 지금 우리에게 중요한 것은 인간 일반 위대한 사유들의 좌표를 설정하려는 시도이다.

우리 철학의 역사는 여러 가지로 분류되었다. 소크라테스, 플라톤 학파로부터 스토아학파, 스콜라 철학, 합리주의, 경험주의, 실용주의, 실존주의, 포스트모더니즘까지 다양하다. 이는 철학의 관점으로 분류되어 역사적 시대와는 크게 관련은 없으나, 전반적으로 시대의 흐름에 따라 변화를 지속한다고 보아도 그렇게 틀리지 않는다. 그러나 우리가 지금 보는 관점은 그렇지 않다. 2500년 전 철학자나 우리 현대 철학자나 동일한 기준으로 판단할 것이며, 순수 철학적 3차원 사유 관점으로 재분류할 것이다. 이렇게 우리 철학의 생각 역사 분석을 시작한다.

헤라클레이토스(BC540)는 [대립을 통한 역동이 세계를 창조한다.]라고 사유한다. 우리는 그를 [제1 사유 공간, 121] 좌표로 분석한다. 이는 [존재 제1 영역-의지 제2 영역-인식 제1 영역]을 의미한다. 그는 존재와 인식이 구성하는 일반 관념 영역을 깊이 의지함 ^{역동적 대립} 으로써 세계가 움직인다고 생각했다. 이와 동일한 방법으로 다른 모든 철학자의 생각을 분석했다.

생각의 구조

8개의 사유 공간을 따라 그리고 시간을 따라 인간의 생각 흐름을 분석한 결과 65명의 철학자가 존재-의지-인식으로 구성되는 [제1 사유 공간]에 위치하고 있다. [반존재]-의지-인식의 [제2 사유 공간]에 3명, 존재-[반의지]-인식의 [제3 사유 공간]에 7명, [반존재]-[반의지]-인식의 [제4 사유 공간]에 1명, 존재-의지-[반인식]의 [제5 사유 공간]과 [반존재]-의지-[반인식]의 [제6 사유 공간]에는 사유의 궤적을 찾을 수 없었다. 존재-[반의지]-[반인식]의 [제7 사유 공간]에 2명, [반존재]-[반의지]-[반인식]의 사유 공간인 [제8 사유 공간]에 2명이 그 위치를 차지하고 있다. 이를 종합하면 다음 페이지부터의 표와 같다.

사유 공간별 인간 사유 역사

제 1 사유 공간 : 존재-의지-인식 공간 - 1

존재	의지	인식	철학자	년도	사유의 궤적
1	1	1	묵자	BC381	타자(他者)를 하나의 인격체로서 자신과 동일하게 존중함이 강자의 덕목이다.
			디오게네스	BC325	아무것도 없음이 자유롭게 한다.
			이황	1570	인간의 심성 중, 4단(仁義禮智)은 이(理)의 작용으로, 7정(喜怒哀樂愛惡慾)은 기(氣)의 작용으로 나타난다.
			이이	1584	이(理)와 기(氣)의 작용으로 발생되는 마음의 양태(七情)속에서 본연지성(本然之性) 4단(端)도 나타난다.
			아르노	1694	사유에도 기술(비모순성, 일관성, 명확성)이 필요하다.
			화이트헤드	1947	물질(존재)과 개념(가치, 의미)은 유기체적이며, 분리될 수 없다.
			러셀	1970	명제 속 숨어 있는 다수의 구성 주장을 찾고, 그 중 하나라도 거짓이면 거짓이다.
1	1	2	피타고라스	BC480	음악 정신과 수(數)로부터 만물의 근원은 스스로 설명된다.
			플라톤	BC347	영원 불변의 것만이 실재(이데아)이다.
			주희	1200	이(理)의 작용으로 본성을 갖고 기(氣)의 작용으로 형체를 갖게 되는데(이기이원(理氣二元)), 이를 알기 위해서는 대상을 탐구해서(격물(格物)) 그 이치를 체득해야 한다.(치지(致知))

사유 공간별 인간 사유 역사

제 1 사유 공간 : 존재-의지-인식 공간 - 2

존재	의지	인식	철학자	년도	사유의 궤적
			토마스 모아	1535	이성과 배움을 근거로 한, 정신적 즐거움을 추구하는 세상이 유토피아이다.
			버클리	1783	존재는 관념화(인식화)되지 않으면 존재하지도 않는다.
			칸트	1804	세계는 12개의 이성적 범주에 감각적 현상 정보를 부여, 해석 가능하다. (이성과 경험의 종합)
			헤겔	1831	인간 정신이 닿을 수 없는 배후의 존재란 없으며, 정반합(正反合)의 변증 과정은 절대 보편 정신으로 인도할 것이다.
			쉘링	1854	자의식 속 선험적 절대 세계 정신은 주체와 객체(대상)를 동일화한다.
			콩트	1857	인간 지식은 확인 가능한 실증적 관찰들을 근원으로 해야 한다.
			슐리크	1936	검증되지 않는 형이상학적 철학은 진실도 거짓도 아닌 무의미한 것이며, 철학의 할 일은 의미의 명석화뿐이다.
			에드워드 무어	1958	철학은 기상천외한 관념도 아니고, 특별한 경험도 아닌, 상식을 다루는 학문이다.

사유 공간별 인간 사유 역사

제 1 사유 공간 : 존재-의지-인식 공간 - 3

존재	의지	인식	철학자	년도	사유의 궤적
1	2	1	헤라클레이토스	BC540	대립을 통한 역동이 세계를 창조한다.
			공자	BC479	인(仁)과 예(禮)가 세상을 바르게 할 것이다.
			아리스토텔레스	BC322	모든 것은 목적에 기인한다.
			에피큐로스	BC270	즐거움을 위한 자유 의지가 현상 세계를 변화시킨다.
			순자	BC238	인간의 타고난 욕망에 의한 혼란은 강제적 통제를 필요로 한다.
			한비자	BC233	국가와 인간 일반의 이기심 모두 인의(仁義)가 아닌 법술세(法術勢)로 다스려야 한다.
			세네카	65	자신 속 진정한 안내자는 신적(神的)이며, 타자(他者)를 구원할 수 있다.
			필론	30	인간의 목적은 신(神)이 되는 것이다.
			아우구스티누스	430	철학은 믿음(神)의 하인이다.
			보에티우스	524	선(善)은 신(神)을 투영한다. 우리는 선(善)을 택할 자유 의지가 있다.

사유 공간별 인간 사유 역사

제 1 사유 공간 : 존재-의지-인식 공간 - 4

존재	의지	인식	철학자	년도	사유의 궤적
			왕양명	1528	근원적 이(理)는 대상이 아니라 마음에 있다. (심즉리(心卽理))
			에라스무스	1536	형식이 아닌 마음으로부터 탄생되는 신(神)만이 인간적이다.
			홉스	1679	거대한 괴물, 리바이어던이 세상을 지키지 않으면 인간은 서로 물어 뜯을 것이다.
			벤덤	1832	최대 다수에게 최대 쾌락, 최소 고통을 주는 것이 정의(正義)이다.
			존 스튜어트 밀	1873	다수를 위한 윤리가 정의(正義)와 선(善)의 기준을 제공한다.
1	2	2	노자	BC479	그릇이 비워져야 그 역할을 하듯이, 자신만의 것을 비워야 (無, 無爲) 절대적 원리를 득행(得行)할 수 있다.
			소크라테스	BC399	비판적 사고가 선(善)을 탄생시킨다.
			맹자	BC289	인간의 마음은 이미 인의예지(仁義禮智)를 가지고 있으니, 덕으로 인의를 실행하면 세상은 평화로워 질 것이다.
			아우렐리우스	180	인간은 자기 보존을 위해 지혜, 정의, 용기, 절제를 추구해야 한다.

사유 공간별 인간 사유 역사

제 1 사유 공간 : 존재-의지-인식 공간 - 5

존재	의지	인식	철학자	년도	사유의 궤적
			디드로	1778	아는 것(知)은 단순히 아는 것에 그치지 않고 자연에 대한 인간의 힘을 증대하기 위해 도움이 되는 것이어야 한다.
			데까르트	1650	존재와 비존재, [현실과 꿈]을 구분할 수 있는 유일한 방법은 [생각한다.]는 것이다.
2	1	1	탈레스	BC540	만물의 기원은 신(神)들의 의지가 아닌 물(水)이다.
			데모크리토스	BC370	사물은 물론 생각도 원자의 결합이다.
			루크레티우스	BC55	물질은 항존(恒存)하며, 그 시원(始原)은 무한한 세계 공간으로부터 우연히 발생한다.
			마르크스	1883	물질이 생각을 변화시킨다.
			엥겔스	1895	정반합 변증의 주체는 관념이 아니라 물질이다.
			후설	1938	존재의 나타난 모습(현상)이면 배후의 사변(思辨)을 고려하지 않아도 충분하다.
			비트겐슈타인	1951	진리는, 악보가 음악을 나타내듯이, 언어로 그릴 수 있는 것이어야 한다.

사유 공간별 인간 사유 역사

제1 사유 공간 : 존재-의지-인식 공간 - 6

존재	의지	인식	철학자	년도	사유의 궤적
			존 듀이	1952	진리와 선은 실재(實在)를 움직이는 도구이어야 한다.
			하이데거	1976	존재가 그곳에 [있음]으로 창조되려면 주체(정신)와 대상(물질)이 융합되어야 한다.
			콰인	2000	우리가 믿어야 할 것은 경험도, 이성도, 신(神)도 아닌, 모든 것을 포괄하는 대상(對象)이다.
2	1	2	아퀴나스	1274	무(無)로부터 존재를 생성시키는 것은 신(神)밖에 없다.
			베이컨	1626	경험 없는 단순 이성은 자신의 머리 안에 거미줄을 치는 것과 같다.
2	2	1	크세노파네스	BC475	확실성은 성취될 수 없다.
			오캄	1347	실재는 신(神)적인 것과 독립적, 절대적으로 자유 의지를 갖고 존재한다.
			흄	1776	존재 [나]는 감각을 통해 대상을 인식하는 지각(知覺)의 다발에 불과하다.
			존 로크	1704	우리는 선험적, 이성적 지식을 가질 수 없고, 오직 감각 기관을 통한 경험만이 삶을 관통한다.

사유 공간별 인간 사유 역사

제 1 사유 공간 : 존재-의지-인식 공간 - 7

존재	의지	인식	철학자	년도	사유의 궤적
			토마스 리드	1796	직접적 지각에 의한 상식 원리가 가장 중요한 인간 정신을 구성한다.
			키에르케고르	1855	진정한 진리 탐구는 [무엇을 알아야 할 지(성찰)]가 아니라 [무엇을 해야 할 지(열정)]에 대한 것이다.
2	2	2	싯다르타 (석가)	BC483	존재 (나(我))는 우주 속 흩어져 있는 오온(五蘊, 色受想行識)의 일시적이고 자유로운 집합체일 뿐이다.
			장자	BC289	진리(道)는 자유정신을 가진 존재에 의해 창조되는 것이다.
			원효	686	만물의 평등함을 확실히 알고 행하면, 중관(中觀)과 유식(唯識)을 모두 관통한다.
			의상	702	자유(해탈(解脫))와 평온(열반(涅槃))은 한 개체의 마음이 전체를 융합, 서로 하나를 만들어 갈 때 완성된다.
			지눌	1210	한 순간에 진리를 발견할 수는 있어도, 그 곳에 가려면 한참을 걸어야 한다. (돈오점수(頓悟漸修), 조계(曹溪))
			니체	1900	자유 의지가 운명을 지배하는 존재의 근원적 힘이다.

사유 공간별 인간 사유 역사

제1 사유 공간 : 존재-의지-인식 공간 - 8

존재	의지	인식	철학자	년도	사유의 궤적
			사르트르	1980	자유 의지적 존재는(對他, 對自, 卽自) 본질을 앞선다.
			푸코	1984	현대 철학은 권력이 훈육시켜온 지배 구조를 밝힘으로써 개인의 권력을 찾도록 하는 것을 새로운 가치로 추가해야 한다.

제 2 사유 공간 : [반존재]-의지-인식 공간

반존재	의지	인식	철학자	년도	사유의 궤적
-1	1	1	제논	BC430	감각에 의한 다수성은 허구이다.
-1	1	2	-	-	-
-1	2	1	쇼펜하우어	1860	우리의 진정한 본질 [물(物) 자체]는 의지이고, 깊은 평정을 위해 부정되어야 할 것도 의지이다.
-1	2	2	-	-	-
-2	1	1	파르메니데스	BC440	존재는 존재하지 않는 것을 암시한다.
-2	1	2	-	-	-
-2	2	1	-	-	-
-2	2	2	-	-	-

사유 공간별 인간 사유 역사

제 3 사유 공간 : 존재-[반의지]-인식 공간

존재	반의지	인식	철학자	년도	사유의 궤적
1	-1	1	엠피리쿠스	200	진리 판단의 유보와 무관심은 안정과 평화를 줄 것이다.
			애덤 스미스	1790	자신의 이익을 위한 삶을 목적하지만, 그 삶 속에서 의도하지 않은 [보이지 않는 손]이 세상을 풍요롭게 바꿀 수도 있다.
1	-1	2			
1	-2	1	뉴턴	1727	우주는 보편성을 가진 물리적 원리에 의해 지배된다.
			말브랑슈	1715	우리의 인식은 신(神) 안에 있는 관념을 매개해서만 성립할 수 있다.
			루소	1778	인간은 자유롭게 태어났으나, 이기적 전체 의지의 사슬에 묶여 강요된 불평등이 발생한다.
1	-2	2			
2	-1	1	스피노자	1677	우주에는 신(神)과 같은 하나의 실체만이 존재한다.
			라이프니츠	1716	우주는 개별적 무한 심리적 실체(영혼)들로 독립적으로 구성되어 있다.
2	-1	2			
2	-2	1			
2	-2	2			

사유 공간별 인간 사유 역사

제 4 사유 공간 : [반존재]–[반의지]–인식 공간

반존재	반의지	인식	철학자	년도	사유의 궤적
-1	-1	1	-	-	-
-1	-1	2	-	-	-
-1	-2	1	-	-	-
-1	-2	2	-	-	-
-2	-1	1	-	-	-
-2	-1	2	-	-	-
-2	-2	1	-	-	-
-2	-2	2	용수(龍樹) 나가르주나	250	모든 존재는 인과 관계로 현시(顯示)되는 것으로, 불변의 실체는 없지만(공(空), 무자성(無自性)), 그 [이름]이 붙어 실존한다. (中觀)

사유 공간별 인간 사유 역사

제5 사유 공간 : 존재-의지-[반인식] 공간

존재	의지	반인식	철학자	년도	사유의 궤적
1	1	-1	-	-	-
1	1	-2	-	-	-
1	2	-1	-	-	-
1	2	-2	-	-	-
2	1	-1	-	-	-
2	1	-2	-	-	-
2	2	-1	-	-	-
2	2	-2	-	-	-

생각의 구조

제6 사유 공간 : [반존재]-의지-[반인식] 공간

반존재	의지	반인식	철학자	년도	사유의 궤적
-1	1	-1	-	-	-
-1	1	-2	-	-	-
-1	2	-1	-	-	-
-1	2	-2	-	-	-
-2	1	-1	-	-	-
-2	1	-2	-	-	-
-2	2	-1	-	-	-
-2	2	-2	-	-	-

사유 공간별 인간 사유 역사

제 7 사유 공간 : 존재-[반의지]-[반인식] 공간

존재	반의지	반인식	철학자	년도	사유의 궤적
1	-1	-1	-	-	-
1	-1	-2	프로이드	1939	이성적 자아가 아닌, 무의식적 억압이 행동을 통제한다.
			융	1961	집단적 무의식이 삶의 틀을 결정한다.
1	-2	-1	-	-	-
1	-2	-2	-	-	-
2	-1	-1	-	-	-
2	-1	-2	-	-	-
2	-2	-1	-	-	-
2	-2	-2	-	-	-

사유 공간별 인간 사유 역사

제 8 사유 공간 : [반존재]-[반의지]-[반인식] 공간

반존재	반의지	반인식	철학자	년도	사유의 궤적
-1	-1	-1	베르그송	1941	직관의 방식이 지성의 방식보다 더 창조적이고 자유 의지적이다.
-1	-1	-2	-	-	-
-1	-2	-1	-	-	-
-1	-2	-2	-	-	-
-2	-1	-1	-	-	-
-2	-1	-2	-	-	-
-2	-2	-1	-	-	-
-2	-2	-2	세친(世親) 바수반두	400	대상은 아무 것도 아닌 깊은 마음(識)일 뿐임을 자각하면, 주체와 대상을 분별하려는 의지를 제거할 수 있다. (唯識)

사유 공간별 인간 사유 역사

4. 삶의 사유 공간과 그 해석 - 통합사유철학

우리 인류 사유 영역이 존재-의지-인식으로 구성된 제1 사유 공간에 집중되어 있는 것은 예상한 바이다. 우리 사유는 [반존재], [반의지] 그리고 [반인식]을 잘 알지 못했고, 그것을 기술하려고 해도, 다수 언어 논리 철학자의 엄격하고 실증적인 명제 진위 판단 기준에 부합하기가 어려운 영역이기도 하다. 이제 이 문제들을 해결하기 위하여, [반존재], [반의지], [반인식]을 포함하는 통합 사유 철학을 제시하고, 이를 통한 오래된 미제(未濟) 영역에의 접근을 시도한다.

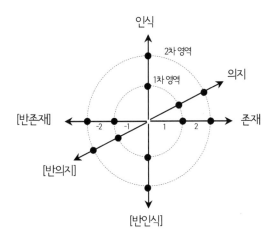

I 장. 선형적 삶의 세계

인간의 역사가 지속되려면
신이 창조했던 것과 크게 다르지 않은 창조가 지속되어야 한다.

철학은 타자(他者)를 위한 학문이다.
혹시 자신이 그렇지 않다면 다른 길을 택하는 것이 좋다.

1-1. 존재의 선형 세계

인간의 총체적 삶의 구성요소가 매우 다양하게 우리에게 다가오고 인간들이 가지는 삶에 대한 당혹감은 모든 것을 혼란 속으로 빠뜨린다. 우리 삶은 너무나도 다양하고 불명확하고 예상할 수 없으므로, 우리를 혼란케 한다. 우리가 아는 지식은 쓸모없는 경우가 많고 내 주변의 가장 가까운 사람조차, 내 생각과 일치시킬 수 없다. 도대체 무엇이 잘못된 것인가. 아니면, 원래 삶이란 이런 혼란 속에서 우왕좌왕 떠돌다 아무것도 알지 못한 채, 그렇게 사라져 가는 것인가.

이런 혼란 속에서 인간에게 친근하게 다가서는 것은 존재의 세계이다. 우리는 삶으로부터의 존재에 너무나 친숙하여, 삶이 우리에게 부여하는 끊임없는 탐구의 호기심을 망각시킨다. 그렇다. 이때, 우리의 눈에 들어오는 것이 있는데, 눈앞의 하늘, 구름, 작은 연필과 같은 존재이다. 하지만 이에 익숙해져 버린 우리는 그 의미를 잃어버리고 있다. 그 존재가 우리를 파괴시키고 또 회복시킨다.

모든 것은 존재한다. 형상을 가진 것들, 책, 구름, 바위, 강물,

태양. 모든 것은 존재한다. 비록 그것이 형상을 바꾸더라도, 존재했던 그 순간에 존재했던 것은 사실이다. 여기에서 존재는 우리에게 위안을 주며 존재를 생각하게 한 것에 대하여, 우리 인간은 마지막 축복을 받은 것으로조차 느껴진다. 이와 같이, 형상을 가진 존재를 [유형 존재 (有形 存在)]라 한다. 존재는 시간을 초월한다. 인간 일반에게 무엇인가 [인식의 문]으로 인도하는 것이 이 존재 아닌가. 존재는 전술한 바와 같이 그 모습이 여러 가지로 나타난다. 그중 가장 중요한 하나가 바로 눈에 보이는 형상을 가진 존재이다. 무엇이 이보다 더 확신을 주겠는가.

이뿐만이 아니다. 사유할 수 있는 것은 사유를 통해 존재한다. 한 사람이 다른 사람에 대하여 우의(友意)를 가지면 그때 그 우의(友意)는 존재한다. 인간은 자신의 본성이 무엇인가를 사유하여 자신의 특성에 대하여 사유하면, 자신의 특성 이것은 물론 형상은 없다. 은 존재한다. 이 형상이 없이 존재하는 존재를 [무형 존재 (無形 存在)]라 한다. 이런 분석적 분류의 목적은 존재를 바라보는 시각을 분석적이고 명확하게 하여, 존재로부터 파생되는 인식 작용 그리고 의지 작용을 통합적으로 바라보는 시각을 가지기 위해서이다. 이로부터 삶의 실체는 유형 존재와 무형 존재

존재의 선형 세계

로 구성된다.

우리는 여기서 자연스러운 질문에 부딪히는데, 그것은 유형 존재든 무형 존재이든 [그 존재의 근원(根源)이 무엇인가] 라는 것이다. 존재와 삶의 근원에 대한 사유는 플라톤의 이데아, 아퀴나스의 [보편자] 노자의 [도(道)]와 같이, [본질을 중심으로, 개체가 파생되는 철학 사조]와 아리스토텔레스의 [개체 본질, 에이도스], 장자의 개인별 [도(道) 주체설], 나가르주나의 [공(空)], 니체의 [개별적 초인], 비트겐슈타인의 [개인-타자(他者)와의 관계]와 같이 [개체를 중심으로, 개체의 삶이 모여 세계를 이룬다는 철학 사조]로 구분된다.

좀 더 쉽게 존재의 근원에 대하여 생각해 보자. 유형 존재인 경우, 우리는 어렵지 않게 그 답을 구할 수 있는 것처럼 느낀다. 강물은 구름으로부터 내린 비가 축적되어 낮은 쪽의 흐름을 생성시키고 그 모임은 강물로서 존재한다. 그러므로 강물은 구름에서 생성된 비(雨)라는 것으로 결론지어진다. 또한, 종이는 일반적으로 나무로부터 일정 과정을 거쳐 생성되며, 이로써 그 근원이 나무임을 알 수 있다.

존재의 선형 세계

존재론적 세계

그런데 강물의 경우, 근원으로 유추된 비(雨)의 근원도 있을 것 아닌가. 그리고 종이의 근원인 나무도 또 다른 근원이 있지 않겠는가. 이렇게 근원을 쫓아 올라가면, 이는 [존재의 근원 문제]가 될 것이다. 지금은 존재 근원 관점이 아니라, 우선 그 근원이 인간 일반의 이성으로 즉시 유추되는 것인가의 관점에서 보기로 한다.

한편, 인간이 타자(他者)에게 무형 존재인 분노를 느꼈을 때 존재로서의 분노는 한 인간의 파렴치한 행동이나 자신에게 해악이 되는 일이 자행됨으로써 생성될 것이다. 이로써 이 분노의 근원은 어렵지 않게 밝혀진다. 이와 같이 무형 존재의 근원은 어느 정도 명확해 보인다. 하지만 분노 근원의 예와 같이, 인간의 파렴치한 행동이나 자신에게 해악이 되는 일이 정말로 분노의 원인인가는 다른 접근도 가능하다. 오래된 이야기이기는 하지만, 노예 제도하에서의 노예는 자신에게 해악이 되는 일을 분노로 받아들이지 않았을 것이며, 현 국가 모병제도와 같은 반 개인적 제도에 의해 자신의 의지가 침해당할 때, 과연 루소의 인간 불평등 기원론에서와 같은, 개인적이고 공동체적인 분노를 우리가 느끼고 있는가를 생각하면, 그 근원에 대하여 다시 생각해 볼 일이다. 아무튼, 이와 같

존재의 선형 세계

이 그 존재의 근원이 유추 가능한 존재를 [유추 존재 또는 이차존재(二次存在)]라 한다.

반면, 유형 존재임에도 그 존재 근원이 유추 불가능한 존재가 있다. 우주를 이루고 있는 원소들은 그 존재의 근원이 없이 단지 존재할 뿐이다. 왜 어떤 원소가 존재하는지의 근원은 사유 되지 않는다. 다시 말하지만 단지 존재할 뿐이다. 이것으로부터 다양한 철학적 사유가 시작된다. 우주의 근본 원소들은 그 근원이 없는 것인가. 신이 창조한 것인가. 노자, 동중서, 플라톤, 기독교와 같이, [절대자에 의한 필연성]을 존재의 근원으로 사유하기도 하고, 장자, 왕충, 에피쿠로스, 알튀세르와 같이, [우연성에 의한 마주침]을 존재의 근원으로 사유할 수도 있다. 우리는 이와 같은 존재를 [근원 존재, 일차존재(一次存在)]라 한다. 오랫동안 철학자들이 탐구해온 일반 존재이다.

인간 일반이 어떤 사물 또는 인간에게 아름다움을 느꼈을 때, 그 근원은 조화로움, 단순성, 규칙성, 자연성, 순결성 등으로부터 기원하는 자신의 내면 욕구와 사회적 관습 등의 복합 요인에 의한 것임을 단순히

존재의 선형 세계

존재론적 세계

생각할 때 유추 가능하다. [유추 존재] 아름다움이 인식 영역으로 전환한다면 그 원인은 유추 불가능하다. 아름다움이란 무엇인가는 미학의 문제가 아니다. 우리 삶의 문제이다. 혹시, 이를 미학의 영역으로 몰고 가는 미학자들이 있으면, 그들의 생각은 무시해도 좋다. 원래 아름다움은 개인적인 것이다. 이를 일반화 하려는 시도는 인간의 오만일 수도 있다.

이처럼, 인간의 감정과 같은 무형 존재는, 2차 존재 [유추 존재]로 사유 가능하다. 앞서 언급한 바와 같이, 인식 영역으로 전환하지 않는다는 가정 하의 명제이다. 감정이 인식의 영역으로 융합 전환되어 사유 공간화되면 [존재-의지-인식] 변화 공간화되어 인간 감정도 1차 존재 [근원 존재]로 사유해야 한다.

선형적 삶의 세계

우리는 여기서 중요한 존재론적 의문에 다다른다. [그 존재 근원이 유추 가능한 [유추 존재]와 유추 불가능한 [근원 존재] 사이의 벽은 무엇인가.] 이 벽의 허물어짐이 많은 것을 알려줄 것 같은 느낌에 다른 모든 것을 잊고 집중하기도 한다. 우리 눈 앞에서 보이는 작은 돌이 왜 거기에 있는가. 우리는 어떻게 그 돌을 보면서 여기에 있는가.

존재의 선형 세계

존재론적 세계

인간 일반이 과연 두 존재를 구분할 능력이 있을 것인가. 그리고 그 벽이 있기는 한 것인가. 그 벽은 인간 사유 능력의 한계이다. 결국 인간 일반의 사유 능력에 따라 그 벽은 변화할 것이다. 존재를 볼 수 있는 능력은 인간 일반 모두가 그 가능성은 모두 동일하지만 동일하지는 않다.

우리 인간 일반은 예로부터 그 근원을 유추할 수 없다고 판단한 존재들을 하나하나 유추 가능한 존재로 전환하려는 노력을 계속해왔고 실제로 많은 것들이 유추 가능한 존재로 전환되었다. 양자론의 [파동과 입자의 이중성]과 미시 세계에서의 [상태 공존 원리]가 [관측에 의해 파동으로서의 전자가 수축하고 입자로서의 전자가 나타난다.]는 코펜하겐 해석을 주목한다. 아인슈타인은 맘에 들어 하지 않았지만, 양자론은 동일 시각에 하나의 존재가 여러 곳에 존재할 수 있다는 논거를, 하이젠베르크가 틈새를 통한 전자 도달 흔적의 실험적 증거와 함께 [불확정성의 원리]로서 제시하였다. 이것은 영원히 존재 근원을 단언할 수 없을 수도 있다는 것을 암시한다.

1차 (근원) 존재와 2차 (유추) 존재의 벽은 인식의 증대와 더불어 허물어져 간다. 존재는 그 자체로서 존재하지 않고, 사유와 더불어 존재

존재의 선형 세계

하며 이것이 1차 존재와 2차 존재의 벽으로서 작용한다. 이 인식을 통한 존재의 허물어짐은 평면적 세계에서 다시 사유 될 것이다.

[존재의 허물어짐] 중관 철학의 공(空). 존재는 과연 유(有)인가, 무(無)인가. 왜 이런 문제를 사유하는가. 세상의 변화를 인도(引導)하여 왔던 철학적 사유는 정체하고, 세상은 변치 않는데 인간의 지식만 넘쳐난다. 지식을 통제할 수 있는 것은 아무것도 없다. 지식이 지식을 통제하도록 방치할 것인가.

존재를 사유, 분석하고 분류하려고 하는 노력은 흥미로운 세계로 우리를 인도한다. 삶의 사유 공간을 분석하는 과정이므로 우선은 데카르트적(的) 사고(분석, 명확)를 따를 수밖에 없다. 정의들을 받아들이는 과정에서 그 개념이 인식되도록 해 보기 바란다. 약간 익숙하지 않은 용어들이 있으나, 이는 우리가 전자기학에서, 처음 강유전 (Ferroelectric)이란 용어를 접했을 때, 어색함을 느끼는 것과 같다.

자신으로부터 발생하는 [대자(對自) 존재]는 인간 일반이 개입됨으로써 [대타(對他) 존재]로 변환하고, 자신과 타인으로부터 독립적으로 존재하는 [즉자(卽自) 존재]는 자신이 개입됨으로써 [대자(對自) 존재]

존재의 선형 세계

로 변환한다. 보통 실존철학자들은 사르트르, 존재와무, 양원달역, 을유문화사 (1983)
변하지 않는 자신의 본성적 존재를 즉자존재(卽自存在)로, 자신을 자신
으로 느끼는 존재를 대자존재(對自存在)로, 타자(他者)와의 관계에서
나타나는 자신의 존재를 대타존재(對他存在)로 정의한다. 우리는 [대자
존재]로 구성된 자신의 다양한 성상(性狀)을 [대자존재(對自存在) 수레
바퀴]로 배고플 때의 나, 목마를 때의 나, 기쁨을 느끼는 나, 슬픔을 느끼는 나, 분노할 때의
나, [대타존재]로 구성된 자신의 다양한 양태(樣態)를 [대타존재(對他存
在) 수레바퀴]로 친구로서의 나, 교수로서의 나, 부모로서의 나, 자식으로서의 나, 선배로서
의 나 명명(命名), 규정한다. 이는 우리 존재 다양성을 명확히 보여 준다.

이와 같이, 우리는 동일한 존재가 여러 모습으로 변화한다고 느
낀다. 그러나 존재가 변화하는 것으로 생각해야 하는지, 존재는 [즉자
존재]로서 동일하나 나타남의 변화만 일어나는지는 우리에게 사유의 여
백을 남긴다. 자신의 변치 않는 진아(眞我)를 찾는 것은 존재를 탐구하
는 과정에서 잊지 말아야 할 과정이며, 또한 이 진아(眞我)의 극복을 통
한 [아무것도 아님] 공(空) 에의 접근은 또 다른 단계의 자신을 찾는 과정
이 될 것이다. 즉, 항상(恒常, 生)도 아니고 무상(無常, 滅)도 아닌 중관
(中觀)이다. 보통, 이를 인도 나가르주나, 불교 중관(中觀) 철학의 기본

개념으로 이해해도 좋다. 불생불멸(不生不滅) · 불상부단(不常不斷)에 나타나 있는 것처럼, [상대적으로 대립하고 있는 여러 개념의 어느 한 편에만 집착하지 않는 입장에 선다]는 관점에서 중관(中觀)이 유래하였다.

　　우리에게 현시(顯示)되는 물(物)은 우리의 시각에 따라 변화하는 것도 사실이며, 물(物) 자체는 우리의 시각에 무관하게 존재하는 것도 사실이다. 이 동일한 [물(物)의 이중성] 타파는 존재의 세계 자체에서는 불가능하다. 존재는 인간 일반에게 이중성을 부여한다. 이를 부정할 수는 없다. 이 이중성을 극복하기 위해서는 다른 차원의 조망이 필요하다. 이중성 해소를 위해, 서양 기독 사상이나 버클리와 같이, 절대자를 통한 조망의 힘을 빌리거나, 들뢰즈와 같이, 타자(他者)의 힘을 통한 보이지 않는 부분의 조망을 제안하기도 한다. 하지만 이는 같은 차원에서의 조망이다. 즉 이를 통하여 이중성은 쉽게 해소되지 않는다.

　　쇼펜하우어의 [의지 부정]을 통한 무(無)에로의 갈망은 어느 정도 인간의 시각에 대한 방향을 내려준 듯싶으나, 그는 존재의 회피를 결론으로 글을 맺는다. 쇼펜하우어는 존재의 세계 일부를 의지로 대체하였다. 이는 인간 일반에게 새로운 차원의 시각을 제시했다는 점에서

존재의 선형 세계

존재 탐구 철학사에 큰 진보를 가져다주었다. 그러나 많은 사유 부분에서 존재를 의지의 관점으로 재해석하려는 오류를 범했다. 그는 68장에서 이렇게 말했다. [생에 대한 의지의 부정을 달성한 사람은 그 상태가 겉으로 볼 때, 아무리 가난하고 기쁨도 없고 결핍뿐인 것이라 해도, 완전한 내적인 희열과 참된 천국의 고요함 속에서 살고 있다. 그것은 불안한 생의 충동, 방종한 기쁨이 아니라 부동의 평화와 깊은 평정과 내면적인 밝음이며, 만일 우리가 그 상태를 눈앞에 본다면 최대의 동경을 나타내지 않을 수 없는 상태이다.] 그는 존재가 이루려는 것을 의지의 부정을 통하여 이루려 했다. 물론 이와 같은 통찰에 대하여 깊이 사유하는 것도 우리들의 통합 과정에 반드시 필요하다.

이런 불명확성에도 불구하고, 우리는 존재 일반의 원리와 참모습을 밝히는 데 힘을 모을 것이다. 물론, 이는 우리 사유의 최종 목표가 아니라 존재 탐구를 향한 1차 목표이다. 이를 통하여 사유 통합의 새로운 목표가 드러날 것이다. 그러면, 존재 일반의 불명확성 해석에 대한 해결책으로서 [반존재(反存在)]에 대하여 생각해보고, [반존재]가 우리의 삶에 어떤 영향을 미치고 있는지 생각해 보자.

존재의 선형 세계

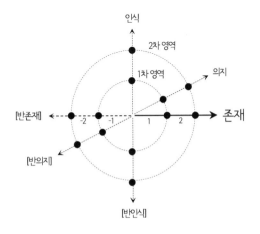

존재론적 세계

선형적 삶의 세계

존재의 선형 세계

존재의 선형 세계

1-2. [반존재]의 선형 세계

[반존재(反存在)]는 단순히 물(物)로서 존재하는 유형 존재 또는 무형 존재가 극한적으로 대립하는 미지의 존재에 의해 현시(顯示) 되는 또는 미지의 존재를 현시하는 순간, 나타나는 존재의 대립체이다. 존재를 볼 때 [반존재]가 사유될 것인가. 이는 베르그송이 [존재의 없음]으로 이야기한 존재의 의식적 효과와는 다른 것이다. 그는 존재에 기억이라는 매개로서 [존재의 없음]을 도출하였다. 하지만 우리가 정의(定義)하는 [반존재]는 인간 일반의 기억, 의지, 인식과 독립적으로 물론 그것을 포함한다. 존재가 존재하듯이 같은 방식으로 뚜렷이 존재로서 사유 되는 일반 개념이다. 이는 고대 그리스 철학자 파르메니데스가 주장하는 [존재하지 않는 것에 대해서 생각하는 것은 불가능하다.]라는 명제를 반박한다.

이것은 존재가 우리의 감각적 상태로부터 이탈됨으로써 나타나는 허상의 대표체이다. 존재가 있으면 이와 같은 허상의 세계가 반드시 존재하며, 이는 인간 일반 존재에 대한 사유 불안정성의 원인이다. 우리의 감각은 유식학적(唯識學的) 관점으로부터, 안이비설신(眼耳鼻舌身)을 통한 시각, 청각, 후각, 미각, 촉각으로 구분된다. 이 감각의 세계를 넘어 존재를 사유할 때 존재의 비 감각적 본질이 드러나며, 이때 비로소 [반존재]도 그 모습이 드러난다. 실체(實體)만이 존재가 아니다.

[반존재]는 어떠한 물(物)이 다른 곳으로 이동했을 때 그 전에 있던 위치에서 느끼는 동일한 물(物)의 또 다른 존재이며, 어떤 물(物)이 존재하기 위한 후경(後景)의 존재이다. 이것은 전에 있던 실체의 기억이 아니라 새로운 존재의 나타남이다. 작은 시냇가를 흐르는 물(水)은 한 순간, 한 지점에서 무한히 짧은 시간만 존재한다. 조금 전에 존재했던 그 물(水)은 지금 존재하지 않지만, 그 순간 그 물(水)에 의해 지나가던 날 벌레의 날개가 젖었다면, 그 물(水)은 날 벌레의 날개를 적신 물로서 영원히 존재할 것이다. 모든 존재는 존재할 것 같지 않은 상태를 그 자체로 보유하고 있는데, 이를 [반존재]로 정의, 사유한다.

이 [반존재]를 통해 존재는 다양한 변화를 가지고 인간에게 다가선다. [반존재]는 [존재 가능의 세계]이다. 존재는 유한한 실체이나, [반존재]는 무한한 나타남의 잠재이다. 우리가 감각하는 존재의 실체는 무한한 존재 가능성의 잠재 중 일부일 뿐이다.

[반존재]의 선형 세계

선형적 삶의 세계

존재론적 세계

우리가 그에게 사랑을 느낄 때, 우리는 그 사람의 무엇을 사랑하는가. 존재를 사랑하는가. 우리는 절대로 실체를 사랑할 수 없다. 실체가 사랑의 대상이 아니기 때문이다. 왜냐하면, 우리는 사진이나 조각을 사랑할 수 없기 때문이다. 우리는 그를 사랑한다. 우리는 그의 숨어 있는 무엇을 사랑하는가. 그의 존재 속에서 무한히 숨어 잠재하는 모든 [존재 아닌 존재]를 사랑하는 것 아닌가. 우리는 [반존재]를 사랑한다. 동일하게 우리는 [반존재]를 증오하며, [반존재]를 동정한다. 존재는 실체이며 이는 변화의 특성을 가진다. 우리는 한 사람을 사랑할 때, 그의 한 순간을 사랑하지는 않는다. 우리는 누군가를 증오하거나 동정할 때 그의 한 순간을 증오하거나 동정하지는 않는다. 우리는 존재 속에 포함된 모든 [가능]을 사랑한다. 우리는 존재 속에 포함된 모든 [가능]을 증오한다.

물(物)에 감추어진 후경(後景)의 존재로서 [반존재]는 시간과 무관하게 존재한다. 지금 우리가 새롭게 기억하여 사유한다면, 과거의 시간 속에서 [반존재]는 되살아난다. 우리가 미래를 상상하여 사유한다면 [반존재]는 미래에 존재할 나타남을 현시(顯示)한다. 시간과 무관하며 무한한 잠재를 가지는 [반존재]는 탐구하지 않고 그냥 지나칠 수 없을 정도로 흥미로운 양태(樣態)를 제공한다.

[반존재]의 선형 세계

존재론적 세계

[반존재]의 또 다른 모습은 물(物)이 가지는 유한성을 무한성으로 옮기도록 하는 매개 개념, 즉 실체(實體)의 해체이다. 이는 중관(中觀)에서 주장하는 존재의 공(空)으로의 전환을 설명한다. 존재하는 것은 반드시 [반존재]가 존재하며, 이를 통해 진정한 실체를 사유하게 한다. [반존재]는 잠재 가능성의 무한 세계이다. 공(空)의 세계는 반야(般若)에서 기술한 바와 같이 아무것도 아니면서 모든 것이다. 그래서 생성하지도 않고 사라지지도 않는다. 이 세계는 우리에게 철학적 존재 초월을 암시한다. 초월적 세계를 직관하기 위해서는 [반존재]를 통하지 않으면 접근하기 어렵다. 그렇다고 [반존재]가 바로 초월적 존재 세계는 아니다.

그러면 이와 같은 [반존재]는 우리 인간 일반의 삶에 어떤 영향을 미치고 있는가. 우리는 존재를 [유형존재]와 [무형존재]로 사유했으며 [반존재] 또한 [반유형존재]와 [반무형존재]로 사유 가능하다. 인간 일반은 전 인류 역사를 통하여, 자유를 찾아 투쟁해 왔다. 자유는 가능이다. [반존재]는 잠재 가능성의 무제한적 세계이다. 인간은 [반존재]로부터 자신의 삶의 근원을 찾는다. [반존재]로부터 그 잠재 가능성에 기인한 편안함을 느끼고, [반존재]로부터 그 잠재 가능성에 기인한 불안을 감지하기도 한다.

[반존재]의 선형 세계

선형적 삶의 세계

존재론적 세계

우리는 인식하지 못한 채, [반유형존재]를 통해 예술과 문화를 발전시켰으며, [반무형존재]를 통하여 형이상학을 발전시킨다. 예술과 문화는 [반유형존재]의 형상화(形象化)이며 형이상학 또한 [반무형존재]의 형상화(形象化)이다. 예술과 문화란 무엇인가. 이는 인간 자유의 표현이며 다른 어떤 것도 아니다. 이 전제가 무너지면, 그 예술과 문화는 악취가 날 것이다. 형이상학 그리고 철학은 무엇인가. 인간의 자유를 증진시키기 위한 학문이 아닌가. 그렇지 않다면, 그 형이상학은 권력자나 재력자의 음모가 깃들었을 것이다.

[반존재]를 인식하지 못하면 자신이 무엇을 알려고 하는지 미로에 빠지기 쉽고, 복잡한 다른 개념들을 끌어들여 본질로부터 벗어나기 쉽다. 그 한 예로, 프로이트(Sigmund Freud)는 신경증, 정신 현상에 대한 장문의 해석을 하였으나 사실, 자신이 무엇을 분석하고 있는지 아직 미지의 상태였기 때문에, 그 정확한 원인을 분석하는 데 실패했다. 그는 신경증의 근원적 원인으로서 불안을 내세웠으나, 그 불안의 근원적 상태에 대해서는 경험에 의존하고, 구체적 분석에 착수할 수 없었다. 이는 그의 독창적 접근에도 불구하고, 보완을 필요로 하는 부분이기도 하다.

[반존재]의 선형 세계

존재론적 세계

프로이트는 정신분석 입문 강의에서 일부 겸손의 표현이겠지만 스스로 자신의 강의는 불확실하며 이로부터 명확한 답을 구할 수 없음을 전제로 하고 강의를 시작하고 있다. 그러나 그가 인간 일반의 깊은 불안과 신경증의 근원을 다른 방식으로 접근한 것은 신선했다. 그는 인간 의식의 이면에 무의식이 있다는 사실을 일관적으로 그리고 논리적으로 주장하였다. 그는 무의식을 [이드], [자아], [초자아]로 구성하였다. [이드]는 인간의 신체로부터 기원하는 과거의 무의식으로, [자아]는 스스로 자신이 경험한 것으로부터 기원한 우연적이고 현재적인 무의식으로 그리고 [초자아]는 역사와 문명, 인류의 사회적 유대로부터의 무의식으로 정의, 사유하였다. 훌륭한 통찰이다. 다만, 우리가, 그의 주장 후 100년이 지나서야 알게 된 사실은 그가 존재의 다양성과 그 근원 그리고 그 잠재 가능성들을 깊이 고려하지 않았다는 사실이다. 이는 무의식에 큰 영향을 미치며, 이로부터 우리는 근본적으로 다른 접근이 필요함을 직감(直感)할 수 있다.

[반존재]의 개념적 해석을 위한 부단의 시도는 우리에게 아래와 같은 경험을 상기시킨다. 우리는 지금 나무숲으로 둘러싸인 산에서 쉬고 있다. 쉬면서 눈을 감고 우리가 지나왔던 계곡의 물을 생각한다면, 우리

[반존재]의 선형 세계

를 둘러싸고 있는 나무숲은 이제 [반존재]로서 우리에게 다가선다. 우리
는 지금 나무 숲 속에 있으나, 우리의 사유는 물이 흐르는 계곡에 있다.
나무 숲은 우리에게 앉아 쉴 수 있는 공간을 제공했을 뿐이다. 내가 여
기에 있으나 여기에 없음을 안다. 마치 양자론에서의 미시 입자 상태 즉
보어 등에 의한 코펜하겐 공존 이론과 유사하다. 하지만 막스 보른 독일,
1926년 제안 과 같이 전자(電子)의 확률에 의한 실험과 측정으로 전자의 파동
에서의 입자로의 급격한 변화 존재의 실존 가능성을 추론할 수는 없을 것이다.
그러나 우리의 관점은 [신은 주사위 놀이를 하지 않는다.]면서 전자의 존
재 공존을 비판한 아인슈타인과 고양이 사고(思考) 실험으로 양자론적
확률론을 비판한 슈뢰딩거 사고를 역행한다. 이에 대하여는 앞으로도
물리학과 철학 관점에서의 종합적 논의가 더 필요할 것이다. 이와 같이
실제 존재하지만 현시(顯示) 되지만 존재의 실체와 의미를 상실한 채 우리의
의식 속에서 탄생하는 존재가 바로 [반존재(反存在)]이다. 우리 주위 분
명한 존재(實體)를 모두 [반존재]화하는 것은 물론 아니다. 분명한 존재
는 [반존재]를 사유하게 하는 것이고 [반존재]로의 길을 인도할 수 있다.

　　　　[반존재]의 중요성은 우리에게 아무것도 아닌 상태 즉 무(無)
의 상태에 대한 접근을 가능하게 해준다는 점이다. 존재가 있으면 존재

[반존재]의 선형 세계

에 의해 잠재 가능적 [반존재]가 나타난다. 무(無)는 존재도 [반존재]도 아닌 모든 것의 없음이다. 무는 존재의 선형적 세계에 있는 것은 분명하다. 존재를 알지 못하는데 어떻게 무(無)를 알 수 있겠는가. 존재가 잠재 가능적 [반존재] 세계로 양분되어 분리 사유되면 [아무것도 없음, 무(無)]는 사유 될 수 없다. 그러므로 우리는 적어도 무(無)는 존재와 [반존재]의 사이에서 사유되는 것으로 규정한다.

이 접근은 존재와 [반존재]의 선형적 세계 부분에서 조금 더 구체적으로 이야기될 것이다. 앞에서도 언급되었듯이 [반존재]는 존재로부터 탄생되는 공(空)의 상태로서 우리에게 존재 초월(超越)의 시각을 부여한다. 다시 이야기하지만, 여기에서 공(空)은 중관 철학에서 주장하는 공(空)의 포괄적 개념은 아니다. 단지 현재의 존재가 매우 많은 잠재 가능 존재로부터 현시(顯示)되는 매우 작은 실체임을 공(空)의 개념을 도입해 설명하고 있을 뿐이다. 초월자(超越者)의 시각은 모든 철학자들의 허영이다. 하지만 그 허영마저 없다면 많은 철학자들은 자신을 무차별적으로 공격하는 사람들의 공격으로부터 자신을 방어하기 어려울 것이다.

[반존재]의 선형 세계

존재론적 세계

초월자는 존재로부터 자유로운 자를 말하며, 존재로부터 자유로움을 획득하기 위해서는 존재의 이중성에 대한 완전한 이해를 전제로 한다. 존재의 세계에서 언급되었듯이, 존재가 이중성을 갖는 것은 존재 자체가 [반존재]를 가지고 있기 때문이며, 이것으로써 존재는 불변(不變)이면서도 항변(恒變)인 특성을 가진다.

이제, 존재의 세계를 [반존재]의 세계를 포함하는 선형 세계까지 포함하는 총합으로서 정의해 보자. 이때, 존재는 시간에 따라 그 모습만 변할 뿐 그 총합은 변하지 않는다. 실체적 존재는 시간에 따라 변화할 때 숨어 있던 잠재 가능의 세계 중 일부가 실체화되는 것이며, 과거화된 실체의 세계는 잠재 가능한 세계 속의 일부로 회귀된다. 실체적 존재는 이 과정을 반복하여, 항변(恒變)이지만 [반존재]를 포함하는 선형적 존재의 세계에서는 총합적으로 불변(不變)이다. 항변(恒變)은 변화를, 불변(不變)은 존재(卽自)를 사유케 한다.

이와 같은 [반존재]에 의한 존재 이중성 해석은, 우리 사유 영역을 확대시키고, 실제로 우리가 존재로부터 무엇을 인지(認知)하고 있는지의 비밀을 전달한다. 우리가 알고 있는 것은 무엇인가. 중력의 근원은

[반존재]의 선형 세계

알고 있는가. 만유인력의 근원은 알고 있는가. 전자파의 파동과 입자의 이중성은 알고 있는가. 전자기력의 근원은 알고 있는가. 저편 밝은 별의 거리는 알고 있는가. 우리가 아는 것은 무엇인가. 나를 아는가. 누군가 나를 보았을 때 나를 유지하기 위해 꾸며 놓은 위장된 나이지 않는가. 그럼 타자(他者)는 아는가. 우리가 아는 것은 어릴 적 배운 간단한 수학적 연산 법칙과 정통 뉴턴 물리학 정의뿐 아닌가.

우리에게 존재는 매우 중요하며 우리 삶의 기본 구성체로서 작용하지만, 존재는 그 [반존재]에 의하여 계속되는 변화의 운명을 피할 수 없다. 우리는 존재를 사유하면서 반드시 [반존재]를 사유해야 하며, 이로써 존재에 대한 진정한 의미의 앎(認識)을 성취할 수 있다. 북한산을 기술할 때 사진으로 그리고 주소와 위치를 알고 있다고, 북한산을 안다고 할 수는 없다. 북한산을 기술하기 위해서는 봄, 여름, 가을, 겨울에 따른 그 모습들과 그 속 나무들의 변화, 그 작은 개울들의 계절에 따른 변화, 아침 풀잎에 맺힌 이슬들, 비 오는 때의 새로 생긴 물길, 이 모든 것을 알아야 한다. 그러므로 단지, 이 무한한 변화의 모습을 그저 조금씩 알아가는 것이 인간의 몫일 뿐이다. 존재를 완전히 알려 하는 허영심을 놓는 일이 진정한 앎을 위한 시작이다.

[반존재]의 선형 세계

존재론적 세계

전술한 바와 같이 존재는 [2차 존재 (유추(類推)존재)]와 [1차 존재 (근원(根源)존재)]로 분류될 수 있다. [2차 존재]는 그 원인이 인간에게 인식될 수 있는 존재이며, [1차 존재]는 그 원인이 인간에게 인식될 수 없는 존재이다. 존재의 세계를 참조 바란다. 이제 [반존재]를 통하여 1차 존재는 그 실체적 원인이 사유 가능해졌다. 이때, 순환의 조건 개념이 전제된다. 즉, 존재는 그 원인으로서 [반존재]를 가지며, [반존재]는 그 원인으로서 존재를 가진다. 존재의 실체 원인을 [반존재]라 함은 [반존재]의 잠재 가능성에 기인한다. 무한한 존재의 잠재 가능의 세계를 기원으로 존재의 실체를 사유한다. 이는 보어의 양자론에 근사하다.

원인이라 함은 결과와의 연관성을 기초로 한다. [반존재]는 어디서 기원하는가. 절대자의 시각이 아닌, 인간 일반의 시각에서만 보기로 하자. 우리가 보는 존재의 실체가 없다면 그 [반존재]도 사유되지 않는다. 그러므로 [반존재]를 무한 잠재 가능의 세계로 정의, 사유하였으나 우선 인간 일반이 실체의 존재로 사유하는 어느 일정 사유 공간에 국한하자. 작은 나무를 보고 그 속의 모든 우주의 잠재 가능성을 유추할 수도 있다. 그러나 본 논거에서는 [반존재]는 작은 나무로부터 연상되는

[반존재]의 선형 세계

사유 공간만을 사유 순환의 조건으로 한다. 이로부터 존재와 [반존재]는 서로 그 존재의 원인으로 상호 작용하기 시작한다.

그러나 [반존재] 개념의 도입으로 인한 새롭게 사유되는 [반존재]와 존재의 동시 원인, 즉, 존재 일반의 원인이 무엇인가는 다시 고려되어야 한다. 이는 후술(後述)되는 공간적 삶의 사유 공간 전반을 통하여 조금 더 사유 될 수 있을 것이다. 존재 일반의 원인은 인류 철학사의 오랜 주제이고 이를 간단히 대답할 수는 없다. 답을 하는 순간, 그 답 외의 것에 의해 즉시 반론될 수 있기 때문이다. 모든 반론을 잠재울 수 있는 진정한 존재 원인을 일반화하여 기술할 수 있을까. 보통, 인간 일반 민중은 그대로 내버려 두지 않는다. 존재 의미의 개별화 때문이다. 그래서 많은 위대한 철학자들은 존재 일반의 원인에 대한 비밀을 [각 개별 사유자의 세계에서만 달성 가능하고 인간 일반의 오만함, 겸손치 못함 때문에 타자(他者)에게 가르칠 수도, 가르쳐서도 안 되는 것]으로 권유했다.

우리는 삶을 구성하고 있는 존재의 세계와 그 분류 그리고 우리가 당혹해왔던 존재에 대한 [아무것도 없음]을 사유하게 하는 [반존재]의 개념과 그 상태를 생각하였다. 이는 삶의 재구성, 사유 통합을 위한

[반존재]의 선형 세계

첫 부분이다. 기술(記述)되는 여러 정의들을 기억해 두어야 사유 통합을 위한 내용에 대하여 쉽게 생각을 전개할 수 있다. 반론이 있거나 사유 전개에 어려움이 있는 부분에 대하여는 시간을 가지고 깊이 사유해 보기를 권한다.

그러면 이 존재와 [반존재]가 우리의 삶 속에서 어떻게 작용하며 그 작용은 우리에게 어떻게 사유되는지, 존재와 [반존재]의 선형세계 속으로 몰입해 본다.

[반존재]의 선형 세계

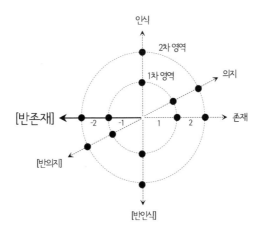

[반존재]의 선형 세계

[반존재]의 선형 세계

1-3. 존재와 [반존재]의 선형 세계

존재와 [반존재]의 선형 세계는 우리와 가장 친근하면서도 가장 거리가 있는 세계이다. 존재의 세계는 우리 인간 일반이 감각을 통해 직접 인지 가능한 가장 친근한 세계이다. 이는 복잡한 심리학적 분석도 필요 없으며, 안이비설신(眼耳鼻舌身) 감각으로부터 나타나는 실체를 인지하면 된다. 그런데 여기서 중대한 문제가 발생하는데 [우리의 감각 기관으로부터 인지되는 존재가 그 존재의 본질인가]라는 문제이다. 우리를 구성하는 주변 상황에 따라서 존재의 나타남이 달라지는 것을 어렵지 않게 경험하기 때문이다. 이런 관점에서 존재의 본질에 다가가는 것은 인간 일반의 감각 기관이 아닌, 미지의 다른 방법 사유(思惟) 에 의해서만 가능하다. 이는 우리 인류의 위대한 철학자들과 같이 자신의 전체 생(生)을 건 끊임없는 학습과 각고(刻苦)의 노력이 없이는 접근이 불가능한 세계이다.

인간의 사유 능력이 구체화된 이래, 인간 일반은 바로 이 세계에 대하여 숙고를 거듭하여, 변화하는 모든 것에는 변화하지 않는 것이 있다고 생각했다. 노자, 주자, 플라톤, 아퀴나스 등에 의한 사상들이 이를

존재와 [반존재]의 선형 세계

존재론적 세계

주장하고 있다. 변화하지 않는 존재의 본질 발견, 이는 가장 오래된 인간 사유의 꿈 목표 중 하나이다. 그러나 우리 위대한 정신들은 보편적 실체성(實體性)을 부정 (장자, 니체, 아리스토텔레스) 하기도 했다. 이와 같이 존재와 삶의 근원에 대한 사유는 [본질을 중심으로 개체가 파생되는 철학 사조]와 [개인을 중심으로 삶은 구성되며 이 개인의 삶이 모여 세계를 이룬다는 철학 사조]로 크게 구분된다.

그러나 우리는 존재-[반존재] 선형 세계를 통해 보편적 실체성과 개별적 실체성을 모두 수용한다. 보편적 실체성과 개별적 실체성이 존재와 [반존재]의 선형 세계에서 어떻게 수용되는지 숙고하면서 사유해 보기로 하자. 존재 또는 [반존재]의 우연적 개체성은 보편성을 부정한다. 무한 잠재적 가능 세계는 보편적 실체성이 불필요하게 생각되도록 할 정도이기 때문이다. 우리의 삶은 개체적 우연성으로도 충분히 다양하고 충실하다. 인간 일반은 모두 자신이 지극히 개인적임에도 불구하고, 자신의 생각이 다수의 지지를 받을 것이라는 착각에 빠져 이를 확인하고 싶어한다. 그러나 보편성을 요구하기는 그렇게 쉽지 않다. 자신이 보편적이라고 생각해 주장하는 것들이 타자(他者)에게는 개별적으로 다가서기 때문이다. 이는 잊지 말아야 할 진리에 가까운 사실이다.

존재와 [반존재]의 선형 세계

존재론적 세계

이에, 우리는 잠재 가능 세계와 존재 실체 세계를 통합하는 세계의 구성을 제안하게 되는데, 이것이 [존재-반존재의 선형 세계]이다. 인간 일반은 존재와 [반존재]를 분리 사유함으로써 [개별적 실체성]을 인지하며, 존재와 [반존재]를 통합 사유함으로써 _{선형 세계화함으로써} [보편적 실체성]을 인지할 수 있다. 우리는 이를 통하여 인간 일반의 끊임없는 존재 변화 속 무변화의 근원에 접근한다.

존재와 [반존재]의 선형세계는 인간 일반을 극한적인 상태로 몰고 갈 수 있다. 인간은 존재를 취하면서 구체적인 성향을 띠며, 자신의 존재에 대한 확신과 더불어 이 삶을 [투쟁]으로 몰고 간다. 존재에 집착하면 삶은 끝없는 투쟁이다. 권력, 명예, 부, 우정, 사랑이 나쁜 것이 아니다. 그것의 [과도한 구함]이 문제이다. 모든 사람이 집착으로부터 벗어날 수는 없다. 하지만 자신이 그로부터 벗어난 소수가 될 수 있다. [자신이 할 수 있는 것을 하는 것]은 욕심은 아니다. 따라서 자신이 할 수 있는 힘을 키워가는 것은 물론 필요하다. 그러나 권력, 명예 그리고 부(富)가 할 수 있는 것은 극히 일부일 뿐이다. 우리 정겨운 세상과 삶 대부분은 권력, 명예, 그리고 부(富)와는 별로 관계가 없다는 것을 너무 늦게 알게 되는 경우가 많다.

존재와 [반존재]의 선형 세계

존재론적 세계

이 세상은 존재로 구성되며 자신의 존재가 있는 한, 이 세상도 존재한다. 그는 무엇인가 자신을 존재로부터 괴리시키는 것과의 [투쟁]을 바로 최고의 삶의 목표로 삼는다. 이와 같은 투쟁적 삶은 그에게 또 다른 확신을 주는데, 그것은 존재하는 것이 최고의 선(善)이라는 확신이다. 그러나 우리는 결국 시간이 지나면 존재하지 않는다. 우리는 얻으려 투쟁했던 존재를 결국 잃지 않을 수 없다. 그렇다면 우리가 성취하려 투쟁하는 것은 무언가 잘못되어 있지 않는가. 물론 매우 드문 경우지만, 최고의 선(善)이 [존재]일 수도 있다. 집착으로부터 벗어난 평온한 존재가 가능하다면. 그러나 그것을 쉽게 기대하기는 어렵다.

그에게는 모든 형이상학적 물음은 존재 앞에서 굴복되어야 하며 존재는 그의 생을 지탱하는 유일한 도구이다. 존재 자체에는 근원적인 삶의 철학이 내포된 까닭에, 그는 자신의 삶에 대한 태도 또한 최고의 철학적 근거를 보유하는 것으로 확신한다. 이와 같이 삶의 가치, 인간의 삶의 목표는 존재로 수렴될 수 있는가. 존재는 그 자체만으로 이미 최고의 가치 중 하나이다. 하지만 그것은 진실한 가치를 이루기 위한 [앎의 중간 과정]일 뿐, 그것이 최고의 목표는 아니라는 것은 잊지 말 일이다.

존재와 [반존재]의 선형 세계

존재론적 세계

우리 삶은 존재 뒤에 숨어 있는 존재의 허상, [반존재]를 추구한다. 우리는 존재를 추구한다고 오해하고 있을 뿐이다. 황금을 추구하는 자는 황금이 가져다주는 허상을 그릴 뿐이다. 연인을 사랑하는 것은 사랑하는 자가 우리에게 줄 것 같은 행복의 허상을 그릴 뿐이다. 우리는 존재를 정확히 알 수도 없다. 그러나 우리는 이와 같은 존재에 대한 확신 때문에 생(生)을 살아가는 원동력이 존재의 세계에 따른 [반존재]의 세계라는 것을 알지 못한다.

우연히 정확히 이야기하면 우연은 아니다. 자신 삶의 목표로 성취하는 것이 존재가 아닌 [반존재]임을 알게 되는 순간, 자신의 투쟁적 구함은 이미 이루어진 것을 이루려 했다는 것을 허무 속에서 알게 된다. 그리고 [존재의 잠재 가능성으로부터 얻는 존재의 자유로움], 이것이 사실은 자신의 삶의 목표였고, 그것은 존재의 구함과 무관하게 이미 지금 여기서 가능함을 그리고 가능했음을 오래지 않아 알게 될 것이다. 이는 이미 오래된 철학에 의해 간파되었다. 혜개, 무문관, p54

존재와 [반존재]의 선형 세계

존재론적 세계

삶의 원동력은 [반존재]이다. 존재에 대한 최고의 신봉자는 즉시 존재에 대한 도피처를 자신 나름대로 가진다. 그는 존재를 중심으로 삶을 이어가지만, 이 존재로부터 달아나 존재의 허상을 껴안지 않고서는 자신의 비참함을 참을 수 없기 때문이다. 그렇다. 그는 이미 [반존재]를 쫓아 그렇게 행동하고 있다. 그는 진실을 모르고 있을 뿐이다. 이미 진실을 가지고 있음에도 불구하고.

그렇다. 그는 존재하지 않는 것에 아무런 의미를 두려고 하지 않지만, 사실은 존재가 그 자체의 존재성과 더불어 발산하는 [반존재] 즉 허무를 동반한 존재의 무한 변화와 자유에 그는 자신을 내맡긴다. 우리의 생은 너무도 짧다. 허무를 동반한 존재의 무한 생명성과 자유성을 알게 되는데 우리 삶 대부분 시간을 필요로 하기 때문이다.

하지만 그는 결코 존재의 비실체성, 즉, [반존재]에 대하여 인식하지는 못한다. 그렇기에 그는 항상 불안하다. 이 세상이 불안한 사람들로 가득한 것은 이 때문이다. 우리는 [반존재]에 대하여 생각하지 못할 수도 있고 사유할 수는 있어도 의도적으로 사유하지 않으려는 성향도 있다. 불안은 대부분의 인간 일반에게 발견된다. 우리 모두 어느 정도

존재와 [반존재]의 선형 세계

인간의 본성상, 존재 중심적 삶의 경향을 가지고 있기 때문이다. 이것이 우리 삶에 숨어 있는 불안의 근원이다.

지금, 존재에 대한 확신을 가진 자의 삶을 보았지만, 반대로 [반존재]에 확신을 가진 자(者) 또한 존재하며, 이에 대한 사유(思惟)는 우리를 흥미롭게 한다. 실체적 존재를 삶에서 추방하고, 잠재 가능적 자유 존재로서 삶을 구성하는 것도 어느 때는 우리 삶의 정상적 일정 부분을 차지하기도 하고, 정신증(精神症)의 한 표출로서 나타나기도 한다. [반존재]가 중요하고, 인간 일반에게 깊은 인식의 과정으로 들어오는 것은 존재의 세계가 가정되어야 한다. 존재 세계가 없는 [반존재]만으로의 선형 세계는 그 실체적 존재로의 출구가 없기 때문에, 자신의 사유 공간을 완전하게 구성하지 못하게 된다. [반존재]의 세계에 갇힌 인간 일반의 성상(性狀)은 어린 시절의 가상 놀이, 인간 일반의 정신 분열, 그리고 즐거운 오후 공상의 시간, 그리고 꿈 등을 통하여 그 모습이 드러난다. 이 세계는 누군가 그의 [반존재]속 꿈을 깨워주면 존재의 세계로 회귀할 수 있다.

존재와 [반존재]의 선형 세계

존재론적 세계

[반존재]의 중요성은 우리에게 [무(無), 아무것도 없음]에의 접근을 가능하게 한다는 것이다. 무(無)는, 실체도 _{존재} 비(非)실체도 _[반존재] 아니다. 존재의 세계만으로 무(無)로의 접근이 불가능하듯이 [반존재]의 세계만으로 또한 무(無)에의 접근은 불가능하다. 무(無)를 아는 것(知)이란 무엇인가. 과연 무(無)는 아는 것인가. 즉 지식화될 수 있는 것인가. 무(無)는 우주 공간에서와같이 아무런 존재가 없는 것인가. 무(無)는 우리 삶에서 도대체 어떤 의미를 부여받는가. 인간 일반이 무(無)를 인식 가능한가. 무(無)는 무엇인가. 사르트르는 그의 저서 [존재(存在)와 무(無)]에서 논증하고자 했던 무(無)는 [존재의 없음], 그 이상도 이하도 아니었다. 사실 그는 별 관심이 없었을지도 모른다. 우리는 무(無)에 특별한 의미를 부여한다. 무(無)는 존재의 없음을 포함한 의지의 없음, 인식의 없음을 포괄하는 근원적 존재의 하나이며, 모든 사유의 [시작점, 중심점 그리고 기준점]으로 정의, 사유(思惟)한다.

무(無)에의 접근은 존재가 [반존재]로 전환하는 그 과정 중에 존재한다. 존재가 그 실체성을 상실하여, 비실체(非實體性)가 되면, 이미 무(無)는 성취되지 않으며, 비실체성으로 전환되기 직전, 실체성과 공존하는 그 순간, 무(無)로 접근된다. 존재가 비실체화 되면, 그것은 엄연한

존재와 [반존재]의 선형 세계

비실체적 존재 [반존재]로 전환되기 때문이다.

존재가 [반존재]로 전환될 때 나타나는 무(無)에의 접근에는 두 가지 필요조건이 있다. 첫째는 실체적 존재와 잠재 가능적 [반존재]의 공존이다. 눈앞의 작은 컵을 인식하면서 동시에 그 컵이 현시하는 모든 잠재 가능적 존재를 동시에 인식한다. 둘째는 그 인식하는 존재 자신, 즉, 나의 사유 공간의 무제한적 극소화이다. 이를 통하여 나를 통한, 나를 포함하는 존재 일반을 모두 극소화 시킨다. 우주 속 블랙홀과 같이.

즉, 실체와 비실체의 공존 상태 그리고 동시에 실체와 비실체가 사라질 때, 무(無)는 우리에게 다가온다. 전술한 바와 같이, 우리는 숲 속에 있으면서 계곡을 생각할 때, 숲이 [반존재]화 되는 것을 존재의 세계에서 사유하였다. 우리가 숲 속에 있지만 숲 속에 없으며, 계곡을 생각하지만 계곡에 없다. 계곡을 생각하며 그 속에 존재하면, 이미 무(無)는 우리에게서 벗어난다.

존재와 [반존재]의 선형 세계

존재론적 세계

무(無)는 존재와 [반존재]의 공존과 사유 공간의 최소화를 필요로 한다. 일반적으로, 존재의 상태는 유한이며 [반존재]의 상태는 무한이다. [반존재]의 잠재 가능 세계를 최소화하는 것이, 우선 필요할 것이다. 실제로, 무(無)에 대한 사유의 기술(記述)이 어려운 것은 자신의 극소화 무화(無化) 때문이다. [대상으로 나타나는 존재의 무화(無化)]는 깊은 무사유(無思惟) 상태 혹은 선(禪) 를 통하여 어렵지만 달성 가능할 수도 있으나, [자신의 존재에 대한 무화(無化)]는 좀처럼 달성하기 어렵다. 자신의 존재를 무화(無化)하지 않으면, 대상 실체의 무화(無化)는 진정한 무(無)의 상태로 이야기할 수 없다. 우리의 위대한 철학자들은 잘못된 허영심으로 이에 대하여 자신의 지식을 섣불리 논하지 않기를 권(勸)해 왔다.

숲 속에서 숲을 보는데 숲 속에 있지 않고, 내가 숲에 있는 것인지 없는 것인지도 인식되지 않는다. 무(無)의 세계는 숲 속이든 계곡이든 어디서든 동일하게 다가온다.

무(無)의 세계에서는 물(物)이 [실체화된 물(物)]인지 [비(非)실체화된 잠재 가능적 물(物)]인지 구분, 인식하지 않는다. 따라서 무(無)의 세계에서는 어떠한 존재도 모두 동일하다. [아무것도 없는] 세계는 존재

존재와 [반존재]의 선형 세계

선형적 삶의 저편

하는가. 실체도 없고, 존재의 잠재 가능성도 없는 세계가 도대체 있는 것인가. 우리의 마음은 무엇을 아무것도 없다고 사유하는가.

진공 상태, 아무것도 없는 빈 공간의 세계 속에도 빛이 도달하면 빛의 입자성에 의해 [광자(光子, Photon)]가 존재한다. 그럼, 무(無)는 암흑의 세계인가. 우리는 빛을 만드는 것을 광자라고 정의하듯이 어둠을 만드는 것을 [흑자(黑子)]로 정의, 사유(思惟)한다. 암흑 진공의 세계도 무(無)는 아니다. 만일 우리가 무(無)의 세계를 발견한다면, 그 세계에서는 [존재 일반 동일성]이 발견될 것이다. 어디에서 그것을 발견할 것인가.

무(無)의 세계에서는 공간과 실체가 변하지 않는다. 그러므로 무(無)의 세계는 시간이 존재하지 않는다. 어느 관점에서는 시간은 변화이며 변화는 시간이다. 변화가 없으면 시간도 없다. 그러므로 무(無)는 동일한 공간 속에 동일한 실체와 시간을 가진다. 과거, 현재, 미래의 시간이 인식되면, 더 이상 우리가 찾는 무(無)의 세계가 아니다. 실체와 잠재 가능성의 세계는 모두, 시간으로부터 자유롭지 못하다. 시간의 억압으로부터의 탈출이 바로 무(無)의 세계로의 좁은 문(門)이다.

존재와 [반존재]의 선형 세계

존재론적 세계

그 근원이 인간 일반에게 인식되지 않는 존재, 즉 [1차 존재]의 실제적 원인은 [반존재]로부터 사유된다. 예를 들면, 원자 속의 더 이상 분리되지 않는 극미립자가 존재하며, 그 근원으로서 [반존재], 즉, 비실체가 사유된다. 또한, 이 비실체의 근원은 바로 실체, 즉, 극미립자로 사유 가능하다, 이로써 [1차 존재] 즉, 원인이 없는 실체는 [존재이며 또한 [반존재]인 두 가지 공존 상태를 현시(顯示)한다. [반존재]는 모든 잠재 가능의 세계이다. 그러므로 불가능이 없는 세계이기도 하다. 즉 [반존재]를 존재의 원인으로 가정할 수 있다. 존재의 상상 속 원인을 [반존재]로 해도 모순이 없다. [반존재]는 잠재 가능의 세계이나, 실체적 존재를 근원으로 한다. 실체적 존재 없는 [반존재]는 사유 불가능하다.

그러므로 근본적인 (원인이 없는) 실체는 존재이며 [반존재]이고 존재도 아니며 [반존재]도 아니다. 즉, 무(無)로 귀착(歸着)될 수 있다. 실체적 근본 존재는 혼돈의 세계이다. 이 혼돈에 빠져드는 것은 사유되는 것이 아니라, 순간적으로 경험 (순간적으로 스치는 사유) 된다고 보는 것이 가까울 것이다. 무(無)가 중요한 것은 이 상태를 통하여 사유의 자유를 얻을 수 있기 때문이다. 무(無)를 통하여 존재의 세계에서 벗어나 자유로운 의지와 인식을 자신의 사유 세계화할 수 있다. 이는 곧, 의지와

존재와 [반존재]의 선형 세계

존재론적 세계

인식의 선형 세계에서 조금 더 기술(記述) 될 것이다.

존재 원인이 없는 [1차 존재]는 존재와 [반존재]가 공존하는 무
(無)의 속성을 가진다. 그러므로 존재 원인의 탐구는 존재와 [반존재]
(실체와 비실체)의 동일성과 존재와 [반존재]의 전환에 대한 탐구 무(無)에
대한 탐구 를 의미한다.

무(無)의 시간과 공간 동일성은 인간 일반 사유 특성과 한계로
부터 초월되어있다. 우리 인간 일반은 일반적으로 무(無)를 사유할 수 없
다. 항상 존재로부터 자신의 삶을 구성해왔기 때문에 존재하지 않는 것
이 무엇인지 알 수 없고 알려고 하지 않으며, 대부분의 경우, 알 필요도
없다. 시간과 공간 동일성은 인간의 물리학적 지식에 반한다. 이를 인정
함은 스스로 비논리성에 빠지게 한다. 이 때문에 보통, 이에 대한 사유
를 피한다.

우리 사유는 변화를 그 특성으로 하기 때문에 무(無)는 인간의
사유 영역 속에서 혼돈을 겪는다. 우리 사유 영역 속에서 경험되면서 사
유 영역 특성으로부터 벗어나 있는 것을, 우리는 [무(無)의 이중성(二重

존재와 [반존재]의 선형 세계

性)]으로 규정, 사유한다. 이중성은 우리 인간 일반이 무(無)를 사유할 수 없도록 하는 원인이며, 따라서 이를 사유 하려면 우리는 [사유 영역 초월] 과정을 성찰(省察)해야 한다. [사유 영역 초월]이라 함은 사유 공간의 일정 위치에서 다른 위치로의 이동을 의미한다. 즉, 자신 사유의 [현 존재 공간에서 다른 존재 공간으로의 전환]을 스스로 의지와 인식을 통하여 변화시키는 과정을 [사유 영역 초월] 과정이라 한다. 이는 후술(後述)되는 삶의 공간 세계들에서 자세히 기술될 것이다.

　　　　모든 인간 일반은 자신의 사유 세계 속에 무(無)의 근원을 모두 내포하고 있으며, 무(無)는 자신으로부터 스스로 성취 가능하다. 무(無)는 자신의 사유 공간의 원점을 구성하기 때문이다. 무(無)는 자신의 사유 공간 내에 존재한다. 그런데 이를 인식하지 못하는 것은 인식조차 없는 원점의 상태이기 때문이다. 무(無)를 인식하면 더는 무(無)가 아니다. 무(無)를 의지하면, 더 이상 무(無)가 아니다. 존재도 없고 의지하지도 않으며 인식하지도 않는 사유 상태가 무(無)이다. 인간 일반의 일반적 사유 존재를 의지하고 인식하는 행태 로서는 달성 불가능한 상태이다.

존재와 [반존재]의 선형 세계

우리는 동일한 것 _{동일 시간, 공간, 실체} 에 대한 사유를 통해 동일한 것의 본질을 성찰하고, 그 성찰을 통해 무(無)에의 길을 사유 할 수 있다. 자신에게 항상 동일한 것에 대한 인식과 그것이 자신의 사유 속에 내포되어 있음을 경험하는 순간, 무(無)는 우리 자신의 사유 속에 존재하게 된다. 이때, 무(無)의 근원과 원리가 우리에게 다가선다. 우리 존재 속에서 항상 동일한 것은 무엇인가. 물(水)인가, 공기인가, 자아(自我)인가, 바람인가, 시간인가, 우주의 총합인가. 다시 묻는다. 우리의 존재 속에서 항상 동일한 것은 사랑인가, 욕망인가, 생명인가. 동일한 것이 있기는 한 것인가. 우주의 총합이 동일하다면, 우주의 총합이 무(無)의 숨겨진 정체인가. 그런데 아무리 무한한 우주의 총합이라도 그것이 동일하다고 말할 수 있는가. 이제, 우리, _{시간과 공간에 무관하게} 동일한 것을 찾아 떠나 본다.

물(物)은 무(無) _{시간과 공간과 무관하게 아무것도 없음.} 와 존재(存在)의 이중성을 가진다. 무(無)는 존재로, 존재는 무(無)로의 전환(轉換)를 통하여 그 동일성이 확인된다. 이 생성과 소멸의 동일성은 인간의 삶에 대한 무(無)의 역할을 부여한다. 물(物)은 존재이면서 무(無)이다. 실체적 측면에서는 존재이며, [반존재]로의 전환 과정에서 탄생되는 무(無)를

존재와 [반존재]의 선형 세계

통하여, 전환적 무(無)를 현시(顯示)한다. 즉, 물(物)은 존재(存在)와 무(無)를 끊임없이 변화시키고 그 변화를 현시하면서, 우리의 사유 공간을 변화시킨다. 이 존재와 무(無)의 전환은 우리 삶 속 사유 공간의 자유를 부여한다. 이는 커다란 몫으로 비밀스럽게 우리 삶 속에서 작용한다.

실체성으로부터 존재는 무(無)가 아니며, 그러나 실체성이 극복되면 존재는 무(無)이다. 무(無)의 상태에서 모든 삶의 세계는 무변화를 경험한다. 즉, 존재는 무(無) 실체적 무(實體的 無) 가 아니며, 또한 무(無) 초월적 무(超越的 無) 이다. 무(無)는 실체성과 초월성이 합치될 때 진정한 무(無)로서 경험된다. 존재 없는 무(無)는 무(無)가 아니기 때문이다. 무(無)는 경험되는 것이지 사유되는 것은 아니다. 사유화(思惟化)되는 순간 무(無)는 무너져 버리기 때문이다.

책상 위, 사과가 존재했다고 하자. 내가 그 때 보고 있던 그 사과는 10년이 지나도 [사랑하는 사람이 나에게 주었던 사과로써, 내가 행복 가득한 모습으로 보고 있었다면], 변화 없는 존재를 나의 기억 속에 현시한다. 즉, 무(無)를 현시(顯示)한다. 전술한 바와 같이, 이를 초월적 무(超越的 無)로 정의, 사유한다. 반면, 책상 위의 단순한 사과는 그 실체적 모습을 현시(顯示)

존재와 [반존재]의 선형 세계

하지만, 그 사과는 잠시 내가 그 사과를 보는 순간의 나에게만 존재할

뿐이다. 물론 그 사과를 보지 않았던 사람들에게는 그 사과는 무(無)와

다르지 않다. 이를 실체적 무(實體的 無)로 정의, 사유한다.

존재와 [반존재]의 선형적 세계로 우리의 삶을 구성시킴으로써

평온과 가까운 상태로 우리를 침잠시킬 수 있다. 물(物)은 평온을 견지

(堅持)한다. 우리 삶을 물(物)에 동화시킴으로써, 바람직하게는 노장(老

莊)의 무위(無爲) 상태를 달성할 수 있다. 욕망, 구함과 앎의 격류로부터

우리를 분리시킬 수 있기 때문이다. 우리의 삶은 욕망과 구함 그리고 그

에 대한 앎으로 가득하다. 존재는 그 속에서 그 모습을 잠시 드러낼 수

있을 뿐이다. 존재를 존재로 볼 수만 있다면 그리고 어느 선인(先人)의

말대로 [산(山)을 산(山)으로, 물(水)을 물(水)]로서 볼 수만 있다면 우리

인간의 삶은 지금과 많이 달라질 것이다.

무(無)를 중심으로 사유하면서, 우리는 존재와 [반존재]의 선형

적 세계가 우리에게 어떻게 다가오며 어떤 의미를 주는지 사유(思惟)하

였다. 존재는 실체의 세계이며 [반존재]는 무한 잠재 가능 무실체의 세

계이다. 존재의 근원은 [반존재]이며, [반존재]의 근원은 존재이다. 사랑

존재와 [반존재]의 선형 세계

이라는 감성적 실체의 근원은 [반사랑]이라는 [반존재]에 기원한다. [반사랑]은 사랑의 근원이 된 모든 잠재이다. 자신의 욕망, 아름다움, 희망, 색의 조화, 어린 시절의 경험, 어릴 때 읽은 소설에서 기억하는 이미지, 이 모든 것이 잠재이다. 그리고 이와 같은 [반사랑] [반존재] 의 실체화 사랑, 무형 존재 과정 중의 무(無)의 경험, 이것이 존재와 [반존재]의 선형적 세계이다.

그러나 삶은 우리를 그대로 내버려 두지 않는다. 이 평온한 존재론적 선형 세계에 이제, 우리의 의지(意志)가 서서히 그 모습을 드러내기 때문이다.

존재론적 세계

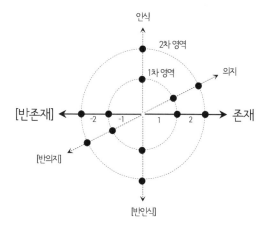

존재와 [반존재]의 선형 세계

존재와 [반존재]의 선형 세계

2-1. 의지의 선형 세계

삶이 우리에게 주는 최대 너그러움 중 하나는 우리 인간에게 의지(意志)를 부여한 것이다. 의지가 억압된 인간 삶은 무력과 비참, 그 자체이다. 그런데 의지를 너그러움으로만 생각할 수 있겠는가. 인간을 인간의 한계 속에서 벗어나지 못하게 하고 괴롭히는 것이 오히려 끊임없는 구(求)함이 아닌가. 집착과 욕망, 이 구함의 늪에서 허둥대는 인간 일반에게 의지가 너그러움일 수 있겠는가. 의지와 구함, 무엇이 다른가. 모든 것을 포괄하는 의지의 세계 속에서 어떻게 구(求)함이 펼쳐지고 있는가. 이제부터 이 의지(意志)의 세계에 대하여 사유(思惟)한다.

삶은 우리의 의지에 의해 우리의 희망대로 어느 정도 변화될 수 있으며, 이로써 인간 일반은 더욱 의지를 추구하기도 한다. 인간 일반은 의지로 도덕을 창출했고, 의지에 의하여 법률을 고안한다. 의지에 의한 창조물들은 다시 인간에게 새로운 의지를 창출하게 하여, 끝없는 의지의 세계를 재구축한다. 삶은 의지라고 주장하는 생각은 철학의 역사 속에 자주 등장한다. 의지에 의해 숨 쉰다. 의지 작용에 의해 인간은 존재한다. 오랫동안 많은 사람이 인정할 수밖에 없는 주장이었다.

의지의 선형 세계

의지론적 세계

종교인들은 우주의 질서는 절대자의 의지에 의해 결정된다고 주장하기도 하며, 삶은 삶을 통제하는 무엇인가의 본질에 의해 움직인다고 오래전 그리스 철학자들은 믿었다. 반대로, 쇼펜하우어는 [의지의 부정]을 통하여 [부동의 평화, 깊은 평정, 내적인 밝음]을 주장하기도 한다. 의지는 존재와 함께 우리의 삶을 구성하는 거대한 한 축임은 분명하다.

의지의 세계가 구성되는 가장 중요한 요인은 욕망의 구현을 위해서이다. 우리의 삶은 욕망에 의하여 유지될 수 있다. 그것이 우리 삶을 파괴시키는지 향상시키는지, 욕망은 고려치 않은 채로 의지를 자극한다. 숨을 쉬는 것 같은 욕망이 본능적 욕구일 때, 그 욕망 자체는 또 다른 의지이다. 욕망과 의지는 혼동되어 사용될 수 있다. 몇 번인가의 억압의 역사 속에서, 의지를 욕망과 동일시하고 그 의미를 축소시켜 왔다. 그리고 지금도 현대 사회의 자본가, 권력자들에 의해 그 의미가 축소되도록 언론과 교육을 통해 의도(意圖)되고 있다. 의지가 분열되면, 인간 일반의 삶은 무너진다. 분열되지 않은 의지를 갖는 자(者)에게만 세상을 움직일 힘이 부여된다.

의지의 선형 세계

의지론적 세계

의지가 생성시키는 세계는 왜곡의 세계이다. 의지는 세계의 본래 모습을 자신의 의지에 의해 변형시킨다. 의지는 태양과 같아서, 그것이 눈에 보이지 않을 경우도 항상 뜨겁게 타오르고 있으며, 이 뜨거움이 식는 순간, 삶은 끝난다. 하지만 쇼펜하우어적(的) [의지의 부정]이 우리의 목표는 아니다. 그것은 자신을 다스리기 위한, 우리 목표의 중간 과정일 수는 있을 것이다. 우리는 과도한 욕망과 구(求)함을 부정한다. 그러나 의지는 결코 부정하지 않는다. 절대로 부정하지 않는다. 유약(柔弱)한 _{자포자기적} 철학적 관조에 기대어 [살아 있음의 위대한 여정] 속 의지를 외면하지 않기를. 사유하는 삶을, 철학하는 삶을, 자신과 타자(他者)를 인도(引導)하는 삶을 그리는 자(者)라면 잊지 않기를 바랄 뿐이다.

의지는 인간 일반에게 _{삶의 생존에 대한 의지를 포함하여} 인간이 사유 존재로서 가져야 하는 기본 요건으로서 작용한다. [살아 존재하고 있음] _{생존}은 무엇인가. 숨 쉬고 있음, 감각하고 있음, 생각하고 있음, 행동하고 있음 _{수상행식 (受, 想, 行, 識)} 과 다르지 않다. 의지 작용은 [살아 있음]의 근원과 다르지 않다. 저편에서 지나가는 한 사람을 보면서 느끼는 모든 것은 의지 작용의 유무(有無)에 따라 완전히 그 모습을 달리한다.

의지의 선형 세계

의지론적 세계

　　의지는 그 본성으로부터 [본능적 의지], [감성적 의지], [지성적 의지]로 분류된다. 우리의 의지는 소나무 아래, 찬 바람을 맞으며 현시되기도 하지만, 뜨거운 태양 아래서도, 따뜻한 봄볕 아래에서도 동일하다.

　　[본능적 의지]는 생명을 유지하고 자신의 본능을 유지하기 위한 의지로서, 본능의 정도에 따라 그 범위는 확대된다. 인간의 본능은 모든 인간마다 차이가 있으며, 그럼으로써 본능적 의지는 모든 인간이 동일하지 않다. 인간의 일반적 본성은 이 본능적 의지에 의해 판정되며 그 사람의 가치 또한 본능적 의지로서 대부분 결정된다. 아무리 감추려고 해도 이 본능적 의지의 현시(顯示)가 그 사람의 내면 상태 및 내면 모습인 경우가 많다. 그러므로 사람으로부터 느끼는 처음 감정을 소중히 할 필요가 있다.

　　[감성적 의지]는 인간의 감성적 욕구를 위한 의지로서 이 의지는 인간을 아름답게 한다. 아름다움은 [의지 작용으로서의 미]와 [반의지 작용으로서의 미]로서 구분되기도 한다. [의지 작용으로서의 미]는 자신의 의지가 만들어 가는 미의 양태이다. 우리는 매일 아름다워질 수 있다. 그리고 그 아름다움의 종류는 무형일수도 유형일수도 있다. [반의지 작

용으로서의 미는 자신의 [반의지]가 만들어가는 미의 양태이다. 후술하겠지만 [반의지]는 [의지할 수 있으나, 의지하지 않는] 세계이다. 이로서 발생되는 미는 [의지 분열적 미]이다. 이는 [의지의 분열]이 주는 유일한 긍정적 모습일지도 모른다. 이는 [절망을 넘는 파멸적 미]이다. 물론 일시적일 뿐이다. 인간의 감성은 좀 더 깊이 이야기될 필요가 있다. 이는 사유 공간에 대한 기술과 별도로, 다른 서(書)에서 이야기될 것이다. 김유정(金有情), 슬픔에 잠긴 약자를 위한 노트 (감성을 위한 노트), 자유정신사 (2013)

[지성적 의지]는 자신의 의미를 사색하고 우주의 원리를 사유하려는 미지의 것에 대한 탐구 의지로 정의한다. 인간 문명은 지성적 의지를 통해 발전 가능하며, 이 의지 또한 우리 인간 삶의 많은 부분을 차지한다.

이와 같이 의지를 분류, 사유(思惟)함으로써 우리는 의지의 본질에 조금 접근할 수 있다. 그렇지 않으면 해결책이 없는 [의지 부정]에 한숨만 내 쉴 뿐, 의지를 사유화(思惟化)할 다른 대안을 찾지 못할 것이다. 우리는 지금까지 그리고 앞으로 논의될 많은 정의(定義)에 대하여, 구체적 삶에서의 작용과 의미 그리고 그 상호 작용 등에 대한 내용을 기술할

의지의 선형 세계

것이다. 그리고 필요하다면, 저자(著者)의 생(生)을 통하여 그 내용은 계속 보완, 추가될 것이다.

인간의 의지는 제어 가능할 것인가. 답은 [어렵긴 하지만 끊임없는 사유와 그 연습에 의해 인간의 의지 작용은 조절 가능하다]이다. 자신의 삶을 구성하는 의지적 요소가 조절 가능하다는 것은 인간의 의지 작용이 바로 자신에 의해 그 생성과 소멸이 가능하다는 것을 의미한다. 내가 내 의지를 조절할 수 있음은 내가 내 생존을 결정할 수 있음이다. 고통을 느낌은 생존을 갈망하는 의지이다. 고통을 느낌은 생존에의 투쟁이다. 고통을 느낌은 무고통의 기억 상태로 되돌리려는 의지이다. 고통이 극대화되면 이를 끊으려는 의지가 생성되고, 그 결과는 죽음이다. 죽음의 원인은 무수(無數)할 것이나 최후의 순간, 죽음을 결정하는 것은 죽음에의 의지이다.

깊은 사유를 통한 자신의 의지에 대한 방향성 조절은 우리의 삶을 단순화시키며 누구에게나 쉽게 경험되는 바이지만, 의지는 삶을 복잡하게 만든다. 선택적 자유 의지 세계 구축을 가능하게 한다. [의지의 부정]을 통하여 삶

의지의 선형 세계

을 단순화하기도 하고 _{쇼펜하우어} 숭고한 자유 의지를 구축하기도 _{니체} 한다. 이렇게 우리는 쇼펜하우어와 니체를 사유(思惟)한다. 이제 우리의 기나 긴 통합사유(統合思惟)의 여정(旅程)이 시작되고 있다.

인간의 감정은 그 주체와 객체에 따라 [독립 감정]과 [종속 감정] 그리고 근원의 유무에 따라 [근원 감정]과 [유추 감정]으로 분류, 정의된다. 감정 이 때 감정은 감정과 감성을 모두 포함하는 포괄적 의미이다. 은 의지의 세계이다. 감정은 [감정]과 [감성]으로 엄밀히 구분 사유 가능하다. 감정은 자신 의지 영역 밖의 것을 말하고 [감성]은 의지 영역 안의 것이다. 슬픔에 잠긴 약자를 위한 노트, 자유 정신사, p74 (2013) 본 서(書)에서는 논리의 전개 상, 감정과 감성을 엄밀히 구분하지는 않는다. 감정은 반의지적 감정과 의지적 감성으로 구분된다. 감정은 내 의지에 의해 구성되는 경우와 [독립 감정] 객체에 의해 구성되는 경우로 [종속 감정] 구분된다. 아름다움을 느낄 때와 같이 타자(他者)가 직접적으로 작용하지 않거나 타자와 무관하게 떠오르는 감정은 [독립 감정]이고, 내가 누군가에 의해 분노할 때, 그 분노는 [종속 감정]이다.

[독립 감정]은 객체와 무관하게 자신으로부터 분출되는 감정으로 자기중심으로 사고함으로써 생성되는 감정이다. 사랑하는 자를 사유

의지의 선형 세계

하듯이 자신을 사유할 때 느끼는 감정, 주위의 모든 것이 제거되며 삶으로부터 자신만이 남은 것을 느낄 때의 감정이다.

조용한 산속 시냇물 소리를 들으며 걸을 때 어떤 생각이 드는가. 자연은 나를 드러나게 한다. 사람들 사이에서는 나를 드러내려 해도, 서로 자신을 드러내려는 욕망의 소리와 몸짓으로 나 자신은 묻혀진다. 드러냄, 이는 인간의 가장 강렬한 욕망이다. 이는 [선택받은 소수가 되려는 욕망]이다. 현대 철학자, 부르디외(Pierre Bourdieu)도 비슷한 생각 구별짓기, 최종철역, 새물결출판사 (2005) 이었던 것 같다. 내가 드러날 때 비로소 나의 [독립 감정] 즉, 나로부터의 충만한 외로움, 나로부터의 평온한 사랑, 나로부터의 바람과 같은 [명랑성]이 그 모습을 드러낸다.

사실, 삶은 가끔은 자신만으로 성립되기도 한다. 이와 같은 자기 중심적 [독립 감정]은 함께하는 타인과의 마주침에 의해 새로운 감정 [종속 감정]으로 변화한다. 이를 통해 우리는 새로운 사유 세계를 구축한다. 타인과의 마주침에 의한 사랑이라는 [종속 감정]은 공간적 사유가 필요하며 여기 선형적 사유에서는 제외된다.

의지의 선형 세계

의지론적 세계

　　[독립 감정]의 상태는 죽음을 사유함으로써 해석되기도 한다. 이 감정은 본능적인 의지로부터의 본질적 감정으로서 대표된다. 우리 생에는 몇 번의 큰 변화가 있을 수 있다. 종범, 법문, 열반과 오도 (2008) 그 하나는 자신 생의 중간에 자신 삶과 타자(他者) 삶의 경계가 중복되기 시작하여 자기중심적 세상이 무너져 내리는 순간 이는 자신 삶의 허무함과 고귀함을 동시에 죽음의 순간과 견줄 만큼 경험할 때 다가온다. 그리고 두 번째는 예상되는 바와 같이 죽음에 의하여 자신의 육체와 정신이 분리되려 할 때, 육체로부터 구성되었던 세상이 무너져 내리는 순간 이는 누구도 경험한 바 없으나, 누구나 알 수 있다. 일 것이다. 이 두 번째의 변화 때에는 자신 이외의 모든 것은 의미를 상실한다. 자신의 부모, 친구, 연인, 자녀, 그 누가 이 감정을 공유할 것이며 이와 같은 순간, 타자(他者)의 감정이 나와 무슨 상관이 있겠는가. 그러나 이 순간이야말로 삶과 우주 그리고 존재 [나]의 관계를 인식할 수 있게 할 것이다.

　　[종속 감정]은 인간이 일반적으로 느끼는 보통 감정이며 객체와의 관계로부터 생성된다. [종속 감정]은 매우 다양하게 그 강도가 변화하며, 이 감정의 조절과 조화가 심리적 윤리학의 근간으로 작용한다. 사랑과 미움, 호의와 적의, 그 원인은 타자(他者)로부터 기원한다. 타자(他

의지의 선형 세계

者)로부터 기원하는 [종속 감정]의 큰 특징은 그 감정이 독립 감정보다 자신의 의지와는 무관하게 감정 변화가 크게 작용한다는 것이다. 누군 가를 오랫동안 사랑하며 겪는 감정의 변화를 보면, 이 [종속 감정]의 다 양성과 변화성을 알 수 있다.

인간이 타자(객체)로부터 느끼는 감정은 그 객체가 인간적인 것인지 비인간적인 것인지에 따라 변화한다. 인간적인 경우, 객체가 하나일 때와 하나가 아닐 때, 그리고 자신보다 약자인지 강자인지에 따라, 이는 매우 중요한 요소이다. 그리고 인간이 아닌 경우, 그것의 생명 유무에 따라 다양하게 변화된다. 우리는 자신과 비교하여 강자와 약자에게 서로 다른 모습을 보이는 것을 부끄러워해야 한다. 가난한 청년을 대할 때나 최고의 직에 오른 권력자를 대하는 모습에 태도, 언어의 사용에서 추호(秋毫) 의 변화도 있어서는 안 된다. 그렇지 않다면, 자신을 그런대로 참아줄 만 한 자라고 생각해서는 안 된다. [종속 감정]의 불일치가 주위 삶의 평등 을 어지럽히기 때문이다.

인간의 감정은 근원의 유무에 따라서 [근원 감정]과 [유추 감정] 으로 분류된다.

의지의 선형 세계

[근원 감정]은 감정의 생성 원인을 사유할 수 없는 감정이며 [유추감정]은 감정의 생성 원인이 사유될 수 있는 감정이다. 분노, 수치심, 즐거움 등 인간이 갖는 대부분의 감정은 [유추 감정]이다. 그 근원이 사유 가능하기 때문이다. 내 앞을 지나가는 사람에게 눈길이 가고 그를 좋아할 수 있을 것 같은 감정은 [근원 감정]이다. 누군가에 의해 자신이 소중하게 생각하는 것이 경시 당할 때 분노를 느낀다. 이는 [유추 감정]이다. 여기서, 조금 깊이 사유해 보면 그 근원을 알 수 없는 감정은 자신으로부터의 [독립 감정]과 관련이 있고, 그 근원이 유추되는 [유추 감정]은 타자(他者)에 의한 [종속 감정]과 관련이 있음을 알 수 있다. 모든 감정의 근원은 자신임이 다시 한 번 드러난다.

그러나 아름다움을 느낀다든지 미적 감정 숭고함을 느끼는 경우 그 감정의 근원은 사유 불가능하다. 물론 미를 논증하는 미학자들은 미의 원인에 대해 추적한다. 그들은 그 원인을 기술하며 어느 정도 그 노력이 인정되기도 한다. 그러나 객관적 미의 원인은 미학의 차원이 아니며 인간 통합 사유의 영역에 속한다. 아름다움은 자신을 분출하기 위한 인간의 기본 본능의 구현이다. 이는 일반적으로, 미의 후경(後景)을 주장한 하르트만(Nicolai Hartmann) 미학, 전원배역, 을유문화사 (1984) 을 포함한 미학자들

의지의 선형 세계

이 기술하였던 미적 영역의 피안(彼岸)에 존재한다.

아름다움은 삶 자체이며 인간 생존의 문제이다. 아름다움을 아름다움으로 축소시키는 오류를 범해서는 안 된다. 그러므로 아름다움은 미학자들의 과제인 [유추 감정]과는 다른 세계의 문제이다. 참고로, 미의 근원은 이미 기술한 바와 같이, 완전성, 가능성, 절대성의 원리를 필요로 한다. [나]에 대하여, 김유정, [76. 미의 세 가지 원리] 하르트만은 미적 후경(美的後景) 이야기로 많은 페이지를 기술하고 있다. 이 관점에서 미학은 젊은 철학자들의 사유 연습을 위하여 좋은 주제임은 틀림없다.

이제 삶이 준 너그러움 중 하나인 의지의 세계에 대하여 조금 더 사유해 보자.

인간의 의지 작용은 삶을 유지하려는 [본능], 집착으로 표현되는 [욕망], 자신과 타자(他者) 사이 관계로부터 발생되는 [감정]으로 구성된다. [감정]은 인간 의지 작용의 가장 중요한 요소 중 하나이다. 다양한 감정은 자신에게 다가오는 상황에 따라 변화한다. 안이비설신 (眼耳鼻舌身, 시각, 청각, 후각, 미각, 촉각), 감각으로부터의 [감성]은 의지의 영

의지의 선형 세계

역을 넘어서면 [감정]이 되고, 의지 영역 안에 있으면 [감성]으로 유지된다. 그러므로 [감성]은 존재로 시현될 수 있는 현상이고 그것이 인식 작용과 구성되면 의식화될 수 있다. 그러므로 [감성]은 의지와 존재, 의지와 인식의 평면 세계에 존재하는 현상이다. 이는 평면 세계에서 다시 사유되고 후술(後述)될 것이다.

의지 또는 [반의지] 영역인 [욕망]과 [감정]의 근원 분석과 연관성 그리고 욕망과 감정이 가지는 독특한 특성들에 대한 사유는 삶에 대한 즐거운 탐구의 영역을 제공한다. 이는 인간 일반의 삶을 이해하고자 하는 자들이 깊이 탐구해야 할 영역이다. 삶은 감정으로 가득하고, 우리가 겪는 대부분의 문제를 야기하기 때문이다.

삶이 즐거운가, 슬픈 일이 있는가, 해야 할 일들이 힘든가, 미래가 걱정스러운가, 무언가 불안한가, 몸이 아파 괴로운가, 사랑하는 사람이 있어 가슴 뛰는가, 사랑하는 사람이 나를 사랑하지 않아 절망하는가, 할 일이 많아 초조한가, 배가 고픈가, 목이 마른가, 화가 나는가, 음악을 들어 평온한가. 지금, 자신의 삶의 상태는 몇 줄로도 기술할 수 있을 것이다. 하지만 하나의 주제에 대하여 생각하기 시작하면 상황이 바뀐다.

의지의 선형 세계

의지론적 세계

예를 들어 [자신의 삶이 즐거운가]에 대한 하나의 주제로 자신의 삶을 깊이 그리고 자세히 기술하면 생각보다 훨씬 더 많은 페이지가 필요할 것이다. 이 기술(記述)이 바로 철학이기 때문이다. 우리는 여기서 흥미로운 경험을 하게 된다. [자신의 삶이 즐거운가]를 기술하는 것과 [오늘 아침 일로 슬픈가] [해야 할 일들로 힘든가], 이 서로 다른 내용에 대한 기술은 처음에는 다르게 시작하겠지만 마지막 완성된 전체 내용은 거의 유사하게 수렴한다. 이렇게 하나의 감정은 모든 것을 포함하고 있다. 우리의 감정은 매우 다양한 것으로 생각되지만 사실 모든 감정의 근원과 연관성 그리고 욕망과 감정이 가지는 독특한 특성들에 대한 사유는 모두를 결국 하나로 _[삶에의 의지] 수렴시킨다.

인간의 삶을 구성하고 있는 공간에서 의지는 자신의 위치를 존재의 세계와 함께, 대부분의 경우, 동시에 드러내고 있으며, 존재에 대한 의지 작용의 역할과 그 평면 세계는 곧 기술될 것이다.

철학에 있어 분류 및 정의를 기억하는 것도 중요하지만, 더욱 중요한 것은 그 분류 및 정의에 따라 실제로 사유하는 것이다. 사유 연습을 통하여 수학 문제를 풀듯이 우리의 삶을 이해하고 성찰하는 연습을 할

의지의 선형 세계

의지론적 세계

수 있다. 아름다운 피아노 연주를 위해서 어릴 때부터의 수많은 연습이 필요한 것과 같다. 우리 모두가 아름다운 삶을 연주하는 생각의 연주자 삶의 지휘자가 되기를 바란다. 삶이 힘들고 보잘것없을 수도 있겠지만 우리는 그 삶 속에서 숭고하고 위대한 삶을 만들 수 있다. 이를 위해서는 우선 숭고하고 위대한 삶에 대하여 비관하는 자들 속에서 빠져나와야 한다. 그 속에서는 사람들에게 길을 제시할 수 없기 때문이다. 이 새로운 길의 제시가 없다면 인간 일반은 오래 존속할 수 없다. 그러므로 철학자의 제1 조건은 [인간에 대한 사랑]이다.

의지의 선형 세계는 의지의 세계와 의지의 힘이 닿지 않는 [반의지(反意志)]의 세계로 구성된다. [반의지]의 세계에 대해 생각해 보자.

의지론적 세계

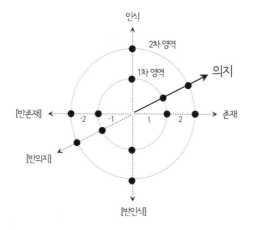

의지의 선형 세계

의지의 선형 세계

2-2. [반의지]의 선형 세계

자신의 의지와 무관하게 구성되는 삶의 사유 공간이 이루는 세계를 [반의지(反意志)]의 세계라 한다. 이 세계는 분열된 의지의 세계로 삶을 변화시키는 강한 작용자로서 우리 삶에서 반드시 고려해야 하는 삶의 기본 구성 요소이다. [반의지]는 무엇인가 [할 수 없는] 세계를 포함한 [의지할 수 있으나, 의지하지 않는] 세계이다. 본질적 철학적 사유 측면에서는 후자의 경우가 더 가깝다. 즉, 어린아이가 미분 방정식의 해를 구하지 못하는 상태가 우리의 사유 대상이 아니라, 우리가 의지를 갖지 않아 생기는 삶의 빈 듯한 상태가 우리의 주요 사유 대상이다. 그러나 곧 후술(後述)하는 [본능적 반의지]를 제외하고, 반드시 [반의지]가 우리에게 문제의 세계는 아니다.

[의지의 분열]은 인간을 향상시켜 왔던 모든 미덕을 소멸시키며 인간을 무력화한다. [반의지]의 세계는 불가능의 세계를 포함한 의지의 세계에 반하는 반작용의 세계, 의지 가능 세계로부터의 이탈이다. 불가능의 세계에 관한 기술(記述)은 우리의 논거와 무관하지만, 우리의 사유에서 제외하지는 않는다. 의지가 분열되면, [반의지]의 세계로부터 의지

세계로의 전환(轉換)이 어렵게 되고, 이는 우리 삶에 치명적이므로 이에 대한 주의가 필요하다. 그러나 이와 같은 [의지의 분열] 상태는 우리 삶의 곳곳에서 어렵지 않게 볼 수 있다. 이 분열 상태로부터의 탈출을 논거(論據)함이 본 저술(著述) 목적의 하나이기도 하다.

　　　[반의지]의 세계는 [본능적 반의지], [감성적 반의지], [지성적 반의지]의 세계로 구성된다.

　　　[본능적 반의지]의 세계는 자신의 의지가 미치지 않는 본능적 행태의 세계를 지칭한다. [본능적 반의지]의 세계는 [본능적 의지]와 함께 모든 인간 일반이 다양하게 자신의 특질을 현시(顯示)하는 요소이며, 인간의 영역을 넘어선 지평선 너머에 존재하는 피안(彼岸)의 세계이다. 숨을 쉬지 않을 수는 없다. 이는 [본능적 의지]이다. 누군가를 진심으로 영혼으로부터 사랑할 때, 이성적, 합리적으로 판단하면 그로부터 멀어져야 하는 경우에도 그를 사랑하지 않을 수 없다. 이는 [본능적 반의지]에 속한다. 이는 사유 관점에 따라 [본능적 의지]로 볼 수도 있다.

[반의지]의 선형 세계

의지론적 세계

　　쾌락을 만족시키기 위한 의지는 [본능적 의지]이며 동시에 [본능적 반의지]일 수도 있다. 생명을 유지하기 위하여 공기를 호흡하지 않을 수 없는 것은 [본능적 의지]로서만 가능하다. 숨 쉬는 것, 사막에서 목이 말라 물을 먹는 것, 몇 일 동안의 금식 후 음식을 먹는 것, 눈앞에 물체가 다가올 때 눈을 감는 것과 같은 생명을 유지하기 위한 의지의 세계가 [본능적 의지]의 세계이다. 우리 삶에서 [본능적 반의지]는 무엇이고 어떤 의미인가. [본능적 의지]가 의지의 영역을 벗어날 때 [본능적 반의지]의 세계는 탄생된다. 이는 의지 분열 증상을 동반하는 이해할 수 없는 행동을 일부 설명한다. 예를 들면 다른 강력한 의지 때문에 삶에 필요한 영양 섭취를 포함한 항상성을 거부하는 거식증(拒食症), 극도의 공포 때문에 위험의 순간에서도 움직이지 못하는 행동 장애, 지나친 슬픔으로 생명 유지 본능을 거부하는 자살, 타자(他者)와의 관계 붕괴로부터 기인하는 자신 속에 갇혀 버리는 자폐(自閉), 심한 외상 후 스트레스에 의한 장애 등이다. [본능적 의지]의 세계 중 의지의 세계를 벗어난 잠재되어 있는 몇 가지 세계 중 하나가 사랑으로부터의 마음 현상이다. 사랑은 본능적 의지의 영역으로부터 시작하여 [본능적 반의지]의 세계로 전환되거나 처음부터 [본능적 반의지]의 세계 속에 존재하기도 한다. 우리는 사유 영역을 고찰함으로써 [반의지]로부터의 사유 공간 전환을 통해 다른 사유

선형적 삶의 세계

[반의지]의 선형 세계

영역으로 전환이 가능함을 제안한다. 본 서(書)는 심리학적 난제(難題)들에 대한 대안(代案)을 제시(提示)하고 이를 구체적 논증과 함께 사유할 수 있도록 할 것이다.

[감성적 반의지(反意志)]의 세계는 [감성적 의지]가 우리 의지의 영역을 벗어날 때 탄생되는 세계이다. 한 인간을 사랑하는 것은 [감성적 의지]이나, 관점에 따라 [본능적 의지]이기도 하다. 사랑하지만 그럼에도 불구하고 그것을 억압하여 사랑하지 않겠다고 하면 [감성적 반의지]로 이행(移行)된다. 타인과의 사랑은 여러 가지 원인에 의해 자신의 생각대로 되지 않을 경우가 많으며 이때 사랑은 자신의 [반의지화]된다. 이는 사랑하지 않겠다는 또 다른 의지가 아니다. 스스로 포기하고 더 이상 사랑을 성취하려는 마음을 가지지 않는 상태, 그러나 숨겨진 잠재적 의식 속에는 사랑의 감정이 남아있는 상태를, 타인에 대한 [사랑의 반의지적 상태]라 한다. 우리가 동일시했던 사랑이 [본능적 반의지]로서 그리고 [감성적 반의지]로서 동시에 사유될 수 있다. 이는 우리 삶 속에서의 동일 관계 희소성에 대한 일부 답이 될 수 있으며, 삶의 관계 다양성에 대한 열쇠를 제시해준다. 사랑은 본능적 사랑 욕망적 사랑이 아니라, 사랑하지 않을 수 없는 사랑을 말한다. 감성적 사랑, 지성적 사랑이 있다. 사랑이 우리 삶에 주는 의미에 따라

[반의지]의 선형 세계

그 사랑의 감정은 다르며, 이를 사유함으로써 우리 삶에서의 사랑의 관점들을 변화시킨다. 이를 구체적이고 분석적으로 사유하는 것은 아마도 많은 페이지가 소요되는 또 다른 작업이 될 것이다.

이때 [감성적 반의지]를 감성적 의지로 전환하기 위해서는 자신으로부터 한 인간에 대한 사랑 자체를 [사랑하지 않음]으로 변화시켜야 한다. 단순히 [반의지]화된 세계 내에서의 노력은 그 힘을 발휘할 수 없다. 즉 [반의지]의 세계가 의지의 영역으로의 전환되지 않는 한, 어떠한 방법에 의해서도 성취될 수 없다. 의지의 상태에서 타인에 대한 사랑이 포기되지 않고서는 절대로 [반의지] 속에서 자신의 삶을 변화시키지 못한다. [반의지]는 의지에 반하는 분열된 세계이기 때문이다. [평온과 고요]의 조건인 욕망과 집착으로부터 벗어나기 위해서는 욕망과 집착을 감추어 둔 채, 그것을 억압에 의해 가두어 놓아도 [욕망과 집착의 일시적 반의지화]일 뿐이다. [반의지]는 의지가 존재해야 존재하는 의지의 그림자 음영, 陰影 이다. 아무리 오랫동안 욕망과 집착에서 벗어나려고 노력하여도 자신 의지 세계 속에 욕망과 집착이 남아 있는 한 소용없는 일이다. 자신 의지 세계 속에서 욕망과 집착을 다른 곳으로 [반의지] 밀어내는 것이 아니라, 의지의 세계 자체 속에서 그것을 무화(無化) 하는 것이 [평온과

[반의지]의 선형 세계

의지론적 세계

고요]로의 유일한 길이다. 소용없는 노력은 하지 않는 것이 좋다.

이와 같은 [반의지] 세계로부터 의지 세계로의 전환을 [반의지의 의지화]로 정의, 사유한다. 이를 통해 인간 일반은 자신 삶의 파괴 상태, 삶의 심연(深淵)으로부터 탈출 가능하다. 삶의 [반의지] 상태는 삶을 파괴한다. 왜냐하면, 그것이 심연 속에 숨어 삶의 창조적 변화를 억압하기 때문이다. 삶은 매 순간 변하는 역동적 공간이며, 이 역동성을 통하여 자신의 모든 어려움, 어둠, 슬픔으로부터 탈출 가능하다. 자신을 잘 관찰해야 한다. 자신의 [반의지]를 잘 관찰해야 한다. 그리고 자신의 존재와 인식을 탐구하여 [반의지]의 심연 속에서 탈출해야 한다.

반대로, 자신의 의지 세계를 [반의지]의 세계로 전환시키는 작용을 [의지의 반의지화]로 정의 사유한다. 이를 통해 인간 일반은 삶의 심연(深淵) 속으로 빠져 들어간다. 의지의 [반의지]화는 게으름과 용기없음에 기인한다. 둘 중 하나만 고르라면 게으름이다. 게으른 자에 대하여는 우주의 창조자가 있고, 그가 도와주려 해도 소용없는 일이다. 게으르지 않고 용기없지 않기 위하여 자신을 잘 만들어 가고, 생각을 준비해야 한다. 이 삶의 의지화와 [반의지]화는 의지와 [반의지]의 선형적 세계에

103

통합적 의지 철학

[반의지]의 선형 세계

서 조금 더 기술(記述)될 것이다.

[지성적 반의지]는 지성적 의지가 인간에게 도덕을 창조하게 했듯이, 인간에게 종교를 창조하게 하는 보이지 않는 힘을 발휘한다. 인간 일반은 자신의 의지 영역을 벗어나 있는 것을 신(神)과 숭배를 통해 실현하려 오랫동안 노력해 왔다. 그러나 본 서(書)는 그 힘의 근원이 우리의 [반의지]에 있음을 제시(提示)한다. 자신의 의지 너머에 있다고 생각되는 모든 것이 내 사유 공간 속에 존재한다. 즉 완전한 사유자(思惟者)는 신(神)과 크게 다르지 않을 가능성이 항상 존재한다.

자신의 의지 영역을 벗어나 발생되는 모든 것에 대하여 인간 일반이 어떤 매개체를 통해 해석하려는 노력이 [지성적 반의지의 의지화]이며, 그 결과 수많은 숭배 사상을 탄생시킨다. [지성적 반의지]는 [알기 위한 의지]에 대한 깊은 잠재화이다. 그 원인은 인간의 [아는 것에 대한 불가함]에 부딪힘, 절망이다. 이 심연 속에서 인간을 구제하는 매개로서 신(神)을 고안, 창조했다. 이는 인류 역사상 현재까지 몇 되지 않는 인간의 명석함과 주된 성취로 인식된다. 물론 아주 많은 사람이 신(神)에 대하여 그렇게 인정하지는 않는다.

[반의지]의 선형 세계

의지론적 세계

　　프레이저(James George Frazer)가 그의 저서 황금의 가지 에서 그토록 많은 숭배 의식을 찾을 수 있었던 것은 [지성적 반의지의 의지화]에 전 인류가 얼마나 많은 노력을 기울였는지를 짐작하게 한다. [황금의 가지]는 방대한 분량의 숭배 의식에 대하여 조사하고 분석한 내용을 기록하였다. 그 지식이 경이로울 정도이다. 인간의 지식이 이와 같이 풍부한데, 이 세상은 왜 아직 미지(未知)의 것으로 가득한가.

　　지금 이 순간도 우리 인간 일반은 [지성적 반의지의 의지화]에 열중하고 있을 것이다.

　　[반의지]의 세계는 인간 일반의 숨어 있는 행동 의지를 발견하게 해주며 그것으로 사유(思惟)의 중요성이 다시 부각된다. 어린 시절, 그리고 젊은 시절 가지는 꿈, 용기와 열정은 나이가 듦에 따라, 안정과 군중의 안전이라는 이름 아래 [반의지] 속으로 사라진다. 즉, 자신의 의지로 불가능하다고 사유되는 것들은 [반의지]의 세계로, 더 이상 드러날 수 없을 정도로 깊이 잠재된다. 이 심연(深淵)의 의지는 대부분, 우리 삶 속에서 사라지며 우리는 이를 더 이상 의지(意志)하지 않는다. 그러므로 지금까지와 완전히 다른 삶을 새롭게 재구성하기를 원한다면 자신의 존재

[반의지]의 선형 세계

의지론적 세계

속 숨어 있는 [반의지]를 깊이 사유하고 발견해야 한다.

인류를 발전시킨 것은 지식을 통한 문명의 점진적 발전이었으나 인간 정신 성취의 가장 중요한 것들은 [반의지] 세계의 의지화를 통해서 성취되었다. 이것은 [반의지]와 인식의 평면적 세계에서 다른 관점을 포함하여 좀 더 사유할 것이다. 젊음의 특징은 실패가 용납되고 이해될 수 있다는 것이다. 삶을 안전하게 꾸려나가려는 순간, 자신의 가장 중요한 것을 잃는다. 모든 인간이 부러워할 만한 모든 것을 이루어야 무슨 소용인가. 그것을 이루는 순간, 두려움이 보이기 시작한다면. 그러므로 삶의 목표를 세우고 그곳 만을 보고 가지 말 것. 삶의 방향을 정하고 모든 하루하루가 자신의 삶의 숭고한 목표 중의 하나임을 인식하며 삶을 만들어갈 것. [반의지]의 어둠에 빠지지 않기를 바란다.

극한적 [반의지] 세계로부터의 탈출을 위하여 전술(前述)한 바와 같이 [의지의 부정]이 제안되기도 하였다. 하지만 쇼펜하우어가 [의지의 부정]을 통한 탈출을 시도했던 것은 그 방향이 조금 벗어나 있을 수도 있다. 물론 누구도 그의 생각을 확실히 알 수는 없다. [의지의 부정]은 극한적 [반의지]의 상태에서 의지 자체를 부정하려는 인간의 무력에의 성향을 동양적 관

[반의지]의 선형 세계

의지론적 세계

념 철학과 연관시켜 답을 구하려 한 것으로 약간은 무책임한 결론이었다. 그는 사유의 나태함을 보여주고 있다. [반의지]를 의지화시키려는 노력이 한계에 부딪혔으며, 그는 더 이상의 사유를 진전시킬 수 없었다. 우리는 나태함을 경고한다. 쇼펜하우어의 감동스런 저서를 전체적으로 비판하는 것은 아니다. 그는 의지의 부정을 통하여 [부동의 평화], [깊은 평정], [내면적인 밝음]을 달성할 수 있을 것으로 생각하고, 이 상태를 인간 동경의 상태라 했다. 정말 그런 것인가. [의지의 부정] 외에 다른 것이 있지 않겠는가. 너무 나태한 것은 아닌가. 우리 삶은 의지 외에도 [반의지], 존재, [반존재], 인식, [반인식]으로 매우 다양하다.

후술(後述)되겠지만 극한적 [반의지] 상태에서 인간 일반이 할 수 있는 유일한 선택의 길은 바로 [반의지] 세계로부터 수직 평면적 세계로의 전환(轉換)이다. 후술되는 인식의 세계는 수직 사유의 영역을 구축한다. 여기서 인식의 중요성이 현시(顯示)된다. 인식을 통하여 모든 사물은 재탄생 되기 때문이다.

이제 우리는 극한 대립적 의지와 [반의지]의 세계가 이루는 선형 세계에 대하여 사유한다.

[반의지]의 선형 세계

의지론적 세계

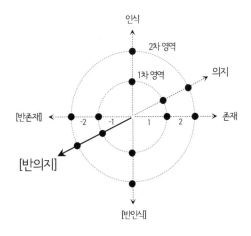

[반의지]의 선형 세계

선형적 삶의 세계

[반의지]의 선형 세계

2-3. 의지와 [반의지]의 선형 세계

인간은 일반적으로 삶의 [반의지화(反意志化)]를 필요에 따라 어느 정도 추구하는 경향이 있다. 의지의 세계는 힘의 세계이지만, 그 힘을 갖기 위한 노력은 우리를 지치게 하기 때문이다. 인간의 삶은 태어남으로부터 결정 지워진 것들의 세계 속으로 빠져들어 간다. 이름에 의해 결정 지워지고 성별에 의해 결정 지워지고 부(富)에 의해 결정 지워지는 것들의 세계 속으로. 어린 시절이 지나가면서 이는 크게 변하지 않는다. 기억력의 정도 경쟁의 성적 에 의해 삶의 기쁨이 바뀌고, 겉모습에 의해 많은 것이 바뀐다. 권력자의 잘못된 판단에 의한 어처구니없는 전쟁 속에서 두려움과 분노로 용감해질 수도 있고 자본주의 재력가의 감추어진 음모에 따라 많은 시간을 노동하기도 한다. 물과 먹을 것이 부족하고 질병으로 어려운 시기를 겪는 자들의 고통은 그들만의 탓일까. 우리 인간 일반은 우리 의지대로 삶을 살고 있는가. 이를 견디기 위해 우리 대부분의 삶은 [반의지화] 된다. 푸코의 말대로 담론의 질서, 이정우역, 중원문화 (2012) 우리 모두 [음모(陰謀)의 늪]에 빠져 있을지도 모른다. 그러나 저항하지 않는 민중들과 다른, 질서 파괴적 돌연변이들은 반드시 존재한다. 그들은 모든 것을 파괴하고 또 생성하는 새로운 힘으로 탄생할 것이다.

의지와 [반의지]의 선형 세계

의지론적 세계

인간은 자신의 의지 영역을 가능한 한 [반의지] 영역화하여 자신의 힘의 소모를 최소화시키려는 경향이 있다. 그 경향의 정도에 따라 우리는 의지와 [반의지]의 세계를 다양하게 변화시킨다. 우리는 변화한다. 오늘 아침의 나와 지금의 내가 어떻게 같겠는가. 단지 그렇게 같기를 바랄 뿐이다. 서로 다른 것이 바로, 동일한 유일한 것이다. 그 변화의 중심에 의지와 [반의지]의 선형 세계가 있다. 어린아이와 같은 긍정, 실패를 두려워하지 않는 반복된 노력, 누구도 꾸지 않는 꿈에 대한 열망, 불가능 세계로의 몰입, 열정과 도전, 그러나 이 모든 것들의 [반의지화], 이것이 우리 삶을 역경(逆境) 속, 노예와 같은 억압의 길, 그 중심에 서서 우리를 유혹하고 있다.

이를 [삶의 반의지화] 즉 [의지의 분열]이라 정의, 사유(思惟)한다. [의지의 분열]은 자신 의지와 무관하게 외부 억압에 의하여 의지가 파괴되는 현상이다. 이에 반하여 [의지의 부정]은 삶의 관조(觀照)를 통한 자신 의지에 의한 의지의 최소화를 의미한다. 우리 삶 속 두 현상은 그 기연(起緣)은 크게 다르지 않으나 그 결과는 크게 다를 수 있다. 그러나 이와 같은 삶의 두 현상은 [의지-반의지의 선형 세계]에 서로 통합된다. [의지-반의지 선형 세계]는 [존재-반존재 선형 세계]에 이어 두 번째 통합 선형 세계이다.

의지와 [반의지]의 선형 세계

선형적 삶의 세계

의지론적 세계

의지와 [반의지]의 선형적 세계는 그 의지 및 [반의지]의 변화 모습에 따라 [1. 본능적 의지의 반의지화], [2. 본능적 반의지의 의지화], [3. 감성적 의지의 반의지화], [4. 감성적 반의지의 의지화], [5. 지성적 의지의 반의지화], [6. 지성적 반의지의 의지화], 여섯 가지 선형적 삶의 전환 현상을 수반한다. 삶의 현상은 단순치 않다. 가장 단순한 선형적 세계에서도 우리는 벌써 다양한 삶의 현상들과 마주친다. 왜 우리 삶이 끊임없이 변화하고 예측할 수 없는지에 대한 답이기도 하다. 의지와 [반의지]의 구성에 대하여 각각 본능적, 감성적, 지성적 의지와 [반의지]로 이미 전장(前章)에서 사유하였다. 이제 인간의 사유 세계 속에 숨어있는 비밀들을 찾아 떠난다.

[1. 본능적 의지의 반의지화]는 인간 일반 삶에 대한 극단적인 도피와 이에 따른 자살을 유도하기도 한다. 여러 가지 원인에 의하여 인간이 가지는 삶에의 본능적 의지가 파괴되어 허무주의가 자신의 삶을 지배하게 되고 이것이 삶에의 본능적 의지마저 망각시킬 때 발생한다. 이때, 삶에의 의지가 파괴될 수도 있다. 삶은 행복한 시간보다는 행복을 기다리는 시간이 훨씬 많고, 그뿐 아니라 불행하다고 생각하는 시간이 더

의지와 [반의지]의 선형 세계

의지론적 세계

많은 사람으로 가득하다. 지속되는 불행의 상태 속에서 우리는 어떤 사유 상태에 빠지는가. 그리고 어떤 선택을 해야 하는가. 삶은 바람에 변화하는 나뭇가지와 같이 예측 불가능하나, 그래도 우리가 할 수 있는 것이 없는 것은 아니다. 우리는 우리 삶의 좌표 그리고 우리의 사유 상태가 우리 삶의 세계 속, 한 공간임을 확실히 인식하는 순간, 우리의 선택은 좀 더 평화로울 수 있다. 힘들지만 그래도 가야 할 길이 보이기 때문이다. 이는 본 서(書)에서 다룰 공간 세계의 주요 주제이다.

　　　[본능적 의지의 반의지화]의 또 다른 상태는 군중의 우매함에 자신이 동화되어 본성상 군중은 우매함에 빠지기 쉽다. 삶이 혼란에 빠져들 때 나타나기 쉽다. 이는 군중으로부터의 도피가 치유책이다. 삶의 의지 가치 를 자신이 아닌 자(者)로부터 얻으려는 자는 오래지 않아 그 의지와 자신을 모두 잃게 된다. 군중으로부터의 도피는 정확하게 이야기하면 그들을 피하는 것이 아니라 [군중들로부터의 강요된 삶으로부터의 이탈]을 의미한다. 아직 어린아이일 때는 보호와 보살핌이 필요하다. 어린 상태로는 세상에 나가지 않는 것이 좋다. [젊음의 특징은 삶의 의지 가치 를 자신의 존재로부터 찾는다는 것이다.] 잊지 말아야 할 명제이다.

의지와 [반의지]의 선형 세계

의지론적 세계

[2. 본능적 반의지의 의지화]는 그 용어가 의미하는 바대로 자신의 재탄생을 가능케 한다. 이를 통하여 거식(拒食), 행동 장애, 자살, 자폐(自閉) 현상 그리고 사회적, 개인적으로 숨겨진 억압에 의한 [반의지]적 세계가 의지의 세계로 전환, 사유 공간 위치를 변화시킨다. 그에게 [본능적 반의지]는 없으며 모든 것이 의지 작용으로 전환되고 그 노력을 게을리하지 않는다. 이는 자신의 의지 너머의 삶의 세계를 의지하려 함을 말한다. 일반적으로 인간 일반은 의지 영역 내의 목표를 가지고 이를 위해 삶을 꾸려간다. 즉, 의지와 [반의지]의 경계선이 무너진 상태이다. 이를 달성하기 위해서는 비정상적인 방법이 필요할지 모른다. 한 번쯤은 불가성(不可性)을 알면서도 이를 의지하려 했던 자신을 누구나 기억할 것이다. 결과는 절망 또는 기쁨이다. 보통, 이는 피하는 것이 좋은 경우도 있다. 그러나 절망을 각오하고 이 삶의 공간으로 자신을 위치시킬만한 일이 있는데, 그것은 망설임 없이 말하지만 [타자(他者), 인간에 대한 사랑]을 위한 일이다.

그러나 그는 [본능적 반의지]적 상황을 의지화시킴으로써 자신의 힘을 소모하며 힘이 과도하게 소진되고 있음을 오래지 않아 인식하게 된다. 이와 같은 현상을 [허영적(虛榮的) 자유 의지]로 정의하고 사유한다. 이 [허영적 자유 의지]에 우리들은 얼마나 많은 것을 낭비하고 있는

의지와 [반의지]의 선형 세계

지 뒤돌아 볼 일이다. 우리는 [반의지]적 상황에 분노하고 우리의 힘을 소모한다. 그렇게 화내지 말 일이다. 그렇게 화를 내는 것은 [허영심]일 뿐이다. 화를 낼 정도로 우리가 중요한 일을 하고 있는가. 아니, 우리가 화를 내는 것이 그렇게 중요한 일인가. 우리는 우리의 힘을 낭비할 정도로 그렇게 풍요롭지는 않다.

[3. 감성적 의지의 반의지화]는 이미 기술한 바와 같이 자신 의지 영역 내 존재하는 감성의 세계를 [반의지]화 시키는 것을 말한다. 왜 인간 일반은 자신의 의지적 감성을 [반의지]의 세계로 몰아내는가. 이는 동일 감성에 대한 집착과 그 불가성에 기인한다. 또한 자신은 최고의 자유로움을 추구하고 타자(他者)의 자유는 자신을 위하여 박탈하고자 하는 어리석은 이기심이 박탈자의 [반의지]를 야기한다. 얼마나 시간이 지나고 나이가 들고 슬픔을 겪어야 우리는 이를 이해하고 타자(他者)를 절망시키는 이기심을 극복할 수 있을 것인가.

자신의 [감성적 의지로서의 세계]를 [반의지]화 시킴으로써 자신의 삶을 감성적 혼란상태로 만들며, 이는 삶을 오류와 혼란에 빠뜨린다. 이와 같은 [반의지]화의 치명적인 삶에의 영향은 자신의 감정, 좀 더 의지

의지와 [반의지]의 선형 세계

가 부여된 감성 상태의 혼란을 야기하는 것이다. 그렇지 않겠는가. 어제까지 즐거웠던 그리고 자유 의지 속의 감성이 어느 순간, 내 의지로부터 멀어짐을 느낄 때, 예를 들면 누군가를 향한 사랑에 대한 의지가 그 불가성(不可性)으로 자신을 속박하기 시작할 때, 명확히 그 모습을 드러낸다. 이 속박으로부터 벗어나지 않으면 아름다운 사랑은 오히려 자신의 자유를 빼앗을 것이다.

이 선형 세계에서는 누군가를 사랑하려는 의지는 사랑할 수밖에 없는 [반의지]화 되며, 이때 그 대상이 자신을 사랑하는가는 고려되지 않는다. [감성적 의지의 반의지화]는 사랑과 우정 그리고 인간 일반이 소중히 여기는 인간 감성 작용의 대부분이 그렇게 오래 지속되지 않는 이유로서 작용할 수 있다. 이와 같은 [반의지]화의 부작용은 자유의 박탈이다. 자유를 근원으로 하지 않는 인간 감성은 사랑을 포함하여 가치를 상실한다. 이는 사르트르도 기쁘게 동의할 것이다.

[감성적 의지의 반의지화]의 원인은 의지에 대한 불신으로부터 기인한다. 의지는 자신의 힘을 기본으로 한다. 그러나 자신의 힘에 대한 시간으로부터의 불변성은 불가능의 세계이며, 이에 대한 출구로서 의지

의지와 [반의지]의 선형 세계

는 [반의지]화 된다. 이에 대한 거부는 유한한 생명을 가진 실체의 본성을 극복하려는 무모한 시도일 수도 있다. 많은 경우 그리고 많은 인간 일반이 자신의 삶 속에서 이 [감성적 의지의 반의지화] 세계를 경험하면서 살아갈 수밖에 없다.

우리는 [반의지] 세계에 오래 머물면 안 된다. 삶을 아름답게 하려는 의지 세계와, 삶은 아름다워야 한다는 생각으로 자신을 속박하는 [반의지] 세계는 완전히 다른 세계이다. 전자(前者)의 삶은 자유로운 아름다움이 우리에게 다가오며, 후자(後者)로부터 우리에게 다가오는 것들은 이미 아름다움의 본성을 잃은 것이다. 불행하게도 우리의 삶은 후자를 따르는 경우가 적지 않다. 자유가 박탈된 아름다움은 더 이상 아름다움의 세계가 아니다. 우리는 자신이 아름답게 되기 위하여 자신뿐 아니라 타자(他者)에게 아름다울 수 있도록 자유를 부여해 줄 수 있어야 한다. 타자(他者)의 자유를 빼앗는 악취 나는 삶에서 벗어나기를 본 서(書)는 권한다. 이는 권력자나 재력가만 범하는 우(愚)가 아니라, 우리 모두 범하고 있는 우(愚)이다. 자신은 아니라고 생각하지 않기를 바란다. 특히 자신이 현 사회 체제에서 조금 우월적 지위를 가지고 있다고 생각하고 있는 자(者)라면 더욱 명심할 일이다.

의지와 [반의지]의 선형 세계

선형적 삶의 세계

[4. 감성적 반의지의 의지화]는 자신의 의지 영역을 벗어나는 세계를 자신의 의지 세계로 전환하려는 노력이다. 사랑하는 한 대상을 사랑하지 않으려는 것은 자신의 의지를 벗어나는 [반의지]이나, 이 사랑하지 않으려는 것을 자신의 의지로서 결정하려 하는 것이 [감성적 반의지의 의지화]이다. 쇼펜하우어는 삶 속에서 쓸모없는 의지로 삶이 고통으로 변화함을 사유하였고 이를 해결하기 위해 염세주의적 그러나 관조적 [의지의 부정]을 주장했다. 사실, 엄밀히 말하면, 그는 삶을 염세적으로 보지 않았다. 우리 삶의 의지가 [반의지]화될 때 삶의 전면으로 나타낼 수 없는 억압이 나타난다. 이 억압의 극복 과정이 [감성적 반의지의 의지화]이다. 그를 또는 그녀를 사랑하는데, 그를 또는 그녀를 위해 사랑을 포기하는 것, 이것이 [감성적 반의지의 의지화]이다. 물론 이는 시간의 조력이 필요하다. 하지만 이것이 실제로 가능한 일이기는 한 것인가.

[반의지] 그리고 의지의 세계는 각 인간 일반마다 다양하게 결정되어 있으며 그 세계는 특별한 사유 철학적 노력에 의해 변화 가능하기는 하지만, 일반적으로는 거의 변화 불가하다. 그러므로 그가 사랑하는 한 대상(對象)을 사랑하지 않으려고 하는 노력인 [감성적 반의지의 의지화]는 사실, 유효(有效)하지 않다. 사랑하지만, 그것을 어떤 의지에 의해

의지와 [반의지]의 선형 세계

의지론적 세계

포기하는 것, 소설 속의 변명으로서는 어느 정도 그럴듯해 보이지만, 사실, 인간 일반의 사유 공간 속, 삶에서는 거의 불가능하다. 단지, 다른 어떤 억압에 의한 인내일 뿐, 그리고 인간이 가진 축복 중 하나인 [기억력의 저하]에 의한 망각의 도움을 받을 뿐이다.

방법은 있다. [반의지]의 세계를 우선 있는 그대로 [반의지]의 세계로 인식(認識)하고 인식을 포함하는 삶의 공간 세계를 사유함으로써 [반의지]로부터의 출구를 찾는 것이 불가능해 보이는 사유 전환을 위한 유일한 대안이다. 예수와 석가의 생각도 이와 크게 다르지 않을 것이다. 우리 삶의 세계는 시간에 따라 그 공간이 변화하기 때문이다. 이를 [인식(認識)을 통한 반의지 세계로부터의 탈출]로 정의, 사유한다. 인식을 통한 [반의지] 세계로부터의 탈출을 생각해 보자. 나는 타자(他者)와 사랑에 빠져 있다. 그가(그녀가) 우리의 삶에서 그토록 중요한가. 물론 여러 가지 이유로 소중하기는 하겠지만, 과연 그것이 무엇 때문인가. 그의 매력적 웃음 때문인가. 그에 대한 연민 때문인가. 자신이 사랑받을 수 있을 기회가 박탈당한 아쉬움 때문인가. 어떠한 경우도 그 중대한 이유를 우리에게 제시해 주지 못한다. 인식이 깊어질수록 삶은 단순해지고 치유가 쉬워진다. 자신의 삶을 끊임없이 인식하기를. 이것이 [반의지]의 험준한 계곡을 넘어 자

의지와 [반의지]의 선형 세계

유로운 존재로 탄생하기 위한 비밀의 문이기 때문이다.

[5. 지성적 의지의 반의지화]는 자신의 의지 영역 내에 있는 삶의 원리에 대한 사유를 자신의 의지 영역 밖으로 전환시키는 과정이다. 우리 인간 일반이 아는 것은 무엇인가. 죽음을 아는가. 삶을 아는가. 자신을 아는가. 친구들을 아는가. 꽃을 아는가. 아름다움은 아는가. 사람들을 아는가. 중력(重力)의 근원을 아는가. 인력(引力)의 원인을 아는가. 불확정성 원리의 근원을 아는가. 바람이 부는 방향을 예측할 수 있는가. 내 몸의 변화를 인식할 수 있는가. 감각 기관의 향기를 느끼는 원리를 아는가. 하루에 성장하는 나무의 크기에 미치는 인자를 정확히 알기는 하는가. 도대체 무엇을 아는가. 우리가 지금 숨 쉬고 있고, 누군가를 보고 싶고, 향기를 느끼고 있고, 결국, 아는 것은 간단한 수학적 명제와 감각적 느낌뿐, 거의 아무것도 모른다는 것 소크라테스적이다. 그리고 그것에 대한 절망, 이것이 지성적 의지가 [반의지화] 되는 이유이다.

이와 같은 자신의 사유 의지 분열 경향은 인간의 무력(無力)에 의한 한계에 기인한다. 자신의 사유로 설명되는 삶의 원리는 많지 않으며 또한 극히 일부분만 설명 가능하다. 이 한계는 경험주의를 탄생시키

의지와 [반의지]의 선형 세계

며, 실제 대부분 인간은 의외로 경험주의자이다. 세상은 인간이 지배한다. 정말인가. 권력과 부를 가진 소수의 인간이 지배하는가. 아니면, 마음이 평화로운 극소수의 인간이 지배하는가.

우리는 지배한 적도, 지배할 수도 없다. 100년 수명의 인간이 도대체 무엇을 지배한다는 말인가. 숨쉬기 바쁘고, 배고픔을 달래기 바쁘고, 사랑하는 사람을 그리워하기 바쁘고, 편안한 집과 삶을 쟁취하기 바쁜 우리가 무엇을 지배한다는 말인가. 우리 인간 일반이 지배하는 것은 자신이 경험한 사실에 대한 맹목적인 신앙일 뿐이다. 그런데 우리들의 소중한 경험은 [인간 일반 전체 관점에서는] 대부분 별로 가치 있어 보이지 않는다. 오직 자신에게만 그렇게 보일 뿐. 타자(他者) 누구도 그것을 쉽게 긍정하지 않는다. 인간은 무력(無力)하다. 이를 어떻게 할 것인가. 인류 역사상 최고의 권력과 힘을 가진 자도 무력하다. 어떻게 할 것인가. 수명이 다하면 고통을 느끼며 초라하게 삶을 마감하는 수밖에 없다.

그러므로 우리는 삶의 원리에 대한 사유 의지 자체의 의미를 축소시켜 자신의 의지 영역을 이탈하는 [반의지]로 전환시킴으로써 스스로를 합리화한다. 이와 같은 타협은 현재 우리 인간의 삶이 어떻게 진행

의지와 [반의지]의 선형 세계

되고 있는지 짐작하게 한다. 이제 다른 방법이 없다. 어떻게든 자신이 가진 초라한 능력과 힘을 포장할 수 밖에 없다. 자신의 초라함과 무력함은 존재의 어둠 속으로 비밀스럽게 숨겨 둔다. 고작 자랑할 것은 넓은 저택과 기억력에 의존한 유명한 글귀와 사람들에게 자랑할 고전 음악의 제목과 자신의 자손 대대 어리석고 생각 없이 살아도 될 만한 부(富)만 있으면 된다. 자신은 삶의 모든 것을 잘 알고 있고 세상의 지식에 통달한 이 세상 속 선택받은 천재임을 자부하면서. 그런데 자신의 존재 깊숙이 숨겨놓은 비밀을 들키지 않으려면 결국은 좀 더 어리석어 질 수 밖에는 없지 않는가.

오래지 않아, 세상은 어리석은 천재들로 가득하게 될 것이다.

[6. 지성적 반의지의 의지화]는 자신의 사유 의지 영역을 벗어나 발생되는 지성적 [반의지]를 사유 의지 영역으로 전환하려는 작용을 말한다. 전술한 바와 같이 인간의 사유 의지를 벗어나는 자연 현상이나 물리적 현상을 인간은 어떤 매개를 통해 설명하려 하며, 이로써 숭배 사상 또는 종교가 탄생된다. 우리 인간 일반은 왜 지식을 탐구하는가. 사르트르의 실존 철학, 니체의 인식 철학, 플라톤의 이데아 관념 철학, 이 모든

의지와 [반의지]의 선형 세계

의지론적 세계

지식이 무슨 소용이 있겠는가. 우연히 이 글을 읽고 있는 독자는 이 글을 읽으면서 도대체 자신에게 어떤 변화를 가질 수 있겠는가. 틀림없이 쉽지도 않고, 재미있지도 않은 글들을 많은 사람은 아니겠지만 사람들은 왜 읽는 것일까. 우리 모두는 [지성적 반의지]를 마음속에 담고 있기 때문이다. 죽음에 대한 지식, 삶에 대한 지식, 미래에 대한 지식에 대한 무력감에서 오는 [지성적 반의지]가 자석과 같이 그들을 끌어당기는 것이다. 하이데거가 존재와 [존재자]를 구분하여 존재의 본질을 탐구하고자 했을 때 그 또한 이 글을 읽고 있는 바로 이 순간의 어느 독자와 같은 [지성적 반의지] 상태에 있었고, 그는 그것을 [지성적 의지화] 시키려 했다. 우리는 끊임 없이 [반의지]를 의지화 한다. 이렇게 새롭게 탄생된 의지는 삶을 혼란스럽게 하기도 하고 삶을 정리하기도 한다. 가능하다면 단순하고 소박한 의지, 이를 권한다.

자신의 사유 영역을 벗어나는 것을 사유를 통해 의지화시키는 노력은 인식자(認識者)의 몫이다. 인식자는 [지성적 반의지]를 부정하며 또한 그럴 만한 힘을 가져야 한다. 누구에게나 기회는 주어진다. 숨 쉴 수 있는 능력만 있으면, 그들은 이 삶의 전환을 경험할 수 있다. 그러나 누구에게나 [지성적 반의지의 의지화] 기회가 실제로 주어지는 것은 아

의지와 [반의지]의 선형 세계

니다. 그러므로 자신이 지금 가능한 상황이라면 자신에게 사유의 시간이 허락되어 있다면 그 기회를 놓쳐서는 안 된다.

자연에 순응하며 삶의 세계를 구성하던 오래전 시대에서 [반의지]의 세계는 자연 현상에 국한되었으며 인간은 이것을 나무와 같은 매개를 통한 숭배 사상으로 의지화하였다. 현세대 우리에게는 자신의 의지를 벗어나는 너무 많은 [반의지] 세계가 자신을 둘러싸고 있으며 이 [반의지] 세계는 그를 압박한다. 그는 이 [반의지]의 세계로부터 탈출을 시도하려 하지만 거의 불가능하다. 원자력 발전(發電) 기술은 너무 많은 과학적 지식으로 구성되어 비전문가들이 지성적 사유 의지 내로 끌어들일 수 없다. 물론 자신의 특별한 노력에 의하여 의지화시킬 수 있으나, 너무나 많은 사유 의지화의 대상이 있으며, 대부분을 [반의지]의 상태로 포기할 수밖에 없다. 또한, 행성으로 가기 위한 모든 비행기구에 관한 지식을 사유, 의지화할 수는 없다. 그러면, 이와 같은 [의지의 분열] 현상을 어떻게 할 것인가. 숭배 사상과 종교적 힘으로는 현재 역사적으로 증명되었듯이 대부분 해결 불가능하다. 본 서(書)는 인간 일반의 모든 사유를 통합하여 [의지의 분열] 현상에 대한 대안(代案)을 제시하고자 한다.

의지와 [반의지]의 선형 세계

의지론적 세계

우리는 [반의지] 영역 확대로 [의지의 분열] 현상을 겪고 있으며 [의지의 분열] 현상으로 자신의 의지 영역조차 [반의지]화 시켜, 결국 무력한 [반의지]적 인간으로 자신을 전락(轉落)시킨다. 인류의 무력화(無力化)는 더 이상 의지 작용을 자극하지 않으며 우리는 이미 많은 부분 무력화되어 있다. 인간은 스스로 파멸의 길로 들어서고 있다. 우리는 [의지의 분열] 현상을 막기 위한 노력을 시작해야 하며 그리고 반드시 성공할 것이다. 성공을 위해서는 앞으로 나아가서는 안 된다. 성공을 위해서는 삶을 멈추어야 한다. 그리고 천천히 우리 주변 삶과 대상(對象)을 보아야 한다. 더 이상 황금빛으로 가득한 미래를 향해 가지 말고 소박한 황톳빛을 띤 자신의 존재 속으로 침잠하기를 권한다. 어느 음유(吟遊) 철학자 니체, Friedrich Nietzsche, 1900) 의 말을 빌린다. [가라, 그대의 고독 속으로, 거칠고 세찬 바람 부는 곳으로.] 짜라투스트라는 이렇게 말했다. 황문수역, 문예출판사 (1984)

존재와 [반존재]의 선형적 세계에서 [존재의 반존재로의 상호 전환] 과정 중, 무(無)의 탄생을 경험한 것처럼, 의지와 [반의지]의 전환 과정에서 또다시 무(無)를 경험한다. 무(無)는 경험되는 것이지 인식되는 것이 아니다. 우리는 인식하려는 알려는 헛된 노력에서 우선 벗어난다.

의지와 [반의지]의 선형 세계

의지론적 세계

무(無)는 의지의 세계도 아니며 [반의지]의 세계도 아니다. 즉, 우리에게 가능한 의지 영역도 아니며 우리에게 불가능한 [반의지] 영역도 아니다. 무(無)는 가능하지도 않고 불가능하지도 않다. 무(無)는 의지 작용으로 달성되지 않으며 [반의지] 작용으로도 달성되지 않는다. 무(無)는 약동하는 생명과 베르그송(Henri Louis Bergson, 1941) 유관(有關)하다. 창조적이며, 예측 불가능한 약동하는 생명, 그 창조 과정에 무(無)는 경험된다. 무(無)는 없지만 창조되는 공간이다.

무(無)는 삶의 세계에서 자신을 의지의 세계와 [반의지]의 세계로부터 독립시키고, 의지가 [반의지]이고 [반의지]가 곧 의지인 세계, 즉 의지와 [반의지]가 다르지 않은 세계로 이행될 때 [경험]된다. 삶에의 의지로서 호흡하며, 삶에의 [반의지]로서 호흡하지 않을 수 없는 상태의 혼돈. 삶에의 의지로 호흡하는 것도 아니고, 삶에의 [반의지]로 호흡하는 것도 아닌, 의지-[반의지]를 벗어난 호흡이 무(無)의 호흡이다. 무(無)는 존재-[반존재], 의지-[반의지], 인식-[반인식]의 혼돈 상태이다. 마치 분출 직전의 마그마와 같은 힘의 축적 상태, 약동하는 생명의 충만 상태가 무(無)에 가깝다.

의지와 [반의지]의 선형 세계

우리 삶의 사유 공간에서 무(無)의 최대의 역할은 무(無)를 통하여 우리가 원하는 삶의 세계로 자유롭게 이행(移行)할 수 있다는 것이다. 왜 우리는 무(無)를 찾아 방황하는가. 삶의 억압이 우리를 압도하기 때문이다. 다시, 생명의 충만을 필요로 하기 때문이다.

이제, 인식론적 수직 세계로 들어설 준비가 되었다. 인식론적 선형 세계가 구성하는 우리의 삶에 대해 천천히 사유(思惟)한다.

선형적 삶의 세계

의지와 [반의지]의 선형 세계

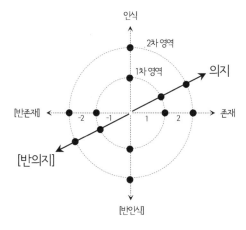

의지와 [반의지]의 선형 세계

의지와 [반의지]의 선형 세계

3-1. 인식의 선형 세계

사물의 원리를 파악하며 그 사물의 원리로부터 삶의 원리를 인식하기 위해서는 사물이 우리에게 어떻게 인지(認知)되는지에 대한 성찰을 요구한다. 존재와 의지만으로도 삶을 살아갈 수 있다. 왜 인식이 필요한가. 왜 수직 사유(垂直 思惟)가 필요한가.

후술(後述)되는 존재-[반존재]와 의지-[반의지]로 구성된 평면적 세계를 공간화시키는 역할을 하는 것이 인식의 세계이다. 인식을 통해 삶은 공간화되며, 그에 따라 인식을 수직적 사유 영역이라 한다. 인식을 통하여 삶이 다양화된다. 이 단계에서 인간 일반은 비로소, 자신의 삶을 조망할 힘을 갖기 시작한다. 존재가 존재로서, 의지가 의지로서 삶에 작용하는 양태(樣態)를 알기 시작한다.

감정을 [대립 감정]이 있는 감정과 [대립 감정]이 없는 감정으로 분류할 수 있는 것으로 사유했다고 하자. 이때 [대립 감정] 및 [비대립 감정]은 감성적 [의지] 작용의 세계이며, 그 결과 나타난 감정의 실체는 무형존재로서 [존재]의 세계에 포함된다. 이와 같이 [대립 감정]과 [비대립 감정]을 종합하여, 감정의 원리를 밝히는 것은 바로 인식의 몫이다. [의지와 반의지의 선형세계]와 [존재와 반존재의 선형세계]가 이루는 평면적 세계에 대하여는 후술될 것이다. [내가 유일하게 아는 것은 내가 아무것도 모른다는 것이다, 소크라테스] [인식하는 치유적 쾌락주의, 에피쿠로스] 이와 같이 인간 철학의 역사는 인식의 역사이다.

세계의 구조를 우리에게 사유할 수 있게 하고 원리를 밝히도록 유도하는 것이 바로 인식의 세계이다. 즉, 사고(思考)를 완성시키는 작용을 한다. 모든 평면적(2차원적) 사유는 인식의 과정을 거치지 않는 한, 우리 삶에서 변화, 전환 과정이 제한된다. 자신을 또 다른 삶으로 전환 시킬 수 있는 모든 인간 일반이 가진 축복받은 작고 고풍스러운 문이 바로 인식이다.

수학적 논리사고 [1+1=2]라는 명제 속에는 [1+1]이 가지는 [존재의 선형 세계]와 [1+1]이 무엇인지에 대한 사고를 가지려는 [의지의 선형 세계]가 존재한다. 그러나 이로부터 [1+2=3]이며 [2+2=4]를 유도하는 계산 원리를 이끄는 것은 인식의 세계를 통해서이다. 물질의 원리에 대한 인식은 일정 부분 가능하다. 그러나 삶의 원리를 아는 것이 가능할

인식의 선형 세계

것인가. 우연성의 연속인 삶을 인식하고 그것으로부터 법칙을 발견하고 미래를 예측할 수 있겠는가. 결국은 누구나 대부분 그러하듯이 몇 가지 변명을 말하고 숲 속으로 숨어버리는 것 아닌가. [1+1=2]와 같이 [친절과 진심이면 호의(好意)를 얻는 것]이 가능한가. 그렇지 않다는 것은 자명(自明)하다.

우리 삶을 이루는 공간 세계는 인식 세계를 통해 완성되며 특히 인식 세계를 [반인식(反認識)] 세계와 구별하여 [양(陽)의 사유 세계]로 정의한다. 인식 세계가 포함되지 않은 세계는 수평적 세계이며, 인식 세계가 구현됨으로써 [수직적 양(陽)의 사유 세계]가 성립된다. 수직적 세계, 인식(認識)은 자신 삶의 현재가 존재와 의지의 세계 속에서 어떻게 방황하고 있는지를 인지(認知)시킨다. 삶 속에서 그렇게 중요하지 않은 것들에 대한 욕망, 집착과 그들이 우리 삶에서 차지하는 위치에 대한 [수직 세계부터의 조망]은 집요한 그들에게서 벗어나도록 안내해 줄 것이다.

수직적 양의 세계를 보여 주는 다른 예를 보자. 의지의 세계에서 전술(前述)한 인식론자 니체, Friedrich Nietzsche, 1900, 짜라투스트라는 이렇게 말했다. 가

인식의 선형 세계

[달아나라! 나의 벗이여! 그대의 고독 속으로, 사납고 거친 바람 부는 곳으로!] 라고 말한 것은 어떤 의미인가. 세계의 부조리와 혼돈 속에서 자신을 지킬 수 있도록 노력하라는 의도를 나타내고 있을 것이다. 그 의도는 수직적 인식의 과정 없이는 해석 불가능하다. 인식의 세계에서는 거칠고 사나운 바람이 분다. 지성 또는 이성의 세계와 같은 움직임이 없는 습한 대기가 아니다. 자신 삶의 존재 상태와 의지 상태에 따라 끊임없이 변화하는 [사유 폭풍]이 인식이다. 물론, 흔치 않은 경우이지만 존재와 의지의 크지 않은 평정(平靜)으로부터 인식의 세계에서도 미풍(微風)이 불 수 있다.

　　인식은 [사실 인식(事實 認識)]과 [원리 인식(原理 認識)]으로 분류된다. [사실 인식]은 그 사실 자체로서 사유되며 그 이상의 유추 작용이 필요 없는 인식이다. [이 연필은 파란색이다.] 라는 유형의 인식이다. 이를 보통 [생각]이라고 정의하고 인식으로부터 분리, 사유할 수도 있다. 이 사실 인식만으로 다른 사실을 유추할 수 없으며, 따라서 더 이상의 유추 인식은 무의미하다. 무엇인가 사실을 아는 것. 이 아는 것을 다른 자(者)에게 드러내는 것. 이것이 많은 사람의 즐거움 아닌가. 그렇지만 그

인식의 선형 세계

앎(知)은 앎(智)이 아니다.

[원리 인식]은 대부분의 수학적 논리 사고에서 인식이 원리의 매개가 되어 같은 해를 구하도록 할 수 있게 하는 사유 작용이다. [원리 인식]은 일반적으로 이성 또는 지성으로 생각되고 있는 인간의 사유(思惟) 작용이다. 하지만 지금까지 철학사에서 [원리 인식의 폭풍과 같은 사유 전환 작용]을 인지하지 못했다. 정적인 이성 또는 지성으로 인식을 오해함으로써 [인식을 통한 삶의 역동성을 그대로 볼 수 있는 능력]을 상실해 왔다.

우리에게 펼쳐져 있는 삶의 원리를 밝히는 영원한 지혜와 진리를 위한 과제가 [원리 인식]을 통해 성취된다. 지적인 사람들은 스스로는 부정하고 있지만, [사실 인식]에 만족하고 [원리 인식]으로의 이행을 게을리함으로써 이제 [원리 인식]이 차지하는 사유 영역은 작아 지고 있다.

[원리 인식]의 폭풍에 빠져보지 않겠는가. 인간 일반 삶의 원리를 탐구하고 약한 인간을 인도(引導)할 수 있는 진정한 힘을 가진 고귀함이 우리 주위에서 멀어지고 있다. [원리 인식]의 부재로 고귀함이 우리로부

인식의 선형 세계

터 사라지고 있다. 이는 머지않아 인간 일반의 삶을 황폐화시키고, 그 한계를 축소, 규정해 버리는 결과를 초래할 것이다. 무엇인가 우리 삶은 부족하다. 부족한 인간이 부족한 생각을 스스로 인식하지 못한 탓이다. 어처구니없게도 권력과 재력을 가진 자에 의해 부족한 생각을 강요당하기까지 한다. 이는 존재, 의지 그리고 인식을 통합적으로 작용하는 통합 사유의 부재 때문이다. 모두를 평등하게 하는 새로운 철학이 필요하다.

[원리 인식]의 부재는 [의지의 분열]과 함께 삶이 파멸하는 근원 중 하나이다. 새로운 시대에 부합(附合)하는 삶을 위한 [원리 인식] 창조와 전파(傳播)는 철학을 하는 자들이 반드시 이루어야 하는 고귀한 사명이다. 전술한 수학적 논리의 예와 같이, [원리 인식]은 존재의 근원을 사유하여 삶의 원리를 밝히는 끊임없는 사유 작용이다.

존재, 의지의 세계와 더불어 인식의 세계 또한 무제한적이다. 무제한적 인식 세계로 침잠하여 자신의 사유 영역을 수직 확대하는 것은 우리의 삶을 풍요와 평온으로 인도하는 길이다. 우리가 육체가 아닌 진정한 자신(眞我)을 사랑한다면 자신의 사유 공간에 대하여 알려고 노력해야 할 것이다.

인식의 선형 세계

인식론적 세계

이제 우리는 인식의 세계와 더불어 우리 삶의 세계를 [공간화]할 수 있게 되었다. 이때 [공간화]는 존재와 의지의 세계를 인식화하는 것을 의미한다. 인식은 우리에게 성찰의 과정을 요구하지만, 성찰의 과정을 요구하지 않는 우리 사유를 구성하는 숨어 있는 새로운 세계에 대하여 생각해 보자.

인식의 선형 세계

인식론적 세계

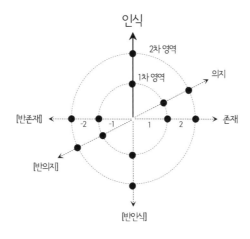

인식의 선형 세계

인식의 선형 세계

3-2. [반인식]의 선형 세계

인식 세계가 양(陽)의 수직적 사유 세계를 구성하듯이 [반인식 (反認識)] 세계는 음(陰)의 수직적 사유 세계를 구성한다.

[반인식] 세계는 성찰을 요구하지 않으며 무의식(無意識) 세계 를 구성한다. 인간은 의식(意識)이 인지(認知)되지 않는 세계를 탐구해 왔지만, 일부 심리학자들의 관심 대상이었을 뿐이었다. [의식]은 인식과 의지가 이루는 평면 세계인 [의지 의식]과 인식과 존재가 이루는 평면 세 계인 [존재 의식]으로 분류, 정의 사유할 수 있다.

무의식은 그것이 인식의 세계로 전환되는 순간, 의식화된다. 심 리학자들의 탐구 영역은 주로 의식의 세계로 전환 가능한 무의식 세계였 다. 의식은 인식과 의지, 존재가 융합될 때 탄생한다. 우리의 관심은 인식 세계로 [전 환 가능한 무의식] 세계를 포함한 인식 세계로 [전환되지 않는 무의식] 세계 모두이다.

인간은 사고(思考)와 경험 그리고 망각 과정의 반복을 통해 무의식을 축적하게 되며, 이와 같은 무의식을 [경험적 반인식]으로 정의한다. 또한, 자신의 사고(思考)와 경험을 통하지 않고서 가지고 있는 무의식이 존재하는데 이것을 [본질적 반인식]이라 정의, 명명(命名)한다.

[경험적 반인식]은 인식의 세계로 전환 가능한 무의식으로 인간 정신 심층(深層) 구조의 복합체를 분석함으로써 윤곽이 드러날 수 있는 심리학적 [반인식]이다. [본질적 반인식]은 인식의 세계로 전환 불가능한 무의식의 세계로, [반인식]의 대부분을 구성한다. 하지만, 사유가 공간화 되었을 때 전환 불가능은 해소될 수 있다. 이는 공간 세계의 장(障)에서 자세히 기술(記述)될 것이다.

우리는 [경험적 반인식]과 [본질적 반인식]을 자아(自我)의 형태로 발산한다. 한 인간이 자신의 인식 상태와 무관한 어떤 태도를 타자(他者)에게 보여줄 때, 이 태도 속에는 자신의 [반인식]이 표출된 것이다. 그는 상대방이 자신에게 어떠한 의미로 다가설 때 그 의미에 대응하는 인식적 태도를 취하는 것으로 보이지만, 사실은 자신의 [반인식]의 상태를 표출하는 경우가 많다. 타자(他者)에게 나타내는 자신은 특별한 경우

[반인식]의 선형 세계

를 제외하고 자신 인식 상태의 표출보다는 [반인식] 상태의 표출이 훨씬 많다. 누군가에게 의도적으로 아무리 호감을 사려 해도 소용없는 경우가 많은 이유이다. [반인식]은 하루아침에 구성되지 않는다. 오랜 기간 이들이 모여 자아(自我)를 이룬다. 그러므로 눈에 띄는 자신의 (自我) 변화를 이루려면 오랜 기간이 필요하다. 예를 들면, 그가 상대방에게 호의를 보여야 하는 순간에도 자신의 의도가 비록 표정과 말은 호의적 태도를 보인다 하더라도 생각한 바대로 상대방에게 전달되지 않는 것을 경험하는데, 이것은 바로 자신의 [반인식] 즉 [본질적 반인식]에 기인한 것이다. 너무 급히 서둘러도 소용없는 일이다.

인식의 세계가 [사실적 인식 세계]와 [원리적 인식 세계]로 구성되듯이 [반인식] 또한 [사실적 반인식]과 [원리적 반인식]으로 구성된다.

[사실적 반인식]은 어떠한 실체를 상기할 때 대상 자체를 인식하지 못하면서도 자신의 경험적 반인식과 본질적 반인식에 의하여 그 실체를 사유 가능하도록 하는 사유 세계를 말한다. 예를 들면, 우주에 존재할 것으로 인정되는 무한대의 질량에 의한 블랙홀의 생성을 사유할 때 자신의 사유 속에서 그 실체가 보이는 듯 인식될 때, [사실적 반인식]을

[반인식]의 선형 세계

경험한다.

우리는 절대로 무한대의 질량에 의해 생성되는 블랙홀을 경험할 수 없으며 그것을 인식할 수도 없는 듯하나 우리의 눈앞에는 블랙홀의 실체가 펼쳐진다. 이 실체가 바로 사실적 [반인식]의 결과이다. 경험도 하지 않았고 인식할 수도 없는 세계는 존재하는 것인가, 존재하지 않는 것인가. 나에게 불가능한 것은 다른 모두에게 불가능한가. 분명 그렇지 않다. 동물들 또는 아이들이 아픔의 경험을 통해 행동의 제한을 받듯이 우리의 사유(思惟)도 크게 다르지 않다.

[원리적 반인식]은 어떠한 대상의 원리를 상기할 때, 그 대상의 원리를 인식하지 못하면서 [경험적 반인식]과 [본질적 반인식]을 통해 그 대상의 원리가 사유 가능하도록 하는 사유 세계를 말한다.

저녁 태양의 노을을 직시하는 눈초리를 가진 자를 매력적으로 인지했다면 어렵지 않게 [원리적 반인식]이 사유된다. 우리는 다른 어떤 [그]가 즐겁게 웃는 모습의 눈동자 속에서 전혀 연관성을 가지지 않는 원리가 적용되지 않는 그 노을 아래의 눈초리를 사유할 수 있다.

[반인식]의 선형 세계

인식론적 세계

이와 같이 그 원리가 전혀 인지되지 않지만 어떤 미지의 원리에 따른 실체의 변화 상태를 유추할 수 있는 것은 [원리적 반인식]에 기인한다. [1+1=2]이고 [1+2=3]이라는 것을 아는 것은 [원리적 인식]이다. 나는 전혀 인식하지 않지만 그리고 인식할 수 없지만, 예를 들면 도덕과 같이 내 생각과 행동을 제어하는 것은 [원리적 반인식]의 작용이다. 이 [원리적 반인식]은 노장(老莊) 사상적 선(禪) 지혜에 조금 가깝다. 진리 상태의 급격한 증대 깨달음 란 이렇게 이미 우리에게 내재되어 있는 우주 만물의 원리를 알 수 없는 지혜를 통하여 터득하는 것이다. 우리가 인식의 양(陽)의 세계에서 알 수 없을 뿐, 우리는 [자유와 평등을 위한 보편 진리]에 도달할 힘과 방법을 지금 입고 있는 허름한 외투 주머니 속에 이미 가지고 있다.

[반인식]은 전혀 그 모습을 나타내지 않는 음(陰)의 세계를 구성하고 있다. [반인식]의 세계는 물 속에 잠긴 빙하와 같이 우리는 잘 모르고 있으나 실제로 우리 인간의 삶을 이루는 매우 크고 중요한 부분이며 이를 통해 인간은 사유의 비약적 증대를 가져올 수 있다.

[반인식]은 인식의 세계로의 전환 가능 여부에 따라 [경험적 반인

[반인식]의 선형 세계

식]과 [본질적 반인식]으로 구성되며, 사실과 원리 유추 여부에 따라[사실적 반인식]과 [원리적 반인식]으로 구성되는 것을 사유하였다.

왜, 사유 개념을 정의하는가. 철학은 진리를 탐구하는 학문이다. 세상에 빈틈없이 가득 차 있는 진리를 탐구하는 과정에서 사유 개념이 정리되지 않으면 길을 잃게 된다. 우리는 정의한 사유 개념을 통하여 지금 우리가 생각하고 있는 것들의 혼란 속에서 표지석(標識石)과 같은 좌표를 알 수 있다. 어렵더라도 그것을 인지하는 자(者)만이 진리의 대지에 흔들리지 않고 서 있을 수 있다. 우리는 인식, [반인식] 세계의 본질을 탐구하고 있으며 각각의 세계가 어떻게 구성되었는지 생각하고 있다.

존재, 의지, 인식의 종합적 삶의 사유 원리가 [음(陰)의 반인식] 영역으로 작용하여 사유공간의 흐름을 예지함으로써 나타나는 미래의 존재, 의지, 인식 상태가 사유(思惟)되는데 그것을 [직감(直感)]이라 명명(命名)한다. 인식론적 세계를 통해서 우리는 직감이 [반인식]의 세계로 설명 가능함을 유추할 수 있다. [예감(豫感)]은 주위 상황이나 사실을 기반으로 예측되는 감각 상태를 의미하며, 이와 같이 어떤 상황이 전제(前

[반인식]의 선형 세계

提)되는 것은 직감(直感)에서 제외된다.

[직감]은 공간적 사유 세계의 시간 변화에 대한 원리가 사유되어 나타나는 현상으로 정의, 사유한다. 그러나 시간에 따른 사유 공간 세계의 변화 예측은 순간적 [반인식]에 의해 떠오르는 것이 가능하지만, 오랜 시간 변화에 따른 공간 세계 변화 원리는 [반인식]의 세계에만 기인하지 않는다. 그것은 시간과 사유 공간의 또 다른 원리 및 사유 과정이다. 김유정, 즐거운 여름밤 서늘한 바람이 알려주는 것들, 시간 사유 철학, p235, 자유정신사 (2013) 이는 우리가 앞으로 생각할 주된 사유 영역으로, 다른 서(書)에서 기술(記述)될 것이다.

선형적 삶의 세계

[반인식]의 선형 세계

인식론적 세계

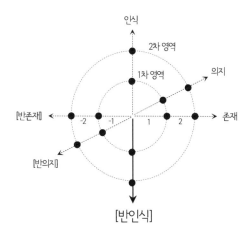

[반인식]의 선형 세계

[반인식]의 선형 세계

3-3. 인식과 [반인식]의 선형 세계

우리는 인식 세계와 [반인식(反認識)] 세계와 같은 반(半)쪽 세계를 각각 사유하였다. 인식과 [반인식]의 세계는 존재와 [반존재], 의지와 [반의지]로 구성되는 평면 세계를 공간화시키는 수직 세계이다.

인식을 통해 사물의 원리를 실체화시키고 [반인식] 사유를 통해 감추어진 사유를 드러냄으로써 인식의 세계를 비약적으로 확대시킬 가능성을 가진다. 우리가 정의, 사유하는 [반인식]은 심리학자들의 경험적 무의식 세계와는 구별되어야 한다. [반인식]의 도움 없이는 인식의 증대는 불가능하며, 인식의 작용 없이는 [반인식]의 암시가 그 빛을 잃는다.

[사실적 반인식]을 통해 [사실 인식]의 영역을 확대시키며, [원리적 반인식]을 통해 [원리 인식]을 확대시킨다. 인식의 세계에서는 그 자체로 사유의 점진적 확대는 가능하나 점진적 사유 확대를 통한 인식 세계의 증대와 사유 공간 세계를 완성하기에는 우리의 삶이 너무 짧다. 이것이 돈오(頓悟) 갑자기 진리에 도달함 중관(中觀) 철학에서 주장하는 인간 일반 점수(漸修) 하나씩 공부를 통하여 이루어 나감 인식의 한계이다. 어떤 철학자

인식론적 세계

선승(禪僧) 가 이렇게 물었다. [여기 암자(庵子)까지 몇 걸음 만에 왔는가.] 보통 대답할 수 없다. 아무리 열심히 철학과 과학을 공부하여 인식을 증대시켜도 우리 삶을 구성하는 것은 우리 육체 그리고 고단한 삶뿐이라는 허무함과 크게 틀리지 않다. 그리고 인식은 그렇게 하나하나 조금씩 얻어서는 진리에의 길이 너무 멀어, 이 세상에 살아있는 시간이 너무 짧다. 한 권, 한 권의 책을 통하여 한 걸음씩 올라가 수천 권의 책을 읽는다 해도, 우리가 알고 인식할 수 있는 것은 암자까지 오는 어렴풋한 길과 작은 암자뿐 이고, 이 세상 모든 공간의 실제 세계를 인식하는 것은 불가능하다. 그는 우리 사유 속에 숨어 있는 무한한 [반인식]을 알려 주려 했던 것 같다. 이 세상 모든 철학자, 모든 과학자가 가졌던 그리고 앞으로 가지게 될 무한한 인식이 [반인식]으로 숨어, 우리 모두의 가슴 속에 있다.

　　　　인간 일반은 모두, 무엇인가 인식할 수 있는 잠재 능력, [반인식]을 소유한다. 무엇인가 인식화할 수 있는 잠재적 [반인식]의 세계는 음의 수직적 세계를 구성하지만 그것이 표출됨으로 인식화되고, 인식 양의 수직적 세계 에 비례하여 다시 [반인식]은 증대된다. 그러므로 음과 양의 세계는 분리되어 있지만, 서로에게 영향을 미치며 유기적 관계를 지속시킨다. 이 인식과 [반인식]의 유기적 관계를 [창조적 인식과 반인식의 항

인식과 [반인식]의 선형 세계

상성(恒常性)]이라 정의, 사유한다. 이는 [반인식]이 인식화되어도 [반인식]의 세계는 축소되지 않고 새로운 [반인식]의 세계가 창조되어 본래의 인식과 [반인식]의 균형 상태를 유지하는 것을 말한다. [반인식]이 인식화되어 인식의 세계가 증대되어도 그에 따라 [반인식]의 세계도 새롭게 확대되어 인식과 [반인식]의 균형 상태를 유지한다. [반인식의 무제한적 확대] 그러므로 인간은 인식의 세계를 확대시킴으로 해서 [반인식]의 세계가 축소되는 것이 아니라 인식과 [반인식] 선형적 수직 세계의 급격한 확대가 일어난다.

　　그러나 이와 같은 [인식과 반인식의 항상성]은 자유를 근원으로 한 역동적 창조성을 상실함으로써 그 선형적 세계의 축소 방향으로 균형적 항상성을 유지할 수 있으며, 이를 [파괴적 인식과 반인식의 항상성]이라 정의, 사유한다. 즉 인식과 [반인식]의 균형적 항상성을 유지하기 위하여 인식 세계의 파괴에 의하여 그것을 달성하는 [파괴적 인식 작용]과 [반인식] 세계의 파괴에 의해 인식 세계와의 항상성을 달성하는 [파괴적 반인식 작용]이 인식과 [반인식] 선형세계에 공존한다. 이 과정은 인간의 수직적 세계의 축소, 즉 삶의 공간 세계 축소를 야기한다. 즉 파괴적 인식 작용은 인식의 축소에 의해, 파괴적 [반인식] 작용은 [반인식]의 축소

인식과 [반인식]의 선형 세계

인식론적 세계

에 기인한다.

삶의 모든 시간 축 상에서 인간 일반의 인식과 [반인식]의 세계는 끊임없이 변화하며 이로부터 [창조적 및 파괴적 항상성]은 인간 삶을 끊임없이 변화시킨다. 그러므로 단지 몇 년간의 집중적 사유로도 우리를 상상할 수 없을 정도로 변화시킬 수 있다.

일반적으로 사유 세계는 양(陽)의 세계 즉, 인식의 세계와 의지 세계에 의해 그 평면화가 달성된다. 물론 [반인식]의 세계를 의지 작용으로 인식화시키는 것이 가능하기는 하다. 그러므로 우리는 치명적인 [파괴적 인식과 반인식 세계의 항상성]을 막기 위해 파괴적 [반인식] 작용에 의해 [반인식]이 축소됨으로써 나타나는 [인식의 축소]를 보상하기 위한 [1차 인식 활동]과 파괴적 인식 작용에 의해 인식이 축소됨으로써 나타나는 [반인식의 축소]를 보상하기 위한 [2차 인식 활동]이 삶을 통해 끊임없이 지속하여야만 한다. 이와 같은 인식 작용이 끊임없이 지속되지 않는 한, 우리 인간 일반은 어느 정점으로부터 자신의 삶의 세계가 축소되지 않을 수 없으며 그럼으로써 삶의 쇠퇴를 맞이하게 될 것이다. 수직 세계가 축소되면 수평적 세계 속에서 우리 대부분 삶을 유지한다. 우리 대부분은 너무도 쉽게 수평적 삶 속에

인식과 [반인식]의 선형 세계

서, 포로가 되어 어느새 사유 공간 속, 창조적 자유를 잃어버린다.

인간의 이와 같은 파괴적 상황을 이끄는 인식 작용의 나태함은 우리 삶이 출구를 찾기 어려운 미로(迷路)로 들어서는 가장 중요한 요인이다. 존재와 의지 세계에의 과도한 의존에 의한 인식 작용의 축소, 곳곳에서 위험이 느껴진다.

존재-[반존재]와 의지-[반의지]의 선형적 세계에 의한 무(無)의 세계에의 접근에서와같이 우리는 인식과 [반인식]의 동시 극소화 _{동시} 극소화는 일반적으로 사유되지 않는다. 에 의해 무(無)를 경험 할 수 있다. 이 경험은 일반적으로 느껴지는 단순한 인식의 극소화에 의해서는 달성 불가능하며 인식과 [반인식]의 항상성에 기인한다. [반인식]의 극소화도 함께 선행되어야한다. 인간 일반은 스스로 [반인식]의 극소화를 단순히 사유만으로 달성할 수 없는데, 그것은 [반인식]의 극소화를 의지하는 사유 또한 [인식과 반인식의 수직적 세계]에 간접적으로 작용하기 때문이다. [반인식]의 극소화 과정을 단순 사유를 통해서는 달성하기 어렵기 때문에, 한 가지 방법으로서 전통 소승적 정적(靜的) 사유 苦行(고행) 를 통한 [반의지] 극소화가 제안된다. 인간은 고행을 통해 고행으로 야기되는 [반인식] 이외의 다

인식과 [반인식]의 선형 세계

른 [반인식]을 극소화시키며 이로써 [반인식]과 그에 대응하는 인식을 축소시킨다. 이 정적(靜的) 사유 고행(苦行) 과정 중 그것마저 인식으로부터 사라지는 순간이 존재하며 이로써 고행을 통한 [반인식]의 무화(無化)와 고행에 대한 인식 무화(無化)가 합치되는 순간, 무(無)의 세계는 순간적으로 경험된다. 물론 깊은 정적(靜的) 사유의 매개 없이도 무(無)는 항상 찾아올 수 있다. 이 무(無)의 세계는 각 사유 공간 삶의 세계에서 다시 기술될 것이다. 무(無)는 많은 것을 알려주는 비밀의 열쇠이기 때문이다. 무(無)의 세계에 대해서는 타자(他者)에게 묻지 않는 것이 철학을 공부하려는 자(者)의 불문율이고, 철학을 공부하지 않으려는 자(者)에게 무(無)는 말 그대로 아무것도 아니다.

우리는 존재-[반존재], 의지-[반의지], 인식-[반인식]의 세계를 탐구하였으며 그 각각의 세계가 어떻게 구성되었는지 그리고 삶 속에서 어떤 역할을 하고 있는지 사유하였다. 이제 이와 같은 선형적 세계들이 구성하는 평면 세계를 구체적으로 사유하고 그것이 우리 삶에 어떻게 작용하는지 사유하도록 한다. 평면적 삶의 세계는 열두 개의 평면 세계로 구성되어 있다. 평면 세계의 사유가 끝난 후, 여덟 개의 공간 세계가 고찰될 것이다.

인식과 [반인식]의 선형 세계

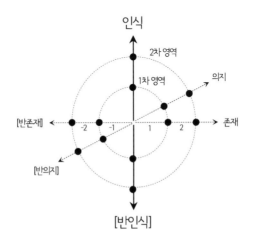

인식과 [반인식]의 선형 세계

선형적 삶의 세계

인식과 [반인식]의 선형 세계

Ⅱ장. 평면적 삶의 세계

우리는 가장(假裝)하지 않는 것이 좋다.

처음은 사람들의 호감을 얻을 수도 있으나, 두 번째는 조롱거리로 전락한다.

어둠 속에서는 어둠을 피해 달아날 수 없다.
침착히 그리고 조용히 아침을 기다리는 것이 좋다.

1-1. 존재와 의지의 평면적 세계

[존재와 의지의 평면 세계]는 인식의 과정 없이 존재하는 것을 의지하는 세계이다. 권력에의 의지, 힘에의 의지, 사랑에의 의지, 생명에 대한 의지, 존재화 할 수 있는 모든 것을 의지화 하려는 과정은 [존재와 의지의 평면 세계]에 포함된다. 그러므로 이 평면 세계를 [제1 평면 세계] 로 정의하고 삶의 기본 세계로서 기억해 두도록 한다.

[존재와 의지의 평면 세계]는 수직 세계인 인식을 배제하고 사유할 때 탄생되는 2차원 평면 세계이다. 물론 인식, [반인식]의 선형세계와 무관한 삶의 공간은 존재하기 어려우며 평면 세계는 단지 사유되는 것뿐일 수도 있다. 존재는 인간의 의지에 의하여 그 실체가 모습을 드러내며 구체화된다. 존재의 실체화 과정을 [존재의 의지화]라 한다. 존재는 그 자체로서는 실체화되지 않는데, 이는 근원 존재 및 [반존재]에 의해 혼합되어 그 감각적 형상이 불분명하기 때문이다. 존재와 실체는 감각적 형상화 여부에 따라 필요 시 구분, 기술될 것이다.

존재와 의지의 평면 세계

수평적 평면 세계

인간의 의지 작용 또한 존재를 통하지 않고는 실체화되지 않으며, 의지가 실체화되는 과정을 [의지의 존재화]라 한다. [존재의 의지화]와 [의지의 존재화]를 통해 인간은 끊임없는 대상(對象)의 실체화를 성취해왔으며 이제 인간은 대상 실체화의 역할 없이는 삶을 성취하기 어렵게 되었다. 대부분의 과학적 진보 과정은 의지를 통해 성취되었으며 과학적 진보의 더 큰 역할은 존재의 인식화 과정을 통해 성취되긴 하지만 앞으로도 의지 작용 없이는 더 이상의 진보 또한 성취될 수 없을 것이다.

삶의 현상을 자신의 의지대로 변화시키려는 노력은 인간의 기본 욕구로서 표출된다. 선형적 세계에서 의지는 본능적·감성적·지성적 의지로서 독립적으로 사유되었으나 이제 의지는 존재의 세계를 포함함으로써 그것을 실체화시키기 시작한다. 이 각 의지의 실체화 과정과 그 실체는 어렵지 않게 사유될 것이다. 숨쉬려는 본능적 의지는 생명으로써 실체화된다. 도덕의 존재화를 생각해 보면, 때때로 도덕은 누군가의 의지대로 세상을 만들려는 의지의 산물이기도 하다. 이는 지금 이 순간도 크게 다르지 않다.

존재의 세계에서 나타나는 양태(樣態)에 대해 인간 의지를 통해

존재와 의지의 평면 세계

구체화하는 과정에서 예술과 문화가 창조된다. 모든 예술과 문화는 존재로서의 가치가 의지의 표출로서 형상화되는 과정이다. 한 미술 작품이 숭고성(崇高性)을 가지고 그 미를 발산하는 후경에는 반드시 예술가의 의지가 작용한다. 예술가의 의지가 표출되지 않는 예술 작품은 이미 그 예술성을 잃는다. 우연히 만들어진 작품을 예술품이라고 하지는 않는다. 예술 작품을 탄생시킨 천재적 예술가의 의지는 미학자들의 중요 탐구 대상이다. 그러므로 우리 젊은 미학자들은 미학이란 아름다움을 탐구하는 것이 아니라 삶 속에서의 의지를 탐구하는 것임을 간과하지 말아야 한다.

155

[의지의 존재화] 작용의 또 다른 주요 영역은 문화의 창조이다. 문화는 그것이 형상화되지 않는 것처럼 생각되나 사실은 [무형 존재]로 형상화된다. [무형 존재]는 [반존재]와는 다른 것이다. 존재의 선형 세계 참조

의지는 그것이 존재화 무형 존재화 되지 않으면 문화화될 수 없다. 자신의 의지대로 자신의 집단을 이끌려는 인도자의 의지 표출로써 문화는 그것이 존재화되지 않으면 지속성을 잃고 곧 파괴된다. 문화는 형상화된 틀 속에서 민중의 의지를 구체화시킴으로써만 문화로서 비로

존재와 의지의 평면 세계

수평적 평면 세계

소 탄생된다. 민중에게 삶의 가치를 부여하는 인도자 _{지도자} 와 민중을 자신의 터무니 없는 욕구 만족을 위한 도구로 이용하는 권력자는 명확히 구분되어야 한다.

문화의 대표적 존재화 영역은 문자 문화이다. 자신의 의도를 전하기 위하여 글로써 표현할 때 자신의 의지를 존재화시키는 문자가 아니면 자신의 의도를 정확히 현시할 수 없다. 이 문자 문화는 인간에 의해 의지되고 존재화되는 과정이므로 문화의 대표체이며 그러므로 동일 문자를 사용하는 종족은 동일 문화의 영향 아래 있다.

진정한 인도자는 문화의 창조자이며 문화를 창조하지 못하는 인도자 _{지도자} 는 역사에서 망각된다. 즉, 자신의 집단을 자신의 의지대로 이끌며 그것을 집단의 문화로 바꿀 수 있는 문화의 창조자만이 진정한 지도자로서의 힘을 가졌다고 할 수 있다. 그러나 현재 우리의 문화는 지도자에 의하여 창조되는 것이 아니라 대중 매체 즉 특수 목적을 가진 특수 집단에 의해 조금씩 변형될 수 있을 뿐이다. 사람들은 지도자 없는 시대에서 삶의 목적과 방향을 잃어 가고, [다수에 대한 모방]만이 문화라는 미명(美名) 아래 삶을 어지럽게 하고 있다.

존재와 의지의 평면 세계

수평적 평면 세계

[존재의 의지화] 작용에서 존재가 인간 의지에 의하여 그 모습을 변형시키는 과정은 단순하지만 다양하게 우리의 삶을 재구성한다. 자신이 사랑하는 사람은 그 존재로서의 가치보다는 자신의 의지 즉 [사랑한다]는 의지에 의해 새롭게 부각된다. 이는 존재 그 자체의 의미와는 다른 존재를 재탄생시킨다. 자신의 아이는 아이로서의 존재가 아니라 [사랑이라는 의지]가 존재를 새롭게 부각한 전혀 다른 아이 _{존재} 이다. 의미 없는 작은 돌이라도 의지와 결합되면 _{사랑하는 사람이 준 선물이나 유품이라면} 이미 그것은 단순한 돌이 아니다.

우리는 [존재와 의지]의 평면 세계 속 [의지의 존재화]와 [존재의 의지화]에 대하여 사유하였다. 지금까지 존재와 의지는 모두, 인간에게 복합적인 작용으로 다가오기 때문에 의지와 존재를 분리하여 생각할 수 없었다. 우리는 존재와 의지를 개체로서 독립적으로 구성하고 그들이 상호 작용하는 과정을 서서히 인식한다. 다양한 평면 세계들로 자신의 삶을 구성해 나가면 삶은 조금은 질서를 가지고 다가오고 사물의 원리를 알 듯한 느낌을 받을 것이다. 이는 삶의 공간 세계를 사유하는 근원적 방법이 될 것이다.

존재와 의지의 평면 세계

수평적 평면 세계

우리가 일반적으로 알고 있는 삶의 많은 부분이 이 평면 세계에 속하고 있을지도 모른다. 삶의 세계를 깊이 사유하면 어느 순간, 나에게 맞추어져 있는 나만의 고유한 인식이 발견되고 삶의 세계가 갑자기 조망된다. 이를 [제3의 탄생]이라 정의한다. 김유정, [나]에 대하여, 자유정신사, p136 그러나 완전한 [제3의 탄생]을 위해서는, 자신의 사유 외, 아무도, 아무것도 도와줄 수 없다.

존재와 의지의 평면 세계

수평적 평면 세계

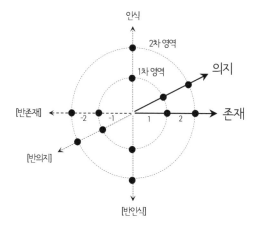

존재와 의지의 평면 세계

평면적 삶의 세계

존재와 의지의 평면 세계

1-2. 존재와 [반의지]의 평면적 세계

[제2 평면 세계]는 [인식의 과정 없이] 존재하는 것을 의지하지 않는 분열의 세계이다. 존재하지만 분열된 의지에 의하여 그 존재는 감각화 실체화 되지 못한다. 신(神)은 존재할 수밖에 없는데 우리는 그 신성(神性)을 의지(意志)할 수 없을 때 우리가 느끼는 세계이다. 존재하나 무의미한 세계이다. 실제 많은 존재가 여기에 속한다. 많은 사람들, 많은 감정들. 의지하지 않고 의지할 수도 없는 수많은 것들. 그러나 이와 같은 존재들도 우리의 단 한 번의 눈길에 다른 세계로 존재와 의지의 세계, 존재와 인식의 세계 등으로 전환될 수 있다. 이 세계는 절망을 포함하는 세계이다. 의지화(意志化) 하려 해도 의지할 수 없는 많은 것들이 있기 때문이다. 하지만 주역의 6괘(卦) 순환과 같이, 이 세계는 또한 희망을 포함하는 세계이다. 시간이 마법을 부리기 때문이다. 우리 사유 세계는 끊임없이 변화하고 있다. 이 변화가 모두가 알고 있는 시간이다. 우리 삶 속에서 시간의 의미를 알게 되면 시간의 장막 속에 깊이 숨어 있던 많은 것들이 갑자기 다가온다. 어차피 모든 것들이 고정될 수 없는 것이라면 우리가 알고 있는 가치와 의미의 순서는 언젠가 지진이 일어나듯 전복(顚覆), 파괴

될 것이기 때문이다.

[반의지]의 세계는 불가능의 세계가 아니라 _{불가능의 세계를 포함하지} _만 의지 가능 세계로부터의 이탈 즉 분열적 의지의 세계이며 본능적, 감성적, 지성적 의지가 우리 의지 영역을 벗어날 때 현시되는 세계이다.

의지의 영역을 벗어난 세계의 존재화는 종교의 창조가 전형적 예이다. _[지성적 반의지] 우리 의지 영역을 벗어난 세계는 인간으로서 가장 두려운 세계이며, 이 세계로의 발 디딤은 곧 신성한 것을 침해한 것으로 간주된다. 그러므로 인간은 스스로 물러설 수밖에 없다. _{[반의지]화 될 수밖에 없} _{다.} 인간은 죽음을 맞이해야 하는 것을 사실로 인식하기 때문에 그리고 죽음 이후의 세계에 대하여 아무것도 사유할 수 없기 때문에 [반의지] 세계를 사유할 수 있는 매개, 즉 신(神)을 통해 의지화 시킴으로써 자신의 두려움을 보상한다. 물론 신(神)은 [반의지]의 세계를 부정한다. 이와 같이 신이 탄생되면 _{의지화되면} 인간 존재와 인식은 [반존재]와 [반인식]으로 분열된다. _{신(神)에 의한 인간의 파괴} 이는 인식을 포함하는 공간적 삶의 세계에서 다시 생각될 것이다.

존재와 [반의지]의 평면 세계

수평적 평면 세계

[반의지]의 세계를 부정하는 신(神)은 인간의 [반의지와 존재의 세계]를 [의지와 존재의 세계]로 전환시키며 이로써 그 역할을 충실히 수행한다. 삶의 본성이 존재 세계의 소멸과 더불어 의지와 인식의 세계 또한 소멸된다면 인간은 종교를 필요로 하지 않는다. 그러나 존재의 소멸과 더불어 [반존재]가 탄생되고 그것으로부터 의지와 인식의 세계가 구성된다면 우리 존재는 그렇게 쉽게 죽음과 함께 사라질 수는 없을 것이다. 다른 생(生)이 존재할 가능성은 분명 있고, 이는 사람들의 가슴을 뛰게 한다.

우리는 여기서 [신(神)은 존재하는가] 라는 의문을 갖는다. 신의 존재는 완전성에 기초한 [존재론적 증명], 그 근원성에 기초한 [우주론적 증명], 우연성에 기초한 [목적론적 증명], 가능성에 기초한 [인식론적 증명] 등으로 구성된다. 이와 같은 신의 존재 증명 시도는 모두 긍정적 대답으로 끝을 맺는다. 김유정, 즐거운 여름밤 서늘한 바람이 알려주는 것들, 자유정신사, p194 (2013)

그러나 [존재론적 증명]은 완전성의 존재, 부정의 모순성을 그 근거로 내세우지만, 부정이 모순된다는 가정이 긍정의 의미로 사유되는

존재와 [반의지]의 평면 세계

논리적 논쟁 부분이 포함되어 있으며, [우주론적 증명]은 인과의 근원으로 신(神)을 가정하였으나, 인과는 순환 가능할 수 있으므로 또한 논리적 논쟁에 자유롭지 못하다. [목적론적 증명]은 우연성의 부정으로 신을 증명하였으나 그 개연성(蓋然性) 및 일반성에 논쟁의 여지가 있고, [인식론적 증명]은 우리가 신을 인식할 수 있으므로 존재하는 것으로 사유하지만, 인식하므로 존재한다는 것은 그 가능성은 인정되지만 믿음을 전제로 하지 않으면 쉽게 인정될 수 없다.

그러면 사유 공간 세계 구성에 의한 신의 존재 증명은 가능할 것인가 시도해 본다. 신은 [반의지]의 세계를 전환시켜 의지와 존재의 세계로 구성하도록 하는 매개자이다. 그런데 이미 의지와 존재의 세계에서 사유하였듯이 의지와 존재의 세계는 독립적으로 각각 구성 가능하다. 그러므로 [반의지]의 의지화가 사유 가능하다면 동일한 역할을 하는 신의 존재는 사유 세계 속에서 존재 가능하다. [우주를 하나의 존재로 사유한다.] [반의지]의 의지화는 임의 작용에 의해 성취 가능하다. 이때의 작용은 총체적 힘을 의미한다. 우주를 구성하는 힘의 본질은 핵력, 전자기력, 중력(만유인력)으로 구성되어 있다. 우주는 힘을 기본으로 구성된다는 사실은 자명하다. 또한, 우주의 크기는 무한하므로 우주는 무한의

존재와 [반의지]의 평면 세계

힘을 가지고 있다는 것도 유추 가능하다. 무한의 힘을 소유하고 있는 우주는 [반의지]의 의지화를 무한히 진행시킬 수 있다. 그러므로 우주는 바로 무한한 힘을 가지고 [반의지]의 의지화를 이룩할 수 있는 사유할 수 있는 대상, 신(神)이며 신의 속성을 가지며 우주의 무한성으로부터 신(神)의 무한성이 간접 증명된다.

이로부터 인간을 포함한 생물, 무생물, 행성, 항성 등 우주 속 개체는 모두 신(神)의 일부분이다. 신(神)은 무한성의 본질로 인하여 존재화 또는 실체화 불가능하며 사유를 통한 인식만 가능하다. 신이 존재화되면 무한성의 본질이 파괴되며 더 이상 신의 본질을 보유하지 못한다. 즉 신은 사유를 통해 인식되는 것이지 존재하는 것이 아니다. 그러므로 신(神)의 존재에 대한 정의는 [신(神)은 무한성의 본질을 가진 인식되는 대상이며 우주 속 모든 존재는 신의 일부분을 구성한다.]로 고찰된다.

존재의 정의가 무한성을 본질로 하는 무한자(無限者)까지를 포함한다면 신(神)은 존재한다. [신(神)의 존재 증명] 또한 제한적 무한성의 특성을 가진 매개가 신이라 가정하면, 신은 사유를 통한 인식의 대상일 뿐 아니라 존재하는 대상이 될 수도 있다. [신(神)의 가변성]

존재와 [반의지]의 평면 세계

　　우리는 [반의지의 존재화]를 사유하면서 신(神)을 사유하였다. 역으로 [존재의 반의지화]를 통하여 신의 탄생과 대비되는 또 다른 [존재와 반의지]의 평면적 세계를 사유한다. 인간 일반은 일정 현상 또는 표상을 [반의지]화 시킴으로써 [의지의 분열]을 경험한다. 의지 작용으로서 인식 가능한 현상 또는 표상을 이와 같이 [반의지]화 시키는 원인은 우리 인간의 태생적 무력함에 기인한다. 인간은 너무도 많은 무력화 요인에 의해 거의 대부분의 현상 또는 표상을 [반의지]화 시킨다. 인간의 의지 작용은 점차 축소되고 있으며 이는 오래지 않아 인류가 해결하기 어려운 결과를 초래할지도 모른다. [존재의 반의지]화 작용은 이제 인류가 맞이하는 최대의 적으로 머지않아 그 공포스러운 모습을 드러낼 것이다.

　　자신의 존재가 [반의지]화 되면 두려움이 극복된다. 두려움은 존재에 대한 의지에 위험을 느낄 때 현시되기 때문이다. 이 [반의지]화는 두려움 극복을 위해 시도하는 심리학적 치료 과정이 될 수도 있고, 이의 극단적 경향을 가지는 자(者)는 인간 본성적 선(善)에 반(反)하는 반(反)도덕적 존재가 될 수도 있다.

존재와 [반의지]의 평면 세계

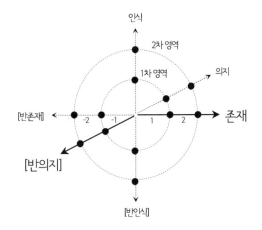

존재와 [반의지]의 평면 세계

존재와 [반의지]의 평면 세계

1-3. [반존재]와 의지의 평면적 세계

[반존재와 의지의 평면적 세계]는 존재의 허상에 대하여 의지(意志)하는 그리고 의지(意志)하려는 세계이다. 비현실적 세계, 희망의 세계, 동경의 세계이다. 이 사유 공간에 빠져들면 보통 인식의 도움 없이는 쉽게 빠져나오기 어렵다. 상상의 즐거움이 이 세계 속에 존재한다. 우리는 전날 어떤 일의 영향에 따라, 그리고 매일 그 날의 기분과 상태에 따라, 주 사유 영역(主思惟領域)이 변화한다. 보통 사람으로서 이와 같은 주 사유 영역의 끊임 없는 변화를 겪지 않을 수 없다. 그러나 자신이 지금 어느 영역에 있고 다른 영역으로 이행이 무엇을 의미하는지를 알 수 있다면 삶을 자신이 원하는 상태로 변화시키는 길을 찾을 수 있을지도 모른다. 사유 세계에 대한 집중은 자신 [나] 에 대하여 충분히 알고 느끼게 하고 또 변화시킬 수 있는 힘을 주기도 한다. 물론 그것이 통합 사유의 주된 목적은 아니다.

선형 세계에서 전술한 바와 같이 [반존재]는 존재가 그 실체를 이동했을 때 나타나는 존재의 허상 즉, 공(空)의 상태로 사유된다. [반존재]와 의지가 이루는 세계는 [반존재의 의지화]와 [의지의 반존재화]로

[반존재]와 의지의 평면 세계

수평적 평면 세계

분류, 사유된다.

　　[반존재의 의지화] 세계는 허상, 즉 아무런 존재의 실체성이 없는 존재에 대한 의지이며, 대표적 예는 과거와 미래의 세계에 대한 의지화이다. 현재 존재하지 않는 과거의 존재에 대한 의지는 인간을 현재의 세계로부터 분리시켜 과거에 대한 동경의 세계를 구성한다. 인간은 그 본성상 과거를 중시할 수밖에 없는데, 미래는 불확실성을 내포하므로 그 불안감으로 마음의 평정을 획득할 수 없고, 현재 또한 그것이 과거화됨으로써만 진정한 즐거움으로 다가오기 때문이다. 현재가 즐거운 것처럼 느껴지는 것은 안이비설신(眼耳鼻舌身)의 감각을 통해서 뿐이다. 그러므로 기억 속 시간에서 구성되는 사유 세계 또한 우리 인간 일반의 중요한 삶의 세계를 구성한다. 즉 [반존재] 제1 특성인 [과거 세계]에 대한 의지화를 통한 삶의 세계의 고착화 과정이 [반존재]와 의지의 평면 세계를 구성한다. 그러나 이 세계의 특징은 배타적이라는 것이다. 그러므로 이 세계에 들어서면 자신의 삶의 세계가 제한적이고 고정화되지만 현재 세계 시간의 벽 _{존재의 벽} 에 부딪쳐 [반존재]와 의지의 달콤한 평면적 삶의 세계는 파괴되어 버리기 쉽다. 그러므로 보통, 인간 일반은 시간의 방향성을 거슬러, 현재의 벽을 피해 오히려 대과거(大過去)의 방향으로 사유

[반존재]와 의지의 평면 세계

세계를 확대시키려 한다. 즉 과거에 일어난 사실을 부정하고 다른 원인을 추정하여 대과거의 사실을 사고하는 한층 더 제한적 세계를 구성한다. 앞의 과거 세계와 동일한 방식으로, 대과거 세계는 과거 세계를 그 벽으로 파괴돼 버린다. 이와 같은 과거, 대과거의 점진적인 세계 축소화 경향이 우리 삶의 세계에 의외로 많이 존재하며 이로써 자신의 사유 영역을 점차 폐쇄시킨다. 이러한 과거 세계로의 축소 경향은 미래 삶에 대한 확신 부재와 현재 세계에 대한 도피가 그 근원으로 작용한다. 과거 세계에 의해 축소, 현시되는 [반존재의 의지화]를 [역 무한성 세계]라 정의, 사유한다. 이 세계는 보통 나이 든 자(者)의 특징이라고 생각되기 쉬우나, 사실 젊은 자와 나이 든 자가 이 세계 속에 빠져드는 시간과 빈도는 큰 차이가 없다. 자신이 조금 폐쇄적 경향을 보이면 이로부터 벗어나기 위한 삶의 분석에 [반존재의 의지화]에 대한 고려가 유익하다.

[반존재의 의지화 세계]의 또 다른 영역은 미래, 즉 현재 존재하지 않는 가능적 존재에 대한 의지화 영역으로 구성된다. 이 세계 영역은 인간 일반에게 매우 빈번하게 상상의 세계를 구성하게 하며, 가능적 세계에 대한 총체적 의지 세계를 거의 제한 없이 구성하게 한다. 미래의 세계는 무제한적이다. 이 미래의 세계에 대한 [반존재의 의지화]를

[반존재]와 의지의 평면 세계

[정 무한성 세계]라 한다. [정 무한성 세계]는 인식 세계와 합치되어 사유될 때 인간 일반 사유를 위한 동력(動力)이 증대된다. 이 힘은 가능적 힘이며 무제한적 힘이다. 이 세계를 통하여 인간 사유 도약이 성취되며 따라서 삶의 도약은 [반존재의 의지화]를 통하여 많은 부분 성취 가능하다.

인간 일반이 평등하고 평온한 삶을 성취하는 진리의 세계는 우리 의지로 그 삶을 구성하지 않는 한 달성할 수는 없다. 그러나 그것은 보통 현재의 벽 _{존재의 벽}에 부딪쳐 파괴된다. 현재 존재하지 않는 가능적 존재에 대한 의지화 세계는 인간에게 무제한적 힘을 부여하는 [힘의 근원적 세계]이다. 자신을 약자(弱者)라고 생각하는 자는 [자신이 갖고 있지 않은 것]이 무엇인지를 잘 생각해 볼 일이다. [자신이 갖지 않은 것]은 의외로 별로 많지 않다.

우리는 또한 [의지의 반존재화 세계]를 사유한다. 이는 [의지의 부정]을 통하여 삶을 재구성하는 세계이다. [의지의 부정]은 [의지의 분열]과 구분되어야 한다. [의지의 부정]은 의지 자체의 부정과 의지 세계의 [반존재]화, [반인식]화 세계이며 [의지의 분열] 세계는 처음부터 [반의지]의 세계를 포함하는 삶의 선형, 평면, 공간 세계이다. 즉 그 출발지

[반존재]와 의지의 평면 세계

가 의지이면 의지가 축소될 때 [의지의 부정] 세계가 현시되며, 그 사유의 출발지가 [반의지]이면 그 작용에 의해 [의지의 분열] 세계가 탄생된다. [의지의 부정]은 인간 일반이 자신의 의지 세계 그 내부에서는 그 부정에 저항하기 때문에 [반존재]와 [반인식]을 통해 자신의 의지를 축소시키는 과정이다. 즉 의지의 존재화와 인식화를 거부함 [반존재, 반인식] 으로써 구성되는 삶의 세계이다. [반인식]과 관련된 의지의 부정은 [반인식과 의지의 평면 세계]에서 기술(記述)될 것이다. 여기서 다시 한 번 주의해야 하는 것은 [의지의 부정]은 의지의 존재화와 인식화를 거부하는 것이지 존재와 인식 자체를 부정하는 것이 아니라는 것이다.

이 복잡한 듯한 [의지의 부정]을 포함하는 [반존재와 의지의 평면 세계]가 중요한 것은 우리의 삶을 크게 변화시킬 수 있기 때문이다. 잘 생각해 보면 우리 생활의 많은 부분과 실제적인 관련이 있음을 알 수 있을 것이다. 예를 들면 [과거를 창조]하거나 [미래를 성취]하는 인간의 행태는 많은 부분 이 세계로부터 기인한다.

[의지의 부정] 세계는 인간 일반을 본래의 모습, 즉 자연 상태로 돌이키는 세계 즉, [자신의 힘을 유지하는 세계로의 인도(引導)]와

[반존재]와 의지의 평면 세계

수평적 평면 세계

[인간 일반의 힘을 축소]시키는 두 가지 중요한 작용을 수행한다. [반존재의 의지화 세계]는 오히려 [힘의 근원적 세계]를 구성하였다. 이와 같이 동일 세계에서도 그것의 작용 과정에 따라 [반존재의 의지화]인가, [의지의 반존재화]인가에 따라 삶의 세계는 그 모습을 완전히 달리한다. 그러므로 우리 마음 사유 방향에 따라, 동일 사유 공간에서 삶이 변화하는 원인에 대하여 유추할 수 있다. 우리 모두가 알고 있듯이 이는 삶의 관점을 변화시키고 결국 삶을 변화시킨다.

평면적 삶의 세계

[의지의 부정] 세계에서 힘의 유지 또는 축소 과정은 인간 일반 [의지의 반존재화]에 의한 의지의 불확실성에 기초한다. 그러나 이 불확실성에 기인한 힘의 축소는 인간 일반에게 또 다른 의미 있는 세계를 구축하는데 그것은 [자연 상태]로의 전환이다. [자연 상태]라는 것은 이미 모든 힘을 갖춘 상태에서 자연스럽게 삶의 세계에 동화하는 과정을 말한다. 그러므로 힘이 전제 되지 않는 상태에서는 [자연 상태]를 달성할 수 없다. [의지의 반존재화]는 인간이 자신의 힘을 자신의 의지 세계를 완전하게 구축한 상태를 유지하고자 하는 의도 즉 [자연 상태]로의 전환을 유도하며 더 이상 불필요한 의지의 증대를 원치 않는 깊은 평정에의 의지가 [의지

[반존재]와 의지의 평면 세계

의 부정]을 쇼펜하우어, 의지와 표상으로서의 세계, 을유문화사, p 469 (1983) 통해 성취
된다.

누구나 꿈에 그리는 무욕(無慾)의 세계이다. 그리고 누구나 이
무욕(無慾)의 세계를 경험할 수 있다. [의지의 부정]을 통하여 경험되는
것은 모든 사람이 같게, 모든 사물이 같게, 모든 감성이 같게, 모든 것들
이 같게 다가오는 때의 평등 세계이다. 그러나 표상(表象)되는 우리 세
계는 분별된 것들이다. 이 둘의 괴리(乖離) 해소는 인식자의 몫이다.

[의지의 부정]은 [자연 상태]로의 전환을 통한 [의지의 유지]와
[의지의 축소]에 기인한 힘의 축소를 야기시키는 세계를 동시에 구성할
수 있다. 여기서 우리는 의지가 완전히 구축되기 전까지는 [자연 상태]로
의 전환을 고려해서는 안 되며 인식자는 이때 진정한 의지를 경험할 수 있다. 사람들
의 가상적 자연 상태, 즉 불완전한 의지 유지에 초조한 [반(半) 자연 상태]
에 현혹되어서는 안 된다.

자연으로의 회귀가 [자연 상태]는 아니다. 전원에서의 생활이
[자연 상태]는 아니다. 빌딩 속에 있어도 [자연 상태]일 수 있다. 필연(必

[반존재]와 의지의 평면 세계

然)을 따라가는 삶이 [자연 상태]이다. 삶이 아무리 어렵더라도 해야 할 일은 해야 한다. 그것이 [자연 상태]이다. 우리 삶은 해야 할 것만 해도 넘쳐 흐르는데 하지 않아도 될 일을 하면서 시간을 허비할 수는 없다. 무엇을 해야 할 일이라고 생각하는지가 그 사람의 고귀함을 결정한다. 그런데 이 세상은 [자연 상태]에 반(反)하는 사람들이 자신들의 잘못된 길을 따르라고 선동하기 때문에, 오해 없이 이를 잘 인식, 구분해야 한다.

[반존재]와 의지의 평면 세계

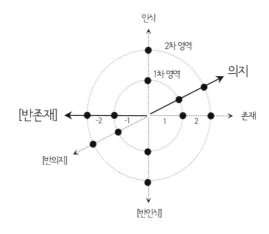

[반존재]와 의지의 평면 세계

[반존재]와 의지의 평면 세계

1-4. [반존재]와 [반의지]의 평면적 세계

[제4 평면 세계]는 사유에 의해서만 존재하는 현재 실존하지 않는 물(物)에 대하여 의지(意志)하려 하지 않는 세계이다. 언뜻 생각하면 존재하지 않을 것 같은 어려운 평면 세계이지만, 우리에게 친숙한 평면 사유 세계이다. 예를 들면 우리가 이상(理想)의 세계를 생각하면서 그 세계를 추구하지 않는 사유 상태이다. 우리가 얼마나 많은 이상(理想)의 세계를 구축하고 또 스스로 그것을 파괴했는지는 잘 알고 있을 것이다. 이상의 세계를 달성하려는 의지를 잃어가면서 절망을 경험한다. 그러나 잃어버린 세계라 할지라도 그것은 지금 현재 우리가 새롭게 구축하고 있는 새로운 사유 공간에 중요한 영향을 미친다.

[반존재]와 [반의지]의 세계가 구성하는 세계를 [반존재 세계에 대한 의지 분열 세계]와 [의지 분열 세계에 대한 반존재 세계]로의 전환으로 나누어 그 상호 전환에 대하여 고찰해 보자. 이와 같은 평면 세계의 구성은 두 극단적 세계의 조합과 대립을 통한 전형적 의지 분열과 그 대안을 제시하는 세계이며 양(陽)의 사유로 전환 가능성의 세계 주역(周易), 복희(伏羲), 노태준역, 곤위지(坤爲地), 홍신문화사 (1985) 이기도 하다.

[반존재]와 [반의지]의 평면 세계

수평적 평면 세계

[반존재의 반의지화]의 세계는 존재하지 않으나 존재할 수 있는 세계에 대한 [의지의 분열]이 구성하는 세계이다. 존재하지 않으나 존재할 수 있는 세계 [반존재]는 현재 존재하지 않지만, 그것이 우리 사유에 의해 구성되는 [공(空)의 세계] 중관(中觀)에서 주장하는 공(空)과는 다르다. 혼동하지 않기를 바란다. 와 과거에 존재하지 않으나 존재하는 것으로 사유되는 [허(虛)의 세계], 미래에 존재할 것으로 사유됨으로써 현재 존재하지 않으나 존재하는 것으로 사유되는 [연(然)의 세계]로 구성된다.

[공(空)의 세계]에 대한 [반의지]는 현재 존재하지 않는 것을 의지하지 않는 그리고 존재의 사유(思惟)화를 인정하지 않는 비실체 중심의 세계이다. [반존재의 반의지화]가 [존재의 의지화]와 다른 점은 전자(前者)는 소극적 삶의 세계를 구성하며 후자(後者)는 적극적 삶의 세계를 구성한다는 것이다. 존재하지 않는 것을 의지하지도 않는 [소극적 삶]과 존재하는 것을 의지하는 [적극적 삶]이다. [반존재의 반의지화]는 가상의 세계를 인정하지 않으며 그것을 의지하려고 하지도 않는다. 우리 역사 속 위대한 철학자들도 이 사유 세계에 대하여 알려고 하지 않았고 알 수도 없었던 이유이다.

[반존재]와 [반의지]의 평면 세계

수평적 평면 세계

[공(空)의 세계]에 대한 [반의지] 세계는 인간을 가능성의 세계로부터 추방하고 [의지 분열]을 가속화한다. 이 세계에서는 존재의 진정한 의미를 비실체로서만 단순히 사유하려 하기 때문에 존재의 본질에 대한 통찰의 의미가 약화되며 존재의 실체성(實體性)을 인정하지 않는다. 그러나 이미 존재와 [반존재]의 선형적 세계로부터 사유했던 존재의 의미가 지속되는 한, 즉 우리의 사유 공간이 유효하다면, 이 세계는 잠시 머무르는 순간의 세계로서만 존재할 것이다.

[허(虛)의 세계]에 대한 [반의지]는 과거 세계에 대한 [의지의 분열]이다. 인간은 과거를 통해 현재를 구성하고 있기 때문에 [허의 세계]에 대한 의지의 도피는 현재 삶의 세계에 대한 시간적 근거를 사유하지 못하고 현재에 나타나는 현상만을 중시하며 이로써 미래에 대한 통찰 능력을 상실케 한다. 또한, 과거에 대한 모든 현상을 부정함으로써 현재 또한 과거화될 수밖에 없으므로 [의지의 분열] 현상을 또다시 초래한다.

[연(然)의 세계]에 대한 [반의지]는 미래의 세계에 대한 [의지의 분열]이다. 미래가 분열되면 생각보다 심각하게 삶은 폐허화된다. 극단적 의지 분열을 일으키며 사유 전환이 반드시 필요한 상태이다.

[반존재]와 [반의지]의 평면 세계

[공, 허, 연(空, 虛, 然)의 세계]에 대한 [반의지]는 모두 심각한 [의지 분열]을 일으키며 이와 같은 세계는 전쟁과 같은 공포와 혼란 중의 사람들 속에서 그 모습이 드러나는 세계이다. 한 민족의 삶을 구성하는 세계 중에서 이와 같은 평면 세계가 그 민족의 내면 세계에 깊숙이 뿌리 박혀 있다면 이곳으로부터의 이탈은 그 민족 주요 심리철학적 과제가 될 것이다. 그러나 최근 우리 삶 주변에서와 같이, 풍요와 안정 속에서도 계층간 소외는 분열 세계 속으로 빠져들게 할 수도 있다. 우리는 자신이 소외와 파멸 속에 있는 듯한 절망감에 싸여있다 하더라도 이는 우리 삶 속, 사유 공간의 일부분 일뿐임을 자각하고 그로부터 탈출을 시도하면 된다. 그러나 이는 마치 [아담 지하 동굴] 소크라테스, 국가, 왕학수역, 동서문화사, 7장, p344 (2013) 어둠 속에서 모닥불에 비친 상(狀)을 보고 자란 죄수가 밝은 지상의 세계를 거부하는 것과 유사해서 이로부터의 탈출은 모든 것을 거부하는 용기를 필요로 한다.

[의지의 분열]로부터의 탈출은 역설적으로 [반존재와 반의지의 평면적 세계] 자체로부터 가능하다. [반의지의 반존재화]의 세계는 이와 같은 탈출의 가능성을 우리에게 제시한다. [반의지] 즉 [의지의 분열] 현상이 [반존재] 세계로 전환되고 그것이 미래를 나타내는 [연(然)의 세계]

[반존재]와 [반의지]의 평면 세계

화되었을 때, [의지 분열]은 [의지로의 전환 가능성]을 보여준다. 그러므로 이 [연(然)의 세계]를 [의지 분열로부터의 전환 가능성 세계]라 정의, 사유한다. 이로써 [반존재]가 우리 삶의 세계에 주는 의미가 드러난다. [연(然)의 세계]는 단순 미래의 세계가 아니라 미래에 존재할 것으로 사유 됨으로써 현재 존재하지 않지만, 존재하는 것으로 사유되는 현재의 [반존재]이다.

    물론 [의지 분열]로부터의 [전환 가능성의 세계]가 바로 탈출을 의미하는 것은 아니다. 우리에게 전환이 가능하다는 것을 사유할 수 있도록 할 뿐이다. 전환의 세계가 구성됐을 때 인간 일반은 [반존재]의 의지화 과정을 거쳐 그것을 의지화하고, 다시 의지의 인식화 과정을 거쳐 완전히 인식되었을 때, 비로소 완전한 [의지 분열]로부터 이탈이 달성된다. 그런데 우리에게는 의지화 및 인식화에 대한 본질적 힘이 있으므로 인간 일반은 모두 사유 공간을 구성할 능력을 기본적으로 가지고 있다. 바로 이 전환 세계 [반의지의 반존재화 세계]는 삶의 암흑으로부터 탈출을 위한 매우 유용한 의미를 지니고 있다. 이는 간과(看過)해서는 안 되는 심리학적, 정신의학적 주요 주제이다.

[반존재]와 [반의지]의 평면 세계

수평적 평면 세계

이와 같은 [반의지]와 관련된 [의지 분열]로부터의 전환 세계는 아직 언급하지 않은 [반인식]과도 유사한 연관성을 가지고 있으며 이 세계는 다음 장 수직 평면 세계 에서 기술될 것이다. 지금까지 사유했던 존재와 [반존재]가 의지, [반의지]와 이루는 평면 사유 세계는 수평적 삶의 세계를 구성한다. 이 4개 평면 세계 속에서 우리는 존재, [반존재]에 대한 의지, [반의지]의 작용과 의지, [반의지]에 대한 존재, [반존재]의 작용으로 하루 중 많은 시간을 사용한다. 이제 존재, [반존재]와 의지, [반의지]의 세계가 인식, [반인식] 세계와 어떻게 작용하는지 사유할 것이며 이를 통해 수직적 삶의 세계가 사유(思惟)될 것이다. [생각]은 머릿속에 자연스럽게 떠오르는 것이고 [사유(思惟)]는 주제(主題), 목적과 논리를 가지고 의도적으로 분석하는 생각의 일련 작용이다.

이제부터 인식과 [반인식]을 포함하는 평면 세계에 대한 설명이다. 이는 인간 일반 [제3의 탄생]과 관련 있는 삶의 사유 세계이다. 좀 더 명확한 사유와 분석, 각 수직 세계에 대한 좀 더 쉽고 구체적인 실제 예가 제시될 것이다. 삶을 수직적으로 포괄하는 8개 수직 평면 세계 속으로 들어가 다양하고 흥미로운 삶의 사유 세계에 대한 탐구를 계속한다.

[반존재]와 [반의지]의 평면 세계

수직적 평면 세계

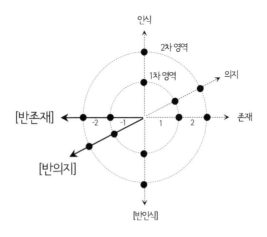

[반존재]와 [반의지]의 평면 세계

[반존재]와 [반의지]의 평면 세계

2-1. 의지와 인식의 평면적 세계

이제, 인식(認識)의 세계에 포함한 삶의 사유 공간을 생각한다. 인식(認識)은 단순히 생각하는 것과는 달리, 원리에 대하여 깨닫는 작용이다. 예를 들어 경험으로부터 밤이 지나면 아침이 오는 것을 아는 것은 자연스럽게 떠오르는 [생각]에 의한 것이고 일부 인식 작용을 포함하여 [사실 인식]으로 분류될 수도 있다. 밤이 지나면 아침이 오는 것은 지구가 자전(自轉)하기 때문이라는 것을 아는 것은 [인식]이다. 원리 또는 진리를 알고 또 알아 가는 과정이며 [원리 인식]으로 분류한다. 우리가 무엇인가로부터 아름다움을 느낄 때 아름다움을 느끼는 것은 생각의 작용이고 왜 아름다운가를 생각하여 그 아름다움의 근원을 사유하는 것은 인식이라고 할 수 있다. 인식은 사물을 보고 받아들이는 방식, 그리고 생각하는 방식이 다를 뿐이다. 인식하게 되면 삶이 넓어진다. 삶을 조망(眺望)할 수 있는 수직 공간을 확보하기 때문이다. 미분 방정식의 해를 도출하는 방법을 이해하고 한 번 풀 줄 알면 유사한 모든 문제를 풀 수 있고, 아름다움의 근원을 알게 되면 무엇이든 아름답게 할 수 있을 것이기 때문이다.

인식의 세계와 [제3의 탄생]은 어떤 관계일까. 자신에 대한 인식을 시작하게 되면 자신의 존재가 새롭게 변화한다. 자신의 존재 원리와 진리가 눈에 들어오기 때문이다. 이때, 비로소 자신이 자신으로서 완성된다. 자신의 기질, 자신의 가치관, 자신만의 [타자(他者)로부터 방해받지 않는 철학]이 시작되는 것이다. 이를 [제3의 탄생]이라 한다. 자신을 보는 눈을 가지게 되고, 그럼으로써 자신의 운명을 자신이 결정해 나간다. 이때 운명이라 함은 자신의 삶의 목표와 밀접한 관계가 있고, 이에 따라 [제3의 탄생] 이후, 삶의 목표를 결정할 능력을 드디어 갖추게 됨을 의미한다. 이는 인간 일반을 크게 변화시킨다. [제3의 탄생] 삶의 수직 평면 사유 공간에서 인식은 각 대응 세계 존재, [반존재], 의지, [반의지] 를 수직적 조망(眺望), 인식화하는 또는 [반인식]화하는 세계로 구성된다. 그러므로 이 세계를 통하여 우리는 비약적으로 사유 공간을 넓힐 수 있다.

선형 세계에서 사유한 바와 같이, 인식의 세계는 [사실 인식]과 [원리 인식]의 세계로 구성되며, 의지의 세계는 [본능적, 감성적, 지성적 의지] 세계로 구성된다. 인식과 의지의 세계는 존재의 세계가 매개로 작용하지 않기 때문에 감각에 의해 실체화되지 않으며 실체화되지 않음으로써 세계는 무제한적 특성을 가진다. 의지의 세계는 그 영역이 확대되어도 존재와 인식의 사유 범위가 크게 확대되지 않는 존재의 세계도 그 영역

의지와 인식의 평면 세계

수직적 평면 세계

이 확대됨에 따라 의지와 인식 세계에 대한 사유 범위는 확대되지 않는다. 수평적 특성을 가지며, 인식의 세계는 그 영역이 증대됨에 따라 존재 및 의지 세계의 영역이 크게 확대되는 수직적 특성을 가진다. 이와 같이 [수평적 선형 세계]와 [수직적 선형 세계]가 이루는 평면 세계를 [수직적 평면 세계]라 정의한다. [수직적 평면 세계]는 그 구성으로부터 인식과 [반인식]의 선형세계를 포함하는 세계이다. 수직이라는 용어를 강조하는 이유는 인식의 역할을 강조하기 위함이다.

[수직 평면 세계]의 특징은 [순환적 반복]과 [시간의 역류]이다. [순환적 반복]은 인식과 의지의 평면적 세계의 경우 [인식에 대한 의지의 작용]에 의하여 인식의 세계 영역이 증대되면 이 인식의 영역에 대응하는 새로운 의지가 생성되며, 생성된 의지는 또 다른 인식에의 의지로 작용하여 인식의 영역이 다시 확대되는 현상이다. 이로써 인간 일반은 자신의 사유 영역을 확대할 수 있는 사유 평면과 그 힘을 얻는다. [순환적 반복]은 자신의 존재를 잊을 정도로 사유에 집중하여 독립된 평면 사유 세계를 구성할 때 나타난다. 이 상태에 도달하려면 선(禪)과 명상(瞑想)과 같이 집중, 몰입하여 내면의 존재를 잃는 연습이 필요할 수도 있다.

의지와 인식의 평면 세계

수직적 평면 세계

그러나 [순환적 반복]은 시간 좌표를 포함할 경우 그 때 사유 가능한 가상적 시간 공간을 탄생시키며, 이로부터 인식의 의지화 과정 중 존재가 매개하여 [순환적 반복]을 정지시켜 현재의 시점으로 되돌리려 하는 [시간의 역류] 현상을 겪게 된다. [시간의 역류]는 수직 세계를 감각 가능적 세계 실체적 세계 로 전환 시키는 원인으로 작용하며, 이 수직 평면 세계의 [순환적 반복]으로부터 무제한적 영역 확대에 기인한 [폐쇄적 가능 세계]로부터의 이탈 작용을 조정(調整), 제어한다. 즉 인식과 의지의 수직적 평면 세계는 [순환적 반복]에 의한 무제한적 영역 확대와 [시간의 역류]로부터의 영역 축소가 공존한다. 이는 후술(後述)되는 [존재-의지-인식 공간]의 상호 작용 과정이기도 하다. [시간의 역류]는 실존적 삶 속, 의미 있는 인식을 위한 [순환적 반복]을 위해 반드시 필요하다. 이는 [존재가 철학을 완성한다.]는 명제를 재확인시켜 준다.

[의지와 인식의 평면 세계]는 [의지의 인식화]와 [인식의 의지화] 세계로 서로 작용하면서 평면 세계 속 위치 좌표를 끊임없이 변화시킨다. [의지의 인식화]는 [의지의 사실 인식화]와 [의지의 원리 인식화]로 다시 분리 사유되며, 이 분리 사유는 우리에게 타자(他者)와 구분되는 자신에게 고유한 인식 세계의 구축과 분석이 가능하도록 한다. 이는

의지와 인식의 평면 세계

수직적 평면 세계

본 서(書) 철학 용어와 그의 심리학 용어의 불일치는 있지만, 융(Carl Gustav Jung)의 인식과 판단 기능을 중심으로 하는 심리적 유형 이론 인식 기능(감각, 직관), 판단 기능(사고, 감정)에 의한 태도 유형 분석(내향, 외향) 을 설명한다. 이는 MBTI (Myers-Briggs Type Indicator) 성격 유형 지표로 변형 발전되었고 이를 활용하는 심리학자에게 [의지와 인식 평면 세계]의 구체 분류는 심리 분석 근원 해석에 도움이 될 것이다.

[의지의 사실 인식화]는 자신의 본능적, 감성적, 지성적 의지를 사실 그대로 인식화하여 자신의 의지를 수직 평면 사유토록 하여, 자신 고유의 세계를 구축하도록 한다. 이는 [존재와 의지의 평면 세계]에서 기술한 [제3의 탄생]의 최초 상태와 관련이 있다. 이와 같이 구축된 삶의 세계는 일반적인 [형이상학적 본질에 대한 사유]의 근원이다. [형이상학적 본질에 대한 사유]는 인간 일반이 삶의 존재 또는 실체에 대한 사유 없이 삶을 구성하는 본질적 세계이다. 즉 존재가 이탈된 사유 작용이다.

[의지의 원리 인식화]는 자신의 의지를 단순한 사실로서가 아니라 그 근원 및 원리를 파악하도록 하여 현재 자신의 의지를 분석하고 자신의 세계가 어떤 근원 및 원리에 의하여 구성되어 있는지를 사유토록

의지와 인식의 평면 세계

한다. [의지의 원리 인식화] 과정에서 전술한 [제3의 탄생]이 완성되어 간다. 이 과정은 삶의 형이상학적 본질 분석에 대한 사유 근원이다. 본능적, 감성적, 지성적 의지 각각에 따른 세부 인식화 과정에 대해서는 본 서(書)에서 다루지 않는다.

[인식의 의지화]는 인식을 자신의 수직 평면 세계에 유지시키게 하는 중요한 작용이다. 인식은 그 의지의 종류에 따라 [인식의 본능적 의지화, 감성적 의지화, 지성적 의지화]로 의지화 과정을 분리, 구성한다.

[인식의 본능적 의지화]는 인간이 자신을 규정하는 과정이다. 즉 자신의 인식을 본질화시킴으로써 자신을 규정짓는다. 자신이 사유한 세계를 자기화시킴으로써 인식의 영역이 바로 자신의 영역으로 규정되며 이를 [인식의 자기화 과정]으로 정의, 사유한다. 철학적 용어를 정의하는 이유는 사유를 명확히 하기 위해서이다. 사과라는 단어는 그 단어만으로 사과의 모든 특성을 떠오르게 한다. 이는 우연한 철학적 단편에 대한 인식이 자신의 [본능적 의지화] 과정을 거쳐 자신의 삶을 바꾸어 [고정] 시켜 버릴 만큼 크게 작용되었을 때 경험된다.

의지와 인식의 평면 세계

[인식의 감성적 의지화]는 사실 또는 원리 인식이 감성적 의지화 과정을 통해 인간의 감성적 의지 세계를 변화시키는 과정이다. 이는 새벽녘까지의 인식을 고양(高揚)시키는 독서가 밝아오는 태양을 맞이하는 자신의 감성을 변화시킬 때 [인식의 표출화 과정]을 경험할 수 있다. 이 경험은 순간적이며 지속성은 없다. 그러나 이때의 즐거움과 행복감은 어떤 것보다 강렬하다. 이 즐거움의 원인은 존재 [나] 我 를 감성적으로 느낄 수 있기 때문이다.

[인식의 지성적 의지화]는 인식이 지성적 의지화 과정을 통해 지적 탐구를 지속, 경험하도록 의지하는 과정이다. 이를 [인식의 탐구화 과정]이라 하며 지속적 탐구를 그 특징으로 하며 자기화되지는 못한다. 그 예는 무엇인가 지적 성취에 열심인 자(者)의 모습에서 발견된다. 자기화는 그것이 본능적 의지화 되었을 때만 성취된다. 이는 지적인 성취가 [아무것도 아닐 수 있음]에 대한 경계(警戒)를 인식하게 한다.

[인식의 의지화 과정]은 [자기화 과정], [표출화 과정], [탐구화 과정]과 같은 특징적 세계를 구성하며 각기 다른 영역으로의 전환과 각 과정의 동시 가능성이 존재한다. 사유의 과정은 조금 복잡하다. 그러나

의지와 인식의 평면 세계

수직적 평면 세계

인식을 좀 더 세분화하여 사실, 원리 인식 각각에 따른 본능적, 감성적, 지성적 의지화에 대한 사유는 본 서(書)에서는 다루지 않지만 또 다른 즐거움을 제공할 것이다.

우리는 [의지와 인식의 세계] 특징과 그 전환 과정을 사유하였으며 그것이 우리의 삶 속에서 어떤 특징적 세계를 구성하는지를 사유하였다. 다른 서(書)의 몫으로 돌린 좀 더 구체적인 사유 과정이 우리의 삶 속에서 어떤 의미가 있으며 또 어떤 독특한 평면 세계화 과정을 가지고 있는지는 다른 논거(論據)를 통해 발표할 것이다. 그러면 또 다른 흥미로운 수직 평면 [의지와 반인식]으로 구성하는 세계가 어떻게 우리의 삶으로 서서히 다가오고 있는지 사유해 보자.

의지와 인식의 평면 세계

수직적 평면 세계

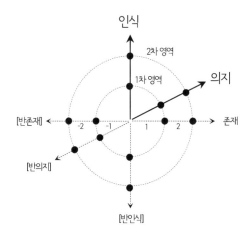

의지와 인식의 평면 세계

의지와 인식의 평면 세계

2-2. 의지와 [반인식]의 평면적 세계

[의지와 반인식의 평면 세계]는 무엇인지 알 수 없는 것에 대한 의지를 느낄 때의 사유 세계이다. 사유 세계란 어떤 시간에서 우리의 존재, 의지, 인식 상태를 말한다. 지금 바로 이 순간 내가 속해 있는 세계이다. 이 세계도 우리 삶 사유 세계의 많은 부분을 차지한다. 인식되지 않는 삶의 목표, 사랑, 우정, 미움, 혐오. 하지만 인식되지 않을 뿐 모두 그 근원을 가지고 있다. 이 근원을 탐구하는 것은 철학의 주요 분야이기도 하다. 알 수 없는 우리의 사유 상태를 분석, 인식함으로써 미움, 혐오와 같은 부정적 상태로부터 일탈(逸脫)을 얻을 수 있을 것이기 때문이다. [의지와 반인식의 평면 세계]는 우리의 삶을 평온하게 해 줄 수 있는 길을 보여주는 세계이다. 깊은 사유가 필요하다.

[반인식] 선형 세계에서 기술한 바와 같이, [반인식]의 세계는 [경험적 반인식], [본질적 반인식] 세계로 구성된다. [경험적 반인식] 세계는 인식의 세계로 전환 가능한 인식 세계이며 [본질적 반인식]은 인식의 세계로 전환 불가능한 인식 세계이다. 이 두 가지 [반인식]을 고려하면서 [반인식]을 포함하는 평면 세계를 생각한다.

의지와 [반인식]의 평면 세계

수직적 평면 세계

[의지와 반인식] 수직 평면 세계는 [음악 정신]으로 대표된다. [음악 정신]은 [의지의 반인식화]와 [반인식의 의지화] 과정을 모두 함축하는 정신이다. [음악 정신]은 동일 음악이 반복에 의한 지루함 없이 _{어느} 정도 지속적 반복에 의해 인식화되기까지 [반인식]의 상태를 유지한다. 반복을 허용함과는 달리, 인식의 과정까지 즉시 도달되는 영상이 반복을 허용하지 않는 것을 상기하면 쉽게 사유된다. 영상은 의지 _{감성적 의지} 의 세계가 이미 인식화 과정을 거치게 되며, 그에 따라 동일 인식화 과정의 반복을 허용하기 어렵다. 어린아이의 반복된 시각적 영상 인식화 과정은 그것이 인식화되지 못하고 [반인식]화된 상태로 유지되기 때문이다.

[음악 정신]은 인간 일반 [의지의 반인식화]를 간접적으로 설명한다. [의지의 반인식화] 과정은 음악적 정서와 같이 인간의 감정을 변화시킴으로써 의지의 세계를 탄생시키며 _[음악 정신에 의한 의지의 탄생] 이때 일반적으로 그것의 인식화 과정이 부정되는데, 이는 그를 인식할 사유 능력을 일반적으로 우리 인간이 갖기 어렵기 때문이다. [의지의 반인식화 세계]는 의지와 [경험적 반인식]의 세계이다. 인간의 의지 작용에 의한 사유이기 때문에 [본질적 반인식]과는 다른 세계이다.

의지와 [반인식]의 평면 세계

[음악 정신]으로 대표되는 음악의 선율에 의한 감정의 변화를 생각한다. 음악의 운율에 의해 왜 슬픈 느낌을 가지게 되며, 어떤 음악에서는 왜 즐거움을 느끼는가. 단지 음의 높낮이 변화에 불과한데. 우리는 그 이유를 인식할 수 없다. 이와 같이 [음악 정신]은 [의지와 반인식] 세계를 구성한다. 음악을 전문으로 하는 사람들은 아마도 그 이유에 대하여 자신의 관점에서 답할 수 있을지 모르지만, 우리가 [일반 인식]이라는 범주로 사유할 근거는 누구도 쉽게 제시할 수 없다. 하지만 [음악 정신]은 분명히 인식화 될 수 있는 [반인식]이며, 이에 따라 [본질적 반인식]의 범주는 아니다. [음악 정신]이 우리 사유 세계에서 중요한 위치를 차지하는 이유는 알 수 없는 [반인식]에 대한 모습을 알려주며, 인식의 세계로 전환할 수 있는 중요한 단서를 제공해 주기 때문이다.

[본능적, 감성적 그리고 지성적 의지]가 각각의 의지 작용에 의해 전술(前述)한 바와 같이 인식화 과정을 거치지 않고 무의식 속으로 침잠시키는 세계를 구성할 때 의지는 [반인식]화 된다. 그러므로 [의지의 반인식]화는 사유의 무의식화 과정을 현시하는 세계이다. [경험적 무의식]의 세계는 대부분 의지의 작용을 전제로 성립되며 그 [반인식]화 과정에는 [인식의 분열]이 수반된다. 이는 [의지의 분열]에서 경험되는 바와

의지와 [반인식]의 평면 세계

유사하다. 즉 [반인식]화 과정은 대부분 음악 정신에서와 같이 인간 일반 사유 능력의 한계를 극복하지 못함으로써 발생 된다. [본능적, 감성적, 지성적 의지] 각각의 [반인식]화 과정에 대한 사유는 [의지와 반인식]의 평면 세계를 다양화한다.

[반인식의 의지화]는 [경험적 반인식의 본능적, 감성적, 지성적 의지화]와 [본질적 반인식의 본능적, 감성적, 지성적 의지화]로 분리하여 생각할 수 있다.

[경험적 반인식의 본능적 의지화] 과정은 의지를 통해 성립되는 인식화 가능한 무의식을 자기 본질화시키는 과정으로, [인식의 자기화 과정]과 유사하게 [경험적 반인식의 자기화 과정]으로 규정한다. 이는 무의식 속 인식을 자신의 본성화하는 과정으로, 어릴 때 경험으로 자기화되는 자신의 본성을 설명한다. 이와 함께 [본질적 반인식의 본능적 의지화] 과정은 [본질적 반인식의 자기화 과정]으로 규정한다. 이는 자신도 알 수 없는 자신의 본질적 근거를 구성한다. 이는 프로이트 Sigmund Freud, ~1939 가 풀지 못했던 무의식 근원 세계의 단서를 제공한다.

의지와 [반인식]의 평면 세계

수직적 평면 세계

[경험적 반인식의 감성적 의지화] 과정은 인식화 가능한 무의식의 감성적 의지화 과정으로 [경험적 반인식의 표출화 과정]으로 규정한다. 이는 무의식의 영향으로 슬픔, 우울, 즐거움 등 감정이 변화하는 과정을 설명하는 평면 사유 세계이다. 동일한 사유 과정을 통하여 [본질적 반인식의 감성적 의지화] 과정은 [본질적 반인식의 표출화 과정]으로 규정된다. 이는 자신도 알 수 없는 자신의 감성 상태에 대한 근원적 세계이며 자신의 인식 세계에서 사유될 수 없는 자신의 감성 상태에 대한 근거와 그 세계를 구성한다.

[경험적 반인식의 지성적 의지화] 과정은 인식화 가능한 무의식의 지성적 의지화 과정을 통해 지속적 탐구 과정을 경험하도록 의지하는 과정으로 [경험적 반인식의 탐구화 과정]으로 규정된다. 이는 사회심리학자의 집단 사회 무의식에 대한 근원 분석 평면을 제공한다. 유사한 방식으로 [본질적 반인식의 지성적 의지화] 과정은 [본질적 반인식의 탐구화 과정]으로 규정한다. 이는 자신도 알 수 없는 자신의 탐구 의지에 대한 근원 세계이며 자신의 인식 세계에서 사유될 수 없는 자신의 삶으로부터의 탐구 의지 상태에 대한 근거를 구성한다. 우리는 이를 [철학 평면]으로 명명(命名)한다.

의지와 [반인식]의 평면 세계

수직적 평면 세계

우리는 삶의 세계에 대한 근원에 대하여 의문을 항상 가지고 있다. [의지와 반인식]의 세계를 통하여, 존재 [나]로부터 벗어난 본질은 무엇이고, [나]의 알 수 없는 감성의 근원은 무엇이며, 내가 그토록 원하는 알려고 하는 의지의 근원은 무엇인지에 대한 조망을 한다. 그러나 우리는 단지 그 속으로 들어가는 작고 고풍스러운 문을 열었을 뿐이다. 그 문 안으로 들어가 실제 귀를 스치는 바람(風)을 느끼고 상쾌한 수목(樹木)의 향기를 맡는 것은 본서(書)가 알려 줄 수 있는 범위를 넘는다.

우리가 하루 중 많은 시간을 평면적 사유 상태에 있음에도 불구하고, [의지와 반인식 평면 세계] 속 상호 전환 과정에 대한 사유는 평면 세계가 구성하는 불완전한 한계를 가지고 있다. 존재의 부재에 의하여 감각으로 인지할 수 있는 실체화되지 못함으로써 구체성이 결여되어 있으며 이는 [존재와 반존재 선형 세계] 도입에 의한 공간 사유를 유도한다. 이는 다음 장, 공간 사유 세계에서 다시 고찰될 것이다.

우리는 의지와 인식, 의지와 [반인식]이 구성하는 수직평면 세계에 대한 성찰을 지속함으로써 의지의 세계를 중심으로 각 평면 세계가 어떻게 구성되는지에 대한 답을 얻을 수 있을 것이다. 인식과 [반인식]

의지와 [반인식]의 평면 세계

수직적 평면 세계

세계의 분리는 의심할 바 없이 의지와 존재의 평면 세계에 의하여 횡(橫)으로 분리된다. 그러므로 인식과 [반인식] 세계의 경계에는 반드시 (반)존재와 (반)의지의 평면 세계가 있다. 그러나 삶이 [반인식]화 되면서 변화하는 삶의 세계에서 의지가 매개로 작용할 때와 존재가 매개로 작용할 때 각각 어떻게 그 세계를 변화시키는지는 또 다른 문제이며, 이는 흥미로운 영역이 될 것이다. 이제 우리가 생각하는(사유하는) 영역은 조금씩 증대되고 있다.

의지와 [반인식]의 세계를 숙고(熟考)함으로써, 우리의 의지(감성) 상태는 사유 영역으로부터 분석 가능하다. 그리고 그 상태의 변화를 원할 때 그 대안(代案)까지 사유 가능하다. 우리는 이것을 신(神)에게 요청했던 것이었다. 그러나 그것은 인간 일반의 나태함이었을지도 모른다. 이를 확실히 이해하고 타자(他者)가 알 수 있도록 전파하는 것은 철학을 통해 사유 세계를 공부하는 자에게 중요한 과제이다.

의지와 [반인식]의 평면 세계

수직적 평면 세계

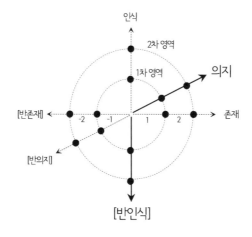

의지와 [반인식]의 평면 세계

의지와 [반인식]의 평면 세계

2-3. [반의지]와 인식의 평면적 세계

[반의지]와 인식이 구성하는 평면 세계는 분열된 의지를 인식하는 세계로 극단적인 두 가지 세계가 양립한다. [의지의 분열]을 인식함으로써 현시(顯示)되는 [절망의 세계]와 [의지의 분열]을 인식함으로써 그로부터 탈출하려는 반작용적 의지에 의한 [의지 분열로부터의 전환 세계]이다. 예를 들면 상대방은 호의를 보이지 않는 상태에서 누군가를 사랑할 때, 위 두 가지 양태가 양립, 공존한다. 인식함으로써 절망 _[반의지] 할 것인가, 절망 상태를 전환시킬 것인가는 삶을 완전히 뒤바뀌게 한다. 유사한 방식으로 죽음을 각오해야 하는 병자(病者), 그리고 슬픔에 잠긴 약자(弱者)에게도 중요한 평면 세계이다.

[반의지]와 인식의 평면 세계는 의지 분열된 삶의 세계와 그것을 인식하는 세계로 구성된다. 삶에 대한 [의지의 분열]은 인간에게 암흑과 같은 어둠으로 밀려 들어와 그 어둠 속에서 인간의 사유를 파괴한다. 파괴는 자신의 삶의 세계에 대한 [절망]과 [무관심]을 야기한다. [반의지]는 그것이 갖는 의지의 공허함으로 인간 일반 의지에 영향을 미쳐 그것을 최소화시키려는 특성을 가진다. 전술(前述)한 바와 같이 [반의지]의

수직적 평면 세계

세계는 [의지의 부정]을 일으키는 원인이며 [의지의 부정]과는 구별된다.

[의지의 부정]은 극한적 [반의지] 상태에서 의지 자체를 부정하려는 인간의 무력에의 성향으로 정의된다. [반의지]의 선형 세계 참조 이 최소화된 의지는 인간 일반을 더욱 암흑 속으로 밀어 넣는다. 이 암흑 속 지하 생활은 그것이 인식되기 전에는 자신의 세계에 익숙해져서 암흑 속이라는 것을 알지 못한다. 이 지하 생활에는 사유의 거부(拒否), 밝음에 대한 공포, 외부 세계와의 단절을 통한 철저한 고립이 진행되며 이것은 곧 사유의 죽음이다. 이와 같은 삶의 세계가 인식되는 순간 [반의지]와 인식의 평면 세계가 자신의 삶의 세계로 펼쳐지는 순간 마치 끝없는 어둠 속으로 추락하는 듯한 절망에 휩싸인다. 이 절망감은 인식 세계가 증대될수록 키에르케고르적(的) 죽음에 이르는 병으로 이것이냐 저것이냐, 김영철역, 미문출판사 (1971) 자신을 파괴시킨다.

[반의지와 인식의 세계]로의 추락은 두 개의 극단적인 유형에 의해 야기된다. [제1 유형 추락]은 자신의 의지 작용으로서 성취되지 않는 삶의 세계에 대한 인식이며, [제2 유형 추락]은 자신의 의지 작용으로서 성취되는 삶의 세계 무의미성에 대한 인식이다. 예를 들면 가능성 있

[반의지]와 인식의 평면 세계

음을 가정하고 그것을 달성하려고 노력하였으나 그 불가능함이 인식되는 경우와 처음부터 무의미성을 가정하고 그대로 수용하는 경우이다. 그러므로 [제1 유형 추락]은 적극적 도전적 삶의 과정에서 발생되며 [제2 유형 추락]은 허무주의로부터 발생된다. 자신이 아무리 도전적이고 긍정적이라도 삶이 그것을 수용하지 않으면 소용없는 일임은 우리 모두 알고 있다. 이때 [통합사유철학]의 방식대로 우리 삶의 상태를 침착하고 조용히 사유하면 자신의 절망이 어떤 상태임이 직관되고 그로부터 탈출하는 출구가 발견될 것이다.

[의지 분열]의 세계는 그것이 인식화됨으로써 가속화될 수도 있다. 우리는 [의지와 인식의 평면 세계]에서와 유사한 [순환적 반복]을 경험한다. [순환적 반복]을 통한 가속화는 시간과 독립적인 세계를 구성 가능하며 따라서 존재에 의한 [시간의 역류] 또한 경험된다. 현대 사회 [의지 분열]적 행동의 가속화는 사회의 양극화 현상에 따른 [제1, 2 유형 추락]적 삶의 세계가 급속히 확대되는 것과 연관되며, 그것이 우리 삶 속에서 직접적으로 인식됨으로써 [순환적 반복]을 통하여 가속화되고 있다. 니체를 필두로 최근 미셸 푸코 담론의 질서 를 비롯한 현대 철학자들의 비판적 사회 분석은 우리가 정의한 [의지의 분열] 현상에 대한 해석과 관

[반의지]와 인식의 평면 세계

계가 적지 않다.

  자신의 의지와 무관하게 구성되는 삶의 세계에 대한 인식은 이 와 같은 부정적 삶의 세계의 구성과 더불어 [가능성의 근원 세계]에 대한 인식을 가능케 해주는 우리 삶을 구성하는 [전환의 매개(媒介) 세계] 이다. 전술한 바와 같이 세계는 의지화의 과정을 통해 가능성의 세계가 사유된다. 동일하게 [반의지]의 세계도 인식됨으로써 의지화된다면 그 가능적 근원 세계를 구성할 수 있다. [반의지]의 세계는 사유 공간에서 후면 세계이다. 후면 세계가 양의 세계인 인식을 통하여 의지화 되는 과 정에 수수께끼 같은 무(無)의 꼭짓점을 지나야 할지도 모른다. 이는 매우 불명확해서 본 서(書)에서 사유하는 논리적 공간 세계로 직관적 해석 은 불가능하다. 그러나 [무(無)]를 향한 멈춤[止] 즉 사유의 멈춤 그리고 천천히 봄(觀), 止觀이 마음의 전환과 평정(平靜)을 위해 중요한 과정임 은 오래된 철학적 지식이고 전통이다.

  우리는 이미 인식 세계의 본질로서 사유 세계 전환 가능성을 사유하였다. 그러므로 인식의 세계는 [반의지]를 의지화시키는 매개 세 계로서 변화의 세계를 구성하는 [세계 변화의 중간자]이다. 인식의 세계

[반의지]와 인식의 평면 세계

는 [의지 분열]로 부터의 탈출구이다. 그러므로 우리는 [반의지]와 인식의 세계를 통해 암흑의 지하 생활로 들어서는 것과 동시에 인식의 세계를 통한 [가능성 세계]의 근원을 구성시킨다. 그러므로 이 [동일 세계의 이원성]이 사유되는 순간, 인간은 삶의 세계로부터 자유를 부여받는다. 그리고 이 자유로부터 인간의 삶은 크게 변화될 수 있다. 하지만 이원적 자유는 그것이 자유롭기 때문에 동일 세계의 극단적 이원성으로부터 지속적 선택을 강요하며 이 또한 사르트르적 자유의 잔인함으로 해석된다. 자유롭지만 계속된 선택을 강요하기 때문에 우리 인간 일반은 긍정적 삶으로의 전환이 일시적으로 가능해도 그것을 계속 유지할 수 있는 것은 아니다.

　　자유의 잔인함은 사르트르, 존재와 무(無), 양원달역, 을유문화사 (1883) [무엇이 진정한 자유인가]를 생각하게 한다. 자유는 선택할 수 있는 상태이다. 선택할 수 없다면 자유의 상태가 아니고, 선택해야 한다면 그것도 자유가 아니다. 선택할 수 있으나, 선택하지 않아도 될 때만 [자유 상태]이다. 인간 생노병사(生老病死) 어느 것도 [자유 상태]는 아니다. 인간 일반으로서 자유인은 없다. 잠시 자유를 느낄 뿐이다. 그러므로 잠시 자유를 느낄 수 있는 기회가 있다면 놓치지 않는 것이 좋다.

[반의지]와 인식의 평면 세계

수직적 평면 세계

[반의지]와 인식의 평면 세계는 대표적 삶의 [후면 세계]를 구성한다. 무(無)의 세계를 중심으로 의지의 세계를 포함하는 4개의 평면 세계 [의지와 존재의 세계], [의지와 반존재의 세계], [의지와 인식의 세계], [의지와 반인식의 세계]는 [전면(前面) 세계]를 구성한다. [전면 세계]는 인간의 삶의 세계가 다른 인간 일반에 의하여 사유되는 것이 가능한 영역을 의미한다. 도식(圖式)된 사유 공간 좌표상으로 후면에 위치해 있으나, 타자(他者)의 관점에서 전면(前面)에 위치한다. 존재의 선형 세계는 사유 공간에서 전면(前面)에 위치하지 못한다. 위장이 가능하기 때문이다.

[후면(後面) 세계]는 [반의지]의 세계를 포함하는 네 개의 평면 세계를 말하며 자신의 삶의 세계가 인간 일반에 의하여 사유되는 것이 불가능하거나 부자유적인 세계를 의미한다. [후면 세계]는 자신에 의해서만 구성되는 세계이며 타자(他者)가 변화시킬 수도 간섭할 수도 없는 자신의 [배타적 사유 세계]를 구성한다.

한 인간 개체의 사유를 타자(他者)가 변화시키는 것은 거의 불가능하다. 혹시 어떤 간절한 이유 또는 심리학적 실험으로 이를 이루기를 원한다면 특별한 방법이 필요하다. 이를 위해서는 타자(他者)의 감추어

[반의지]와 인식의 평면 세계

수직적 평면 세계

진 [후면(後面) 세계]를 [전면(前面) 세계]화 시키는 것이 우선되어야 한다. 즉 타자(他者)의 [반의지] 세계를 변화시키는 것이 유일한 방법이다. 그에게 감동을 주거나 그에게 무한한 사랑을 줌에 의해 그의 [분열된 의지]를 되돌리는 것이다. 이를 위해서는 그의 [분열된 의지]가 무엇인지를 파악하는 것이 우선이다. 그리고 그 파악을 위해서 오랫동안의 사유 여정(旅程)이 필요할 것이다.

[전면 세계]는 자신의 힘이 의지가 표출되는 세계이다. 그러나 [전면 세계] 즉, 의지의 세계를 포함하는 삶의 세계는 인간 일반에 의해 영향을 쉽게 받는다. 따라서 물론 시간에 따라 계속 변화하지만 [전면 세계]는 타자(他者)에 [종속적 사유 세계]를 구성한다. 표면적으로 타자를 변화시키는 것은 권력이나 재력으로 쉽게 가능하다. 그러나 후면에 숨어 있는 그의 [반의지]를 변화시키지 못한다. 그러므로 먼저 살다 간 위대한 철학자들이 한 말을 우리 방식대로 다시 반복할 수밖에 없다. [권력과 재력의 무력함은 늦은 가을, 나뭇가지에 매달린 마른 나뭇잎과 다를 바 없다.]

[반의지]와 인식의 세계는 [분열된 의지]를 인식하는 평면 세계이다. 우리는 이 세계를 통하여 [반의지]를 인식하는 연습을 할 수 있다.

[반의지]와 인식의 평면 세계

평면적 삶의 세계

수직적 평면 세계

이 평면 세계에 대한 사유 연습과 인식의 힘은 무엇인가에 의해 자신 삶

속, 의지가 분열될 때 자신을 지킬 수 있는 힘을 준다. 예를 들면 자신의

건강이 좋지 않아 삶에 대한 의지가 분열될 때, 두려움으로부터 이탈된

마음의 평정과 자유로움을 위하여 무엇을 해야 하는지 숨겨진 [반의지]를 깊이

인식함으로써 답을 얻을 수 있을 것이다.

[반의지]와 인식의 평면 세계

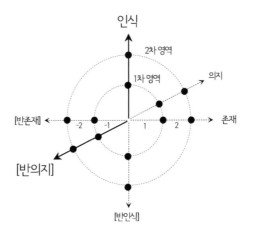

인식

2차 영역

1차 영역

의지

[반존재]

-2 -1 1 2

존재

[반의지]

[반인식]

[반의지]와 인식의 평면 세계

평면적 삶의 세계

[반의지]와 인식의 평면 세계

2-4. [반의지]와 [반인식]의 평면적 세계

[제8 평면 세계]는 의지하지도 않고 인식하지도 못하는 자신의 세계이다. 즉 자신도 알 수 없는 자신의 세계이다. 그리고 익숙하여 알지 못하는 공기와 같이 비밀스럽게 자신을 구성하는 상태이기도 하다. 인간 일반의 알 수 없는 특징을 구성하기도 하고 본능적 상태를 현시(顯示)하기도 한다. 인식되지 않는 것의 특성상 그 한계를 알 수 없으며 나에게서 낯선 [나]를 느낄 때 존재화 되기도 한다. 평면 세계로서는 잘 드러나지 않으나 존재에 의해 공간 세계화되면 어렵지 않게 경험되는 세계이다.

[반의지와 반인식]의 평면 세계는 [반존재와 반의지]의 평면 세계와 유사한 [조건적 전환 세계]를 구성한다. [반존재와 반의지]의 세계가 인식의 세계를 매개로 전환의 세계를 구성하였으나 [반의지와 반인식]의 평면 세계는 [반인식]이 인식화되는 과정이 선행되어야 하며, 이로써 [의지 분열로부터의 조건적 전환 세계]를 구성한다. 선형 사유 세계의 특성상 우리 인간 일반은 [반인식]과 인식을 동시에 사유할 수 없다. 즉 인간은 2개의 사유 공간에 동시에 존재할 수는 없다. 우리가 어떤 선형적 세계에서 다른 선형 세계로 자신의 사유를 전환시키는 과정은 인식의 세

수직적 평면 세계

계로부터 [반인식]의 세계로, [반의지]의 세계로부터 의지의 세계로의 전환을 포함 30개의 각 6개의 사유 좌표축으로부터 5개의 다른 사유 좌표축으로의 전환 상호 전환 과정이 있다. 물론 모든 전환 과정에서 무(無)의 장벽을 통과해야 한다.

무(無)의 세계는 [인식과 반인식]의 선형적 세계에서 언급했듯이 인간에게 가능한 인식의 극소화와 더불어 인간의 힘으로서는 불가능한 것처럼 사유되는 [반인식]의 극소화가 동시에 진행되어야 한다. 인간 일반이 무(無)에 접근 가능한 방법은 [반인식] 극소화의 선행이며 이 극소화의 한가지 알려진 방법은 [정적(靜的) 깊은 사유]에 빠짐을 통한 [반인식]의 무화(無化)이다. 그리고 이 고요함에 대한 인식의 무화(無化)의 합치(合致)를 통해 무(無)의 중심에 접근할 수 있다,

그러면 이와 같은 [무(無)의 경험]의 일반화 과정을 다시 한 번 사유해보자. 인간은 자신의 인식과 [반인식]으로서 그 무(無)를 중심으로 한 선형적 세계를 구성한다. 인간 인식은 자신의 인식 과정을 통해, 인식의 극소화 상태 인식을 제외하고 인식 극소화가 가능하다. 그러나 이 극소화는 무(無)의 상태까지 도달할 수는 없다. 무(無)는 경험되는 것이지

[반의지]와 [반인식]의 평면 세계

지속되는 것이 아니라는 것은 이미 사유하였다. 무(無)는 극소화된 인식이 [반인식화] 즉 무의식화 (경험적, 본질적 반인식) 되는 과정 중에 경험 가능하다. 또한, 반대 과정으로, 정적(靜的) 사유를 통하여 [반인식]은 자신으로부터 극소화 가능하며, 이 극소화된 [반인식]이 인식 세계로 전환되는 과정에서 무(無)가 경험된다. 그러므로 무(無)는 인식과 [반인식]의 극소화 세계로부터 대응하는 세계로의 전환이 발생될 때 경험되는 세계로 규정된다.

인식의 [반인식] 전환은 인식의 극소화 상태를 무한대로 극소화시켜 [반인식화]시키는 전환 과정이다. 이는 인간의 사유를 통한 무(無)의 경험 과정이라는 의미는 있으나, 인식의 무한적 극소화가 [반인식] 즉 무의식화되는 과정은 그 무한적 특성으로 인하여 지속적 달성이 어렵고 순간적 달성만 가능하다. 즉 극한적 인식의 축소와 축소된 인식 세계가 자신의 인식으로부터 벗어난 [반인식화]의 전환 과정을 통해 무(無)는 순간적으로만 경험 가능하다.

또 다른 무(無)의 세계에 대한 경험은 [반인식]의 인식화 과정 중 성취된다. 이는 정신과 육체, 그리고 대상(對象)과의 일치 과정 깊은 정

[반의지]와 [반인식]의 평면 세계

수직적 평면 세계

적(靜的) 사유를 동반한 수행(修行)이 이를 도와주기도 한다. 을 통해 발생된 극소적 [반인식]의 인식화와 극소화되지 않은 [반인식]이 급격히 인식화될 때 모두 무(無)를 경험시킨다. 극소화되지 않은 [반인식]의 급격한 인식화는 인간 사유 [자유 존재, 자유 의지, 자유 인식] 본질로부터 달성 가능함이 유추된다. 이는 우리 인간 일반 모두의 숭고함과 평등함을 되새기도록 한다.

극소적 [반인식]이 인식으로 상호 전환되는 예는 정적(靜的) 사유를 통해 그것 이외의 [반인식]과 인식을 극소화시키며, 정적(靜的) 사유로부터의 인식이 어느 순간 다시 무의식 즉 [반인식]화 됨으로써 전환된다. 이때 반복적 무(無)의 세계가 경험된다. 극소화되지 않은 [반인식]이 급격히 인식화되는 과정은 인간 사유에 의해서만 경험 가능하다. 그러나 역(逆)의 과정 극소화되지 않은 인식의 [반인식]화 전환 은 인간 의지 영역을 벗어나며, 이로써 이때 무(無)의 경험은 일방향적(一方向的), 순간적 경험으로 제한된다.

진정한 의미의 인식과 [반인식]의 세계로부터 무(無)의 세계 경험은 극소적 [반인식]의 인식으로의 전환과 극소적 인식의 [반인식]으로의 전환이 동시에 구현될 때 경험 가능하다. 이 동시 전환은 물론, 동시

[반의지]와 [반인식]의 평면 세계

평면적 삶의 세계

무한 극소화를 위하여 일반적으로 생각되지 않았던 깊은 정적(靜的) 사유 과정을 필요로 할 것이다. 이 [어느 순간의 무(無)]는 인간의 사유 범위를 벗어난 것으로 생각되어 왔으나, 우리는 [무(無)]는 극소적 인식과 [반인식]의 상호 전환 순간으로 규정, 사유한다.] 그리고 이 전환은 인간의 사유 공간 범위 내로 포함된다. 극소적 인식의 [반인식]화 과정을 조금 더 구체적으로 분석하면, 이는 극소적 [사실 인식] 또는 [원리 인식]이 [경험적 반인식]화 되는 과정이며, 자신의 인식을 사유하면서 바로 그 사유를 통해 자신의 인식이 자신의 사유 공간 영역으로부터 이탈되는 순간 [인식의 소멸, 반인식화] 에 사유되는 전환 과정이다.

213

사유 공간 세계에서 무화(無化)의 과정을 사유하였다. 이는 [반의지]와 [반인식]의 극한적 [의지 분열] 상태로부터 벗어날 수 있는 조건에 대한 사유를 가능하게 한다. 이제 [반의지와 반인식]의 세계가 구성하는 [의지 분열]로부터의 조건적 전환 세계는 논리적으로 그 형태를 갖추면서 우리의 사유 공간 속으로 들어오기 시작했다.

우리 삶을 평정(平靜)히 하기 위한 상당 부분의 해답이 무(無)에 있다. 삶의 공간 세계 전환이 무(無)를 통해 성취된다. 자신이 벗어날

[반의지]와 [반인식]의 평면 세계

수 없는 불행 상태에 있거나 자신의 구(求)함이 과도하여 삶이 황폐해질 때, 그리고 자신의 삶의 목적이 흔들리고 방황할 때, 무(無)는 아무것도 없었던 자신의 최초 상태로 돌아올 수 있도록 해 주고 이를 통해 자신의 상처를 복원해 주기 때문이다. 위에서 기술한 접근은 무(無)에의 근접을 위한 몇 가지 방법일 뿐이다. 사유 공간은 무한하고 무질서하기 때문에 무(無)에의 접근 방법 또한 무제한적이다. 그러나 [반의지와 반인식 평면 세계]는 무(無)를 생각할 수 있게 해 주는 가장 무(無)에 근접한 평면 세계임은 틀림없다.

[반의지]와 [반인식]의 평면 세계

수직적 평면 세계

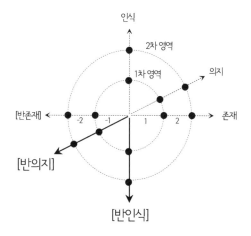

[반의지]와 [반인식]의 평면 세계

[반의지]와 [반인식]의 평면 세계

2-5. 존재와 인식의 평면 세계

인식-[반인식] 선형 세계와 존재-[반존재] 선형 세계가 이루는 4가지 평면 세계는 전면(前面) 세계와 후면(後面) 세계의 경계 세계이다. 이 평면 세계들은 의지화되면 [전면 세계]화 되고 [종속적 사유 세계] 의지가 분열되면 [반의지]화 되면 [후면 세계]화 된다. [배타적 사유 세계]

존재와 인식의 평면 세계는 우리 인간 일반에게 친숙한 평면 세계이다. 즉 실체 존재의 모습 가 그대로 인식되는 [사실 인식] 세계와 실체 움직임의 원리가 인식되는 [원리 인식] 세계가 존재와 함께 구성하는 평면 세계이다. 이 세계를 통해 인간은 존재의 모습과 그 원리를 인식하며, 이로써 인간 일반의 특징적인 삶의 공간을 구성한다. 동물 또한 인식과 존재의 평면 세계에 의해 사실 인식과 원리 인식의 세계를 구성하나 그 세계는 매우 제한적이다. 이 평면 세계는 인간이 성취한 모든 역사적 문명 세계의 근원으로서 작용했고 작용할 것이다. 곧 후술(後述) 되겠지만, 존재와 인식 평면 세계로부터 구성된 세계가 의지화 작용에 의하여 사유 공간화됨으로써 삶의 제1 공간 세계가 완성된다.

수직적 평면 세계

존재의 세계와 인식의 세계가 함께 평면화됨으로써 인간은 의지의 세계로부터 벗어난 [순수 이성]의 세계를 경험한다. 우리는 표상 또는 현상이 인식의 세계와 함께 구성되면서 구성하는 세계를 [순수 이성]으로 정의하며, 의지가 배제(排除)된 [순수 이성]은 인간의 또 다른 본질을 구성한다.

[존재의 인식화] 과정은 [유형(有形), 무형(無形) 존재의 인식화] [1차, 2차 존재의 인식화]와 같이, 존재론적 대상에 따른 [존재의 인식화]로 구성된다. [1차 존재] 즉 [근원 존재]의 인식화는 특히 우리의 중요한 사유 대상이다. [근원 존재]는 그 존재의 근원에 대한 인간의 사유가 불가능한 존재이다. 이미 존재의 선형 세계에서 기술되었듯이 왜 물(物, 原子)이 존재하는지 그 근원은 사유 불가능하다. 이는 관념 철학의 중요한 사유 영역이다. 관념 철학은 정신적인 것, 비물질적인 것을 세계의 기원으로 간주하고, 물질적인 것을 제2차적인 것으로 여기는 견해로 유물론과 대립한다., 철학사전, 중원문화사 (2009)

[존재와 인식의 평면 세계]가 구성되면 인식의 무한 평면화로부터 모든 존재는 인식화의 가능성을 획득한다. 그러므로 근원 존재는

존재와 인식의 평면 세계

이제 존재 세계의 대상으로부터 존재와 인식 평면 세계의 대상(對象)으로 전환된다. 이와 같이 존재가 인식의 세계를 포함해 가는 과정을 [존재와 인식의 평면화 과정]으로 규정한다.

우리는 다음과 같은 명제를 제안한다. [존재는 그 근원이 사유되기 시작하는 순간, 존재 선형 세계로부터 이탈되어 존재와 인식의 평면 세계로 전환된다.] 이렇게 물질을 구성하는 원소의 존재 근원은 인식의 대상으로 전환되며, 더 이상 존재의 세계에 제한되지 않는다. 이로써 고대 서양 철학자들이 근원 존재를 물, 불, 흙 등, 하나 또는 몇 개의 대상으로 규정하여 실체화시킨 것은 우리의 분석, 고찰로부터 그 근원 상 오류일 가능성이 높다. 물론 우리가 탈레스 또는 헤라클레이토스의 생각을 정확히 알 수는 없고, 따라서 그 오류를 확인할 방법은 없다.

여기서 우리는 인간 존재 근원이 무엇인지, 물(物)의 존재 근원이 무엇인지의 대답을 위하여 그들과 다른 중요한 사유의 전환을 시도한다. 그 시도로써, 우리의 삶을 구성하는 의지와 [반의지]의 선형적 세계를 도입하며, 이는 존재의 근원에 대한 새로운 접근과 답을 추가해 줄 것이다. 우리는 존재를 의지에 의해 재탄생 시킨다. 그가 친구인 것은 내

존재와 인식의 평면 세계

가 우의(友意)를 가지는 의지 때문이다. 나무가 존재하는 것은 내가 그것을 보려 했기 때문이다. [존재의 근원에 대한 의지의 작용] 우리는 다음과 같은 명제를 제안한다. [존재 성립의 근원 중 하나는 의지이다.] 이와 같은 존재 근원에 대한 의지의 작용과 [반의지]의 작용은 [존재-의지-인식] 공간적 삶의 세계 주(主) 사유 관점이다.

[인식의 존재화] 과정은 [사실 인식]과 [원리 인식]의 존재화 과정으로 분류된다. [사실 인식]의 존재화 과정은 대상(對象)에 대한 인식을 형상화시키는 과정이며 [원리 인식]의 존재화 과정은 대상의 원리에 대한 인식을 형상화시키는 과정이다. 비교적 명확하고 단순한 과정이지만 인간 일반 사유의 많은 부분을 포함하는 과정이다. 즉 인간은 깨어있는 시간 동안 지속적으로 사실 인식을 대상화(對象化)시키거나 원리인식을 대상화(對象化)시킴으로써 우리의 인식을 실체화시키려는 경향이 있다. 이 경향은 우리가 죽음으로 사유 작용이 끝나지 않는 한 어떠한 외부 작용에 의해서도 억압받지 않는다. 반대로 [존재의 인식화] 과정은 외부작용에 의해 쉽게 억압받는다. 또한, 이 본능적 욕구는 인간마다 고유한 전환 과정을 가지며 모든 인간 일반의 본질적 특성 중 하나를 구성한다. 그러므로 우리는 [인식의 존재화] 과정을 [인간의 본질화 과정]으로 규정한다. 인간

존재와 인식의 평면 세계

의 본질은 그가 가지는 구(求)함의 정도에 따라 크게 변화한다. 즉 의지의 세계가 [본능적, 감성적, 감정적, 도덕적] 그의 특질 대부분 현시한다. 반면 [존재와 인식 세계]는 [순수 이성]적 인간 특질을 발현(發顯)한다.

인식과 [반인식], 존재와 [반존재]의 선형적 세계가 구성하는 4개의 평면 세계는 전술한 [전면 세계]와 [후면 세계]에 속하지 않는 경계적 평면 세계이다. 그러므로 이 세계는 자신의 의지와 [반의지]의 작용에 따라 [종속적] 또는 [배타적] 사유 세계가 구성되는 경계 세계이며 우리의 삶의 세계에 대한 방식을 결정하는 기준 평면 세계로서 작용한다. 이와 같은 평면 세계가 중요한 것은 경계 세계 (4개의 평면 세계)에 위치하고 있는 우리 인간은 자신의 성향에 따라 자신의 삶을 [전면 세계화] 또는 [후면 세계화]할 수 있기 때문이다. 이는 융(Carl Gustav Jung)의 심리적 유형 이론을 공부하는 심리학자에게 흥미를 줄 것이다.

일정 대상(對象)에 대하여 [존재와 인식] 평면 세계 속 인간 일반은 각기 모두 다른 인식 영역을 가진다. 일반적으로 존재에 대한 [넓은 인식 영역]을 사유하게 되면 의지의 세계 영역으로 사유를 전환하여 자신의 힘을 표출함으로써 [전면 세계화]하며, 존재에 대해 [좁은 인식 영

존재와 인식의 평면 세계

수직적 평면 세계

역]을 사유하게 되면 [반의지]의 세계를 작용하여 [후면 세계화]한다. 존재에 대한 인식의 정도가 깊을수록 자신의 힘의 영역 내로 사유되어 의지화 되고, 존재에 대한 인식이 부족하면 의지가 분열되어 [반의지]화 되기 때문이다. 이와 같은 그 전환의 정도 및 기준은 인간을 특징 지운다.

우리는 [인식과 존재]의 세계가 인간 일반의 가장 보편적 사유 영역임을 인지(認知)한다. 그러므로 인간은 이 평면 세계를 성찰하고 [존재의 인식화]와 [인식의 존재화]의 끊임없는 작용을 통해 자신의 사유 영역을 확대함으로써 자신의 삶의 세계를 극한적 표층 세계화할 수 있다. 그리고 우리는 이를 통하여 삶의 세계 속 사유 공간을 자유롭게 이동하는 자유로움을 획득할 수 있다. 이 극한적 표층 세계는 후기 통합사유철학강의 에서 조금 더 기술될 것이다.

삶으로부터의 자유를 얻기 위하여 인간은 무엇을 하여 왔으며 우리는 지금 무엇을 하고 있는가. 생각해 보면 그렇게 많은 것을 하고 있는 것 같지 않다. 무엇이 삶으로부터의 자유를 주는가를 알 수 없기 때문이다. [진리가 우리를 자유롭게 하듯이] 사유 공간 속 자유로운 사유(思惟) 전환이 우리에게 자유를 부여할 것이라고 기대한다.

존재와 인식의 평면 세계

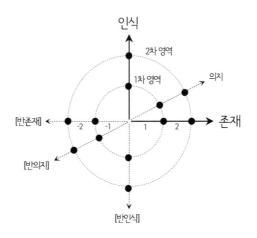

존재와 인식의 평면 세계

존재와 인식의 평면 세계

2-6. [반존재]와 인식의 평면 세계

[반존재]와 인식의 평면 세계는 존재하지만 실체(實體)하지 않는 세계를 인식하는 작용과 인식하고 있는 것을 비실체화하는 작용으로 구성된다. [반존재]의 세계는 인식의 세계에 의하여 평면화됨으로써 존재의 세계로 전환 가능하다. 그 이유는 인식이 무(無)를 통하지 않고 전환 가능한 통로를 제공해 주기 때문이다. 인식 선형 세계를 매개로 하지 않고 직접 [반존재]에서 존재로의 전환은 무(無)를 통할 수밖에 없고 이는 오랜 학습과 훈련이 없는 한 불가능하다.

[반존재]의 세계는 공(空, 현재의 반존재), 허(虛, 과거의 반존재), 연(然, 미래의 반존재)의 세계 [반존재와 반의지의 평면 세계] 참조 가 동시에 존재하는 시간으로부터 자유로운 선형 세계이다. 즉 존재의 실체화에 의한 [시간의 역류]를 경험하지 않고 시간에 자유로운 세계이다. [반존재]의 세계를 제외한 모든 세계는 그 중심이 현재이다. 현재로부터 이탈되면 오래지 않아 과거와 미래로부터 현재로의 시간 복원적 역류 현상이 발생한다. 그러므로 [반존재]가 존재의 세계로 전환되는 과정에서 무(無)의 경험은 시간으로부터 자유롭다. 즉 이와 같은 전환을 통해 경험되

는 무(無)의 세계는 과거, 현재와 미래의 무(無)를 동시에 나타내는, 시간으로부터 자유로운 무(無)의 세계를 구성한다.

　　무(無)는 하나의 상태가 아니다. 오로라와 같이 계속 변화하는 상태이다. 깊고 평정(平靜)한 사유는 공(空), 허(虛), 연(然) 세계를 인식을 통해 존재화시키고, 존재를 다시 인식을 통해 [반존재]화 시킴으로써 무(無)의 변화를 반복적으로 경험하게 한다. 이때의 무(無)는 아직 부분적 무(無)이다. 무(無)의 세계는 존재-[반존재], 의지-[반의지], 인식-[반인식]이 사유되지 않는 세계이다. 우리가 지금까지 사유한 선형 및 평면적 세계에서의 무(無)의 경험은 모두 부분적 무(無)의 세계로써 사유될 수 있을 뿐이다. 총체적 무(無)의 세계는 다음 장, 공간 세계에서 다시 기술(記述)될 것이다.

　　[반존재의 인식화]로부터 우리는 [제2의 시간] 즉, 과거, 현재, 미래에 독립적인 시간을 규정(規定)할 수 있다. 인식을 통한 존재와 [반존재]의 반복적 전환은 현재를 과거화하며 또한 과거를 현재화한다. 동일한 인식 작용으로 현재를 미래화하고 미래를 현재화할 수 있다. 이것이 사유 가능하다는 전제하에 과거는 미래와 동일시된다. 이는 실제 우

[반존재]와 인식의 평면 세계

리 생각 속에서 과거, 현재 그리고 미래의 공존으로써 자주 경험되는 현상이다. 그리고 실제로 지금 이 순간 [나]는 과거와 현재 미래를 동시에 경험하고 있다.

전술(前述)한 바와 같이 [반존재] 세계 속 공(空)의 세계는 현재의 존재로부터 사유되는 현 존재의 부정 세계이며, 허(虛)와 연(然)의 세계는 과거와 미래의 존재로부터 사유되는 존재의 분열 세계이다. 그러므로 [반존재]의 세계가 인식의 세계에 의해 존재화되면 과거, 현재, 미래는 동일한 시간으로 통합 사유된다. 인식의 세계는 생각하고 알고 느끼고 이해하는(受想識) 인간 일반의 지적 총합 세계이다. 우리는 인식의 작용을 통해 불가능을 가능하게 한다. 보통 우리는 자신이 가진 인식 능력 중 극히 일부만 사용하고 있을 뿐이다. 그러므로 우리 삶의 세계 속에 일반적 시간 흐름과 독립적으로 시간이 흐르지 않는 [제2의 시간]이 탄생됨을 인지한다. 이 시간 속에는 시간의 변화가 없고 단지 변하는 것은 우리의 존재(반존재), 의지(반의지), 인식(반인식)이 구성하는 삶의 사유 세계의 아메바와 같은 형상 변화가 있을 뿐이다. 이때 과거, 현재, 미래는 우리 삶의 세계 변화를 고정하는 수단으로서만 작용된다. 이와 같이 과거, 현재, 미래와 같은 시간적 변화를 갖지 않는 과거, 현재, 미래를 모두 포괄적으로 포함하는 시간을 [제2의 시간] 또는

225

[반존재]와 인식의 평면 세계

수직적 평면 세계

[평면적 시간]으로 규정한다. 과거, 현재, 미래의 일반 선형적 시간에 대응하여 과거, 현재, 미래를 포함하는 모든 시간 무질서적 개별적 사유의 시간적 선형성을 포함하는 평면이 사유되며 이것이 [평면적 시간]이다.

[평면적 시간]은 과거, 현재, 미래를 포괄적으로 포함하는 시간이다. [평면적 시간] 속에서 우리의 시간적 변화는 삶의 공간적 변화로서만 사유된다. 과거, 현재, 미래를 포함하는 [평면적 시간]은 모든 사유 주체 _{인간 일반} 마다, 각자 고유한 [개별적 평면성]을 가진다. 이때, 모든 사유 주체의 변화를 포괄적으로 포함하는 시간이 존재할 것으로 사유되며 우리는 이를 [제3의 시간] 또는 [공간적 시간]으로 규정한다. [공간적 시간]은 모든 사유 주체가 가지고 있는 평면 시간들을 통합시키는 공간적 시간 개념이며, [공간적 시간] 속에서 모든 사유 주체의 과거, 현재, 미래는 합치된다. [공간적 시간] 속에서 모든 사유 주체의 시간 총합은 변화의 과정을 겪지 않으며 질량 보존의 법칙과 같이 영원히 [무변화]로 고정된다. [평면적 시간]은 인간 일반 [개체]의 사유 공간 속 시간 영역이며 [공간적 시간]은 인간 일반 [전체]의 사유 공간 속 시간 영역이다.

시간은 [평면적 시간] 속에서 고정되나 삶의 세계는 계속 변화

[반존재]와 인식의 평면 세계

한다. 그러나 [공간적 시간] 속에서는 모든 사유 주체 삶의 변화를 [평면적 시간]이 선형 시간을 포함하는 것과 동일하게 포괄 통합한다. 이로써 모든 사유 주체의 시간적 변화 및 삶의 세계 변화로부터 시간적, 공간적으로 영원히 독립적이다. [공간적 시간]은 우리 삶의 세계 존재 근원에 대한 중요한 사유 방향을 제공한다.

우리는 [제3의 시간], [공간적 시간]을 통해 일반 삶의 세계가 [시간적, 공간적으로 모든 사유 주체가 공통적으로 가지는 삶의 공간 세계로 통합]될 수 있음을 고찰(考察)하였다. 이로써 모든 사유 주체 삶의 세계는 [창조의 순간을 변화 없이 영원히 유지]함이 사유된다. [제3의 시간]이 창조되는 순간을 생각해 보자. 우주의 모든 존재, 의지와 인식이 출발되기 전, 변화의 과정 없이 유지되는 창조 직전과 그로부터의 창조 순간에 대한 사유는 우리 삶의 세계로부터의 무(無)의 세계와 그로부터의 존재의 탄생 과정과 그 동일성이 유추된다. 무(無)는 시간과 삶의 공간 세계로부터 완전한 독립으로서 규정하였다. 이처럼, 창조의 순간은 인간 일반 사유 주체의 사유 세계 속에 감추어져 있으며 이 감추어진 창조의 순간은 인간 사유의 무제한적 가치를 암시한다.

[반존재]와 인식의 평면 세계

[인식의 반존재화]는 [존재의 분열] 현상을 야기한다. [존재의 분열]은 모든 존재의 실체를 박탈하고 존재하는 것을 사유로부터 분열시키는 현상을 말한다. [의지의 분열]이 [의지의 부정]과 구별되는 것과 동일하게 [존재의 분열]은 [존재의 부정]과 구별되어야 한다. [존재의 분열]은 존재의 실체와 사유를 모두 부정하는 것이며, [존재의 부정]은 존재의 실체를 인정하면서 그 사유만을 부정하는 것을 말한다. 즉 [존재의 분열]은 [반존재] 세계의 표출이며 [존재의 부정]은 존재 세계의 축소이다.

평면적 삶의 세계

수직적 평면 세계

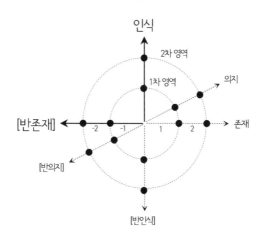

[반존재]와 인식의 평면 세계

[반존재]와 인식의 평면 세계

2-7. 존재와 [반인식]의 평면 세계

존재와 [반인식]의 평면 세계는 인간 일반의 자신도 모르는 [표출적 음(陰)의 내면 세계]를 구성한다. 즉 자신의 경험적, 본질적 [반인식]이 존재화됨으로써 자신의 내면 세계를 표출한다. 삶의 세계는 전술한 바와 같이 자신의 삶의 세계 중 인식 가능한 세계인 양(陽)의 수직적 세계와 인식 불가능한 세계인 음(陰)의 수직적 세계로 분류된다. 이때 인식의 세계를 포함하는 양의 수직적 세계는 자신의 근원적 외면 세계를 구성하며 [반인식]의 세계를 포함하는 음의 수직적 세계는 자신의 숨겨진 내면 세계를 구성한다. [양(陽)의 외면 세계]는 인식의 세계를 포함하는 4개의 평면 세계이고 [음(陰)의 내면 세계]는 [반인식]을 포함하는 4개의 평면 세계이다. [내면, 외면 세계]는 일반적 정의상 존재를 기본적으로 포함한다. 존재를 기준으로 내면화, 외면화를 판단하기 때문이다.

존재화 과정을 통해 깊이 숨어 있던 [반인식]이 자아 속에서 어렴풋하게 그 양태(樣態)를 드러내면서 내면화되므로 [반인식의 존재화] 과정을 [존재에 의한 내면화 과정]으로 규정한다. 동일하게 의지, [반의지], [반존재]에 의한 [반인식]의 내면화 과정 또한 사유 가능하다. 자신

수직적 평면 세계

의 [반인식]이 [반인식]은 [경험적 반인식]과 [본질적 반인식]으로 구분되며 무의식은 [경험적 반인식]과 유사 개념이다. 존재의 세계에 의해 실체화됨으로써 내면화되고 이 내면화된 세계는 자신의 삶의 세계에서 드디어 그 영역을 가진다. [내면 세계] 즉 음의 수직적 세계는 근원적 외면 세계, 즉 양의 수직적 세계가 구성하는 삶의 영역의 기초로서 작용하며 이 음의 수직 세계는 수평적 4개의 평면 세계 의지-[반의지], 존재-[반존재]가 구성하는 평면 세계 를 매개로 외면 세계로의 전환이 가능하다.

[존재의 반인식화] 과정은 근원 존재를 포함한 모든 존재의 양태(樣態)가 [경험적 반인식화, 무의식화]되는 과정이다. 이 과정에서 인간의 망각은 이때 망각은 무의식화 과정에 포함된다. 그 근원이 존재로부터이므로 [경험적 반인식]으로 전환된다. 일반적으로 망각의 과정은 존재의 세계로부터 의지, 인식 평면 세계로의 전환이 제한, 억압될 때 진행된다. 이는 매일 지나가는 익숙한 거리가 어느 날 갑자기 낯설게 느껴지는 현상 [자메뷰(Jamais vu), 미시감(未視感)]을 설명한다.

이와 같은 [망각을 통한 존재의 반인식화] 과정과 더불어 인간 일반은 또 다른 [존재의 반인식화] 과정을 자의적으로 진행시키는데 이

존재와 [반인식]의 평면 세계

것이 [인식의 분열] 현상이다. 인간은 인식 자체와 그 사유를 모두 부정함으로써 인식 세계를 분열시킨다. [인식의 분열]은 인식 세계와 그 사유를 모두 부정하며 [인식의 부정]은 인식 세계 속에서 그 사유를 부정하는 작용이다. 분열된 인식 세계는 [반인식]의 세계 영역 확대를 야기(惹起)하면서 인간 일반 양(陽)의 수직적 인식 세계를 파괴시킨다.

인식의 선형 세계에서 전술한 바와 같이 수직 세계의 확대는 마치 높은 곳에 오르는 것과 같아서 존재, 의지, 인식을 포함하는 사유 세계의 영역을 급격히 확대시키는 작용을 한다. 따라서 [인식의 분열]은 인간의 사유 영역의 급격한 축소를 야기한다. [인식의 분열]은 현대 사회 문명의 발달과 더불어 인식 작용에 대한 가치의 전도(轉倒)와 함께 가속화되고 있고 [의지의 분열]과 더불어 경계해야 하는 중대한 삶의 문제이다.

[인식의 분열] 현상은 인간의 총체적 사유 영역을 급격히 축소시키는 위험한 현상임에도 불구하고 그것이 인간이 이루어야 할 삶의 목적 상태인 것으로 단순히 생각하는 중대한 오류를 범하고 있는 철학적 사조(思潮) 그리고 삶의 경향도 있다. 이와 같은 현상은 인식의 중요성에

존재와 [반인식]의 평면 세계

수직적 평면 세계

대하여 잘 알지 못하는 다수의 나태한 자들에 의해 인식을 우리 삶으로부터 경시함으로써 널리 전파되고 있다. 이는 삶이 풍요로울수록 그 경향이 강해지는데, 풍요에 의한 색성향미촉(色聲香味觸) 감각적 즐거움 추구가 인식의 즐거움을 추방하기 때문이다.

[인식 분열]의 두 가지 특징적 해악은 [삶의 사유 공간 평면화]와 [삶의 가치 혼돈]이다. [인식의 분열]은 우리 인간 일반의 공간적 삶을 존재-[반존재], 의지-[반의지]가 이루는 [수평 평면 세계화]하여, 공간적 자유정신을 무너뜨리고 결과적으로 인간의 사유를 억압시킨다. 또한 [인식의 분열]은 인간 삶의 구성을 존재와 의지의 세계로 축소 왜곡시킴으로써 진정한 삶의 가치와 방향의 혼돈을 야기한다. 물론 이 혼돈은 인간의 사유 세계 자체도 절벽에서 떨어지는 물과 같이 급격히 파괴시킨다. [인식의 분열] 또한 망각과 더불어 [경험적 반인식화] 과정을 포함한다. [인식의 분열] 현상은 이 페이지를 넘기기 전, 조용한 산책과 함께 깊은 사유를 권한다.

이제 좀 더 구체적으로 존재와 [반인식]에 대하여 고찰해 보자. [존재와 경험적 반인식의 세계]는 무형 존재인 사랑의 감정을 전혀 느껴

존재와 [반인식]의 평면 세계

본 경험이 없는 인간이 처음으로 사랑의 감정을 느낄 때 경험되는 세계이다. 이때 그는 [경험적 반인식의 존재화 과정]을 겪는다. 이와 같이 [존재와 경험적 반인식의 세계]는 자신이 전혀 사유하지 않았던 것 같은 존재가 사유하지 않았으므로 인식하지도 않았다. 자신의 내면 무의식 속에 위치되는 세계이다. [경험적 반인식의 존재화]는 현재 지금 자신이 경험하는 사실이 과거 자신이 전혀 경험한 적이 없는 것으로 인지되는 사실임에도 불구하고, 분명하게 과거에 경험했던 일이 다시 일어나는 것처럼 느껴지는 현상 [데자뷰(Deja vu, 기시감(旣視感))]을 설명한다.

[경험적 반인식] 형성 과정은 과거 존재가 인식 과정 없이 존재로서만 우리에게 다가왔을 때, 즉 존재 경험만 있을 뿐 인식 경험이 없을 때 [경험적 반인식화] 된다. 예를 들어 어린 시절 부모로부터 받은 사랑이나 타인으로부터 받는 사랑의 마음이 인식의 과정을 거치지 않고 단지 존재 즉, 사랑 만으로 경험 인식되지 않은 경험 되었을 때, 그 사랑은 [경험적 반인식화] 되며, 이를 [존재의 경험적 반인식화]로 규정한다. 이는 위에서 기술한 어떤 대상에 의하여 처음 사랑을 느꼈을 때의 근원으로 작용 [경험적 반인식의 존재화] 하게 된다. 이와 같이 [존재와 경험적 반인식의 세계]는 [상호 순환적 특성]을 가진다.

존재와 [반인식]의 평면 세계

수직적 평면 세계

　　동일한 대상이 사람에 따라 느끼는 감정이 다른 이유는 과거 존재 그리고 의지에 의해 서로 다르게 형성된 [반인식]과 깊은 연관이 있다. 그러므로 지금 현재의 모든 존재, 의지 경험은 미래의 자신과 직접적 관련이 있다. [미래 자신의 모습은 지금 현재에 의해 결정된다.]는 당연한 명제에는 위와 같은 사유의 과정이 숨겨져 있다.

존재와 [반인식]의 평면 세계

수직적 평면 세계

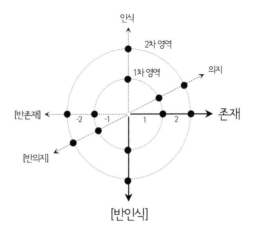

존재와 [반인식]의 평면 세계

존재와 [반인식]의 평면 세계

2-8. [반존재]와 [반인식]의 평면 세계

[반인식과 반존재의 세계]는 존재의 분열된 세계가 인식화되지 못하고 [본질적, 경험적 반인식]의 세계와 구성하는 평면 세계이다. [반존재]가 구성하는 공(空), 허(虛), 연(然)의 세계는 그것이 [반인식화]됨으로써 더욱 더 깊은 심연(深淵) 속으로 사라진다.

[사실적 반인식 세계]는 대상을 있는 그대로 인지(認知)하지 못하지만 [경험적, 본질적 반인식] 속으로 그 대상을 위치시키는 세계이며 [원리적 반인식]은 대상의 원리는 인식하지 못하지만 [경험적, 본질적 반인식] 속으로 그 대상을 위치시키는 세계이다. 이와 같이 [반인식]은 대상을 인식하지 못하면서 사유 가능한 세계를 위치, 구성하며 [반존재]의 불확정성과 [반인식]의 불확정성에 의해 [수직적 불확정성의 평면 세계]를 구성한다. 동일한 방식으로 [반존재]와 [반의지]의 불확정성에 의한 평면 세계는 인식-[반인식]의 선형 세계가 배제된 사유 평면으로 자신의 의지가 분열된 세계의 특성으로부터 [수평적 불확정성의 평면 세계]로 규정한다. [수직적 불확정성의 평면 세계]는 의지에 의해 자유 공간으로 전환되며, [수평적 불확정성의 평면 세계]는 인식에 의해 자유 공간으로 전환

가능하다. 이로부터 자신 또는 주변 누군가가 지금 불안 속에 정신적 우울을 경험하고 있다면, 자신 또는 그를 불안적 우울로부터 벗어나게 해 줄 수 있는 방법이 통합 사유를 통하여 어렵긴 하지만 도출 가능하다

대상(對象)을 실제로 인식하지 못하면서도 사유 가능한 세계는 우리의 삶의 세계에서 의외로 쉽게 경험된다. 태양의 온도는 6,000℃ 이상이라는 것으로부터 그것이 매우 뜨겁다는 것은 인지(認知) 사실적 인식 되나 그 뜨거움의 정도는 인간으로서는 인식 불가능하다. 부연(敷衍)하면 태양의 온도와 같이 인간 감각으로부터 경험 한계를 벗어나는 것은 사유는 가능하나 그 인식은 불가능하다. 이와 같은 경험을 [반존재]에 적용시키면 공(空), 허(虛), 연(然)의 세계는 사유 가능하나 인식 불가한 [반존재와 반인식의 평면 세계]를 구성한다.

[반인식의 반존재화] 과정은 인식은 불가능하나 사유는 가능한 존재가 실체화되지 못하고 분열되는 세계이다. 인간은 [존재 분열] 과정을 사유함으로써 인간으로서 인식되지도 경험 존재 되지도 않는 세계를 구성할 수 있다. [반존재의 반인식화] 과정에 대한 사유는 인식자(認識者), 사유 주체에게 흥미로운 영역을 제공한다. 이는 지금 아무런 실체

[반존재]와 [반인식]의 평면 세계

도 없는 어떤 것을 어떤 것이란 생각도 없이, 아무것도 인지, 인식하지 않는 상태이다. 이 사유 상태는 고대 인도 소승(小僧) 철학 선(禪) 수련 과정 중, 모든 마음 작용이 소멸된 마지막 선정(禪定) 상태, 멸진정(滅盡定) 서정형역, 밀린다팡하, 서울대학교 철학사상연구소, 2004 에서 경험되는 느낌, 지각, 인식(受想識)이 멸진(滅盡)되는 상태와 크게 다르지 않다.

[반인식과 반존재의 평면세계]는 우주의 무한 공간과 같이 존재화되지도 않으며 인식화되지도 않는 [무경계 암흑 세계]를 구성한다. 이 세계는 인간에게 인식의 한계와 자신의 총체적 세계에 대한 무력감을 야기하기도 한다. 인간의 인식 한계를 벗어나는 [반인식과 반존재]의 세계는 극단적인 분열의 세계이며, 이 극한의 평면 세계로부터의 이탈은 인간의 사유가 시작되면서부터 시도되어 왔다. [무경계 암흑 세계]에 대한 끊임없는 그리고 깊고 평정(平靜)한 사유를 통한 인식화 및 존재화 과정은 인간 일반의 오래된 철학 사유 방법이다. 이를 통하여 우리는 인간의 특징을 유지하면서 존재해 왔다.

모든 시대는 변화에 대응하는 철학적 기반을 가져야 한다. 그렇지 못하면 오래지 않아 이를 갖지 못하는 민족 또는 국가는 사라질 위

[반존재]와 [반인식]의 평면 세계

수직적 평면 세계

기에 처한다. 인류 역사상 열 세대, 300년 주기로 탄생되는 근대 이후, 그 주기는 빨라지고 있다. 모든 새로운 시대는 [반존재]와 [반의지]가 변화하면서 새롭게 [무경계 암흑 세계]를 탄생시킨다. 이것이 새로운 철학 탄생의 필요와 동인(動因)이다.

[자신의 인식과 존재의 사유 범위를 넘어서는 세계로부터 인식과 존재의 세계로의 전환]에 대한 사유는 우리 인간에게 삶의 사유 공간 세계에서 자유로운 사유 전환을 가능케 하는 자유 정신을 향한 출구를 제공한다. [반존재와 반인식의 평면적 세계]를 제외한 모든 평면세계에서는 일정 평면 세계로부터 다른 평면 세계로 자연스러운 전환을 어렵지 않게 경험할 수 있다. 그러나 [반인식과 반존재의 평면 세계]와 다른 평면 세계와의 상호 전환은 일반적으로 고통스러울 수도 있는 깊고 평정한 지속적인 사유 작용 없이는 거의 불가능하다. 공간 세계에서 다루어져야 할 내용이지만 [반존재와 반인식의 평면세계]는 [의지와 반의지의 선형 세계]와 합쳐져 공간화되어도 사유의 자유로운 전환이 어렵다.

자유로운 사유 전환이란 예를 들어 [존재와 의지의 평면 세계]가 [인식과 반인식의 선형 세계]에 의해 [인식과 존재의 평면 세계], [인

[반존재]와 [반인식]의 평면 세계

식과 의지의 평면 세계] 등으로 전환되는 과정을 말한다. 일반적으로 사유 평면 세계는 일정 평면 세계에서 공간화되면서 그 사유 평면 세계를 다른 평면 세계로 전환시킬 수 있다.

[반존재와 반인식의 평면 세계]에서 자유로운 사유 전환이 거의 불가능하거나 지속적 사유 작용을 필요로 하는 이유는 의지의 세계가 작용하더라도 [반존재]와 [반인식] 의 선형 세계는 모두 의지에 의해 쉽게 변화되지 않는 선형 세계이기 때문이다. 의지에 의해 비교적 쉽게 전환 가능한 선형 세계는 존재와 인식의 세계이다. [반존재와 반인식의 평면 세계]와 조금 다른 [반존재와 반의지의 평면세계]의 경우는 인식 세계의 작용으로 인식을 포함한 평면 세계로 전환 가능하며 이를 [인식의 사유 전환 작용]으로 규정하였다. [반인식과 반의지의 평면 세계]는 존재 즉 실체의 작용으로 존재를 포함한 평면 세계로 전환 가능하며 이를 [존재의 사유 전환 작용]으로 규정하였다. 그러나 [반존재와 반인식의 평면 세계]는 의지 작용으로 의지를 포함한 평면 세계로 쉽게 전환되지 않는다. [반존재]와 [반인식]은 의지로부터 독립적이기 때문이다. 우리는 이를 [의지의 제한적 사유 전환 작용]으로 규정한다. 의지는 [존재 또는 인식 선형 세계]만을 전환시킬 수 있으며 [반존재]와 [반인식] 세계는 의지

241

[반존재]와 [반인식]의 평면 세계

수직적 평면 세계

즉 자신의 희망대로 움직여주지 않는 깊숙이 숨어 있는 세계이다. 사유 전환에 대한 개념이 명확하도록 다소 어렵게 느껴지더라도 용어들을 규정한다. 명확한 용어들은 새로운 사유를 시작할 때, 그 장애와 높은 벽을 쉽게 넘도록 디딤돌 역할을 해줄 것이다.

[무경계적 반존재와 반인식 암흑 세계]는 의지의 세계가 작용되더라도 [반존재] 또는 [반인식]으로부터 쉽게 이탈될 수 없다. 이는 우주(宇宙)의 무제한적 무경계의 세계가 개체의 의지가 작용하는 사유 주체 개별 평면 세계로 전환되기 어려운 것과 유사하다. [의지의 제한적 세계 전환 작용]으로 [반존재와 반인식의 평면 세계]로부터 다른 평면 세계로의 전환은 바로 [반존재와 반인식의 평면 세계] 내에서의 직접 사유를 통한 [반인식의 인식화] 또는 [반존재의 존재화], 즉 [자체 유한화]를 우선 필요로 한다.

가장 간단한 접근부터 시작해 보자. 우주의 무제한성과 대응되는 [무경계적 반존재와 반인식 암흑 세계]는 무제한 공간을 유한화시킴으로써 존재, 인식의 사유 공간으로의 전환이 사유 가능하다. 무제한 공간의 유한화는 [기하(幾何) 공간 순환 개념]의 사유를 통해 가능하다. 무한한 선이 순환하여 평면으로 유한 사유되고, 무한 평면이 순환하여

[반존재]와 [반인식]의 평면 세계

공간으로 유한 사유되듯이, 무제한 공간도 순환을 통해 유한 사유 가능할 것이다. 우리가 지금 위치하는 공간은 공간의 시작이면서 공간의 끝이다. 그러므로 우리는 사유를 통해 우주의 무제한 공간을 유한 공간화시킬 수 있다. 이를 [초월 공간]이라 규정한다. 즉 [초월 공간]은 자신을 기점(起點)으로 확산될 뿐 아니라 자신을 중심으로 집중되며 이로써 [무제한 공간의 유한화]가 고찰된다.

[무제한 공간의 유한화]는 무한 거리에 떨어져 있는 두 사유 주체를 자신과 자신을 중심으로 무한거리 떨어진 객체 사유함으로써 경험된다. 즉 무한 거리에 있는 다른 사유 주체로부터 자신은 무제한 공간의 끝 공간 중의 하나로 사유된다. 그런데 두 사유 주체는 동일 공간에 있으므로 동일 공간 내에서 한 사유 주체는 자신으로부터 공간의 시작이며 다른 객체로부터 공간의 끝으로 사유된다. [끝 공간과 시작 공간의 일치] 다수의 사유 주체의 경우도 동일하게 유추된다. 무한 거리 떨어져 있는 무한 다수의 객체들은 하나로 평면화되어 유한 사유 가능하다. 이는 마치 구(球)의 중심에 자신이 있고 무한 거리에 있는 무한 객체의 총합은 그 구의 표면을 구성하게 되는 것과 같다.

[반존재]와 [반인식]의 평면 세계

수직적 평면 세계

인류의 진보는 [반존재와 반인식의 평면 세계]로부터의 [초월적 유한화]로부터 탄생되었다. 지금은 많은 사람들이 알고 있는 만유 인력 (중력) 법칙, 에너지-질량 변환 방정식 같은 새로운 물리 법칙 발견은 다른 평면 세계로의 자유로운 전환이 불가능한 심연의 억압 평면 [반존재와 반인식의 평면 세계]로부터 창출된 것이다. 미래 인간 일반 사유의 비약적 증대 또한 이 숨겨진 거대한 평면 세계를 통할 것임은 틀림 없는 사실이다. 무경계적 [반존재와 반인식 평면 세계]는 모든 세계 법칙의 통합 사유 원리를 포함한 우리의 미래를 결정해 주는 희망의 평면일지도 모른다.

평면적 삶의 세계

[반존재]와 [반인식]의 평면 세계

수직적 평면 세계

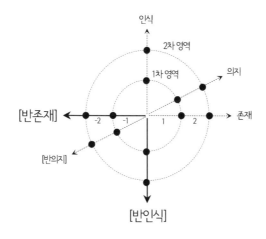

[반존재]와 [반인식]의 평면 세계

[반존재]와 [반인식]의 평면 세계

어느 여름에서 가을까지
숲과 하늘, 구름, 땅, 그리고 노을의 운율 속에서
한 대상(對象)은 창조된다.

Ⅲ장. 공간적 삶의 세계

죽음은 존재를 무너뜨린다.

그러나 존재는 사라져도 시간은 나의 모든 체취를 담고 있을 것이다.

삶은 억압을 만들어내는 자(者)와
그것을 파괴하는 자(者)와의 투쟁의 역사이다.

1-1. 존재-의지-인식 공간 세계

공간 세계는 4개의 인식 공간 세계와 4개의 [반인식] 공간 세계로 구성된다. 본 서(書)의 목표는 인간 일반이 우리 삶에 대하여 자유롭게 통합 사유할 수 있도록 하는 것이다.

존재를 의지하고 있다는 것을 인식하는 세계를 [제1 사유공간] 존재-의지-인식 공간으로 규정한다. 우리는 전체 8개 사유 공간 또는 몇 개의 사유 공간만이라도 통합적으로 사유할 수 없을까. 인간 일반은 사유의 본질로부터 동시에 두 개 이상의 공간 세계를 사유하는 것으로부터 제한적이고, 이 제약에 의해 우리는 사유의 부자유를 경험한다. 그 원인은 대칭적 2개의 사유를 동시에 사유할 수 없기 때문이다. 다른 공간적 사유를 위해서는 반드시 사유의 전환을 필요로 한다. 하지만 사유 공간의 전환 이동에는 자유롭고 무제한적이다.

존재-의지-인식 공간 세계는 [실체적], [자의적] 그리고 [의식적] 사유 세계를 구성하며, 인간 사유 대부분 시간은 이 공간 세계 속에 머무른다. [제1 사유 공간]은 인간의 사유가 외면화되는 공간으로, 일반적으로 외면적으로 표출되는 자신을 구성한다. 즉 어떤 실체에 대한 자신의 의지와 인식의 성향으로써 자신을 대표적으로 표출(表出)한다.

우리 인간 일반도 동물과 크게 다르지 않게 실체 즉 존재에 대한 의지만으로써 삶의 세계에 만족하는 경향이 크며, 이로써 자신의 세계를 평면화한다. 이와 같은 평면화 경향이 인간을 부자유스럽게 하는 사유의 제한성이다. 이는 실체를 자신의 의지로서만 파악하여 삶의 세계 구성을 단지 의지화된 존재로서만 파악하는 오류를 낳기도 한다. 이와 같이 의지화된 실체(존재)로서 사유되는 평면 세계는 사유의 평면적 제한으로 사유의 자유 운동성이 급격히 제한된다. 우리는 평면적 본능 평면적 사유 으로 자신을 스스로 구속시킨다.

우리는 이 평면적 본능으로부터 어떻게 자유로울 수 있을까. 제한적 사유 구속 상태로부터의 이탈은 전술한 바와 같이 인식을 통한 사유 전환으로 가능하다. 인식화를 통해 인간은 자신이 실체를 의지하고 있는 것을 인식하며 그럼으로써 실체와 의지의 원리를 사유하고 자신의 평면적 사유를 공간화시켜 자신의 사유를 자유롭게 할 수 있다. 사유의 공간화를 통해 우리는 끊임없는 반복적 사유 공간 확대를 경험하는데

존재-의지-인식 공간 세계

이것은 삶의 공간화로부터 자신이 속해 있던 평면 세계의 조망이 가능해지기 때문이다. 이때, 우리는 한 가지 의문이 떠오른다. 그러면 [공간 세계의 조망은 불가능한가.] 이것이 가능하다면, 우리는 자신에게 좀 더 자유를 부여할 수 있을 것이다. 그러나 평면에서 공간 조망이 불가능하듯 [주체 사유 공간]과 [객체 사유 공간]으로 이분된 삶 속, 사유 주체로서는 공간 조망 가능성을 확보할 수 없을 것이다.

들판의 꽃이 아름답다는 것을 느끼는 것은 존재와 의지 [감성적 의지]의 평면적 사고이며, 꽃이 아름답게 느껴지는 것을 인식한다는 것은 [공간화] 꽃이 아름답게 느껴지는 근원이 무엇이며 또는 어떤 원리에 의해 아름답게 느껴지는지에 대한 사유를 포함한다.

존재는 의지에 의해 변화함으로써 [평면적 사유] 존재의 불확실성을 부여하지만, 인식화 과정을 거치면서 존재의 모습을 왜곡 없이 우리에게 던져준다. 이와 같은 불확실성이 바로 의지의 작용에 기인하는 것임을 고찰할 수 있는 것도 인식 공간화를 통해 가능하다. 보통, 불확실성 속에서 인간 일반은 스스로 헤쳐 나오기 어려운 미로에 빠지며, 이로써 자신의 사유를 더욱 축소시켜 위안을 삼는다. 이와 같은 불확실성은 존

존재-의지-인식 공간 세계

재와 의지의 평면 세계뿐 아니라, 인식의 세계를 포함하지 않는 모든 평면 및 공간 사유 세계에서 경험된다.

우리 인간은 존재-의지-인식 공간 세계 [제1 사유 공간] 가 자신의 모든 삶의 사유 공간이라고 오인하기 쉽다. [제1 사유 공간]은 자신의 의지가 포함된 세계이므로 우리는 자신의 사유를 제한시키려는 의지를 통해 존재-의지-인식을 제외한 자신의 세계를 배제하려 한다. 즉 특별한 학습과 연습 그리고 인식의 확장을 지속하지 않으면, 삶의 전체 사유 공간을 [제1 사유 공간화]하려 한다. 사유의 축소는 자신의 생각 및 행동 근원을 사유할 수 없도록 한다. [제1 사유 공간]은 인간의 기본적 사유 공간을 구성하지만 [반존재], [반의지], [반인식]을 포함하는 총체적 사유 공간 전체에 대한 통합 사유가 없다면 시간이 지남에 따라, 우리 인간의 사유는 제한, 축소될 수밖에 없다.

[제1 사유 공간]은 [의지와 인식 평면의 존재화], [의지와 존재 평면의 인식화], [인식과 존재 평면의 의지화]의 3가지 공간화 과정과 [존재와 의지], [의지와 인식], [존재와 인식]의 평면 세계 속 상호 평면화 과정 그리고 존재, 의지, 인식의 선형 세계 속 사유 위치 변화 과정을 기

존재-의지-인식 공간 세계

본적으로 모두 포함한다. 이와 함께 각 사유 세계는 그 사유의 강도에 따라 약(弱) 사유 단계인 [제1 영역]과 강(强) 사유 단계인 [제2 영역]으로 나누어 진다. 이 모든 사유 세계 구성을 고려한다면 [제1 사유 공간]에서 우리가 고찰해야 할 사유 작용은 매우 많아질 것이다.

[제1 사유 공간]의 대표적 사유 작용으로서 [의지와 인식 평면 세계의 존재화]에 대하여 고찰해 보자. 평면 세계에서 고찰한 바와 같이 인간은 자신의 의지 작용을 인식하거나 인식 작용을 의지하는 평면 세계를 가지고 있다. [의지와 인식의 평면 세계]는 지구상 인간만이 가지는 고유의 사유 세계이며 이는 인간 일반 발전을 위한 기본 사유 평면이다. 이 평면 세계는 인간의 본능적, 감성적, 지성적 의지 작용이 사실 인식과 원리 인식으로 교차되면서 이루는 사유의 세계로서 전술한 바와 같이 [순환적 반복]과 [시간의 역류]를 경험하게 한다. [순환적 반복]은 [의지와 인식의 평면 세계]의 존재화를 통해 해소 가능하다. 즉 존재는 모든 사유를 현재화시키는 기본 작용을 가지며, 그로써 인간 사유의 무한 순환 반복을 억압, 제어한다. [의지와 인식 평면 세계의 존재화]는 인간의 사유를 실제적이며 실존적으로 만들며 이를 통해 자신의 사유 영역의 구체화가 가능하다. 전술한 바와 같이 실제적, 실존적 사유는 인간의 사유

253

존재-의지-인식 공간 세계

를 제한하는 역작용이 있지만, 제한적 사유는 지속적인 인식화 과정의
의지를 통해 다시 극복될 수 있다.

　　존재, 의지, 인식의 선형 세계만으로 구성된 [독립 사유]는 오
히려 특별한 집중력을 발휘하지 않으면 쉽게 성립하지 않는데, 이는 다
른 선형 세계가 작용자(作用者)로서 지속적으로 영향을 미치기 때문이
다. 그러나 의지와 인식이 배제된 존재만으로 독립 구성된 사유는 존재
세계의 핵심으로 들어갈 수 있는 방법일지도 모른다.

　　[존재-의지-인식의 공간 세계]는 인류 역사상 대부분의 철학자
들이 탐구해온 영역이다. 본 서(書)에서 그들, 위대한 철학자들의 생각을
정확히 분석하는 것은 불가능한 일이다. 그들의 생각은 고정된 것이 아
니며, 저서에 따라, 같은 저서에서도 다른 사유 공간 속, 진리를 기술하
고 있기 때문이다. 본 서(書)에서는 그들의 비교적 대표적 생각으로 받아
들여지는 일부 내용에 대한 분석을 했으며 그 분석의 목적이, 그들의 철
학을 고찰하는 것이 아니라, 본 서(書) [통합사유철학]의 사유 공간을 고
찰하는 것임을 밝혀 둔다. 각 철학자들의 공간 세계 속 위치는 그들의 철
학을 전문적으로 연구한 또 다른 독자들에 의해 보완되기를 희망한다.

존재-의지-인식 공간 세계

인식 공간 세계

　　[존재-의지-인식의 공간 세계]는 인류 역사가 시작된 이래 최초 우리 철학에 등장했다. 다음 페이지 표 속에 존재, 의지, 인식을 각 제1 영역, 제2 영역을 나누어 [제1 사유 공간]을 8개로 분류, 기술하였다. [1,1,1] 좌표 속 철학자는 묵자, 디오게네스, 이황, 이이, 아르노, 화이트헤드, 러셀로 분석되었다. 존재-의지-인식 [1,1,1] 좌표 속 사유는 약한 존재론, 의지론적, 인식론적 접근이다. 그들은 가벼움으로 삶을 다루고 있다. 어느 한 쪽으로 치우치지 않고, 어느 하나만 깊이 파고들지 않고 삶을 천천히 거니는 듯한 생각의 구조를 주장한다. 타자(他者) 즉 객체를 존중하고 묵자 아무것도 없음을 추구하기도 디오게네스 한다. 이(理)와 기(氣)가 인간의 심성을 구성하며 이황, 이이 언어적 분석으로 진리를 찾기도 러셀 한다. 이들에게서는 무거운 철학보다는 쉽게 감동을 주는 철학적 수필가와 생각 깊은 고귀한 시인의 모습이 떠오른다.

　　[1,1,2] 좌표 속 사유는 존재와 의지를 바탕으로 인식을 강조하는 논조를 유지한다. 이 좌표 속 철학자들은 이데아 플라톤, 범주 칸트, 절대 보편 정신 헤겔, 세계 정신 쉘링, 인지(認知) 콩트, 상식 무어 을 주장한다. 슐리크는 의미심장한 말을 한다. [검증되지 않은 철학은 진실도 거짓도 아닌 무의미한 것이다.] 우리는 확실한 검증을 위하여 최종적으로는

제1 사유 공간 : 존재-의지-인식 공간 - 1

존재	의지	인식	철학자	년도	사유의 궤적
1	1	1	묵자	BC381	타자(他者)를 하나의 인격체로서 자신과 동일하게 존중함이 강자의 덕목이다.
			디오게네스	BC325	아무것도 없음이 자유롭게 한다.
			이황	1570	인간의 심성 중, 4단(仁義禮智)은 이(理)의 작용으로, 7정(喜怒哀樂愛惡慾)은 기(氣)의 작용으로 나타난다.
			이이	1584	이(理)와 기(氣)의 작용으로 발생되는 마음의 양태(七情) 속에서 본연지성(本然之性) 4단(端)도 나타난다.
			아르노	1694	사유에도 기술(비모순성, 일관성, 명확성)이 필요하다.
			화이트헤드	1947	물질(존재)과 개념(가치, 의미)은 유기체적이며, 분리될 수 없다.
			러셀	1970	명제 속 숨어 있는 다수의 구성 주장을 찾고, 그 중 하나라도 거짓이면 거짓이다.
1	1	2	피타고라스	BC480	음악 정신과 수(數)로부터 만물의 근원은 스스로 설명된다.
			플라톤	BC347	영원 불변의 것만이 실재(이데아)이다.
			주희	1200	이(理)의 작용으로 본성을 갖고 기(氣)의 작용으로 형체를 갖게 되는데(이기이원(理氣二元)), 이를 알기 위해서는 대상을 탐구해서(격물(格物)) 그 이치를 체득해야 한다. (치지(致知))

제1 사유 공간 : 존재-의지-인식 공간 - 2

존재	의지	인식	철학자	년도	사유의 궤적
			토마스 모아	1535	이성과 배움을 근거로 한 정신적 즐거움을 추구하는 세상이 유토피아이다.
			버클리	1783	존재는 관념화(인식화)되지 않으면 존재하지도 않는다.
			칸트	1804	세계는 12개의 이성적 범주에 감각적 현상 정보를 부여, 해석 가능하다. (이성과 경험의 종합)
			헤겔	1831	인간 정신이 닿을 수 없는 배후의 존재란 없으며, 정반합(正反合)의 변증 과정은 절대 보편 정신으로 인도할 것이다.
			쉘링	1854	자의식 속 선험적 절대 세계 정신은 주체와 객체(대상)를 동일화한다.
			콩트	1857	인간 지식은 확인 가능한 실증적 관찰들을 근원으로 해야 한다.
			슐리크	1936	검증되지 않는 형이상학적 철학은 진실도 거짓도 아닌 무의미한 것이며, 철학의 할 일은 의미의 명석화뿐이다.
			에드워드 무어	1958	철학은 기상천외한 관념도 아니고, 특별한 경험도 아닌, 상식을 다루는 학문이다.

257

존재 공간 세계

인식을 사용해야 한다.

[1,2,1] 사유 좌표는 인간의 의지가 진리를 가리키고 있음을 주장하는 사유 작용의 결과물이다. 진리에 도달하는 길에 대하여, 대립을 통한 역동을 주장하는 헤라클레이토스, 인(仁)과 예(禮)를 주장하는 공자, 목적을 강조하는 아리스토텔레스, 자유 의지를 주장하는 에피쿠로스 등 인류 정신 작용은, 우리 삶이 진리의 향기 속에서 영위될 수 있도록 의지의 중요성을 발견, 주장해 왔다. 우리는 그들이 지금까지의 철학 교과서적 분류대로 쾌락주의자, 관념론자, 자유주의자, 성악(性惡) 주의자이건 상관하지 않는다. 우리는 단지 [통합사유철학]적 기준으로 분류한다.

[1,2,2] 사유 공간은 진리가 존재보다는 의지와 인식에 있음을 알려주는 우리 인류의 귀중한 정신적 결과물이다. 노자는 이렇게 말했다. [비워야(無爲) 절대적 원리를 얻어 행할 수 있다.] 인식을 얻으려면 비우려는 절실한 의지가 있어야 한다. 대상(對象)에 너무 집착해서는 안 된다. 2500년 전 그는 이것을 깨달았고 그것을 우리에게 남겼다. 하지만 우리 인간 일반은 아직 그의 소리에 진심으로 귀 기울이고 있는 것처럼 보이지

존재-의지-인식 공간 세계

제1사유 공간 : 존재-의지-인식 공간 - 3

존재	의지	인식	철학자	년도	사유의 궤적
1	2	1	헤라클레이토스	BC540	대립을 통한 역동이 세계를 창조한다.
			공자	BC479	인(仁)과 예(禮)가 세상을 바르게 할 것이다.
			아리스토텔레스	BC322	모든 것은 목적에 기인한다.
			에피쿠로스	BC270	즐거움을 위한 자유 의지가 현상 세계를 변화시킨다.
			순자	BC238	인간의 타고난 욕망에 의한 혼란은 강제적 통제를 필요로 한다.
			한비자	BC233	국가와 인간 일반의 이기심 모두 인의(仁義)가 아닌 법술세(法術勢)로 다스려야 한다.
			세네카	65	자신 속 진정한 안내자는 신적(神的)이며, 타자(他者)를 구원할 수 있다.
			필론	30	인간의 목적은 신(神)이 되는 것이다.
			아우구스티누스	430	철학은 믿음(神)의 하인이다.
			보에티우스	524	선(善)은 신(神)을 투영한다. 우리는 선(善)을 택할 자유 의지가 있다.

제1사유 공간 : 존재-의지-인식 공간 - 4

존재	의지	인식	철학자	년도	사유의 궤적
			왕양명	1528	근원적 이(理)는 대상이 아니라 마음에 있다. (심즉리(心卽理))
			에라스무스	1536	형식이 아닌 마음으로부터 탄생되는 신(神)만이 인간적이다.
			홉스	1679	거대한 괴물, 리바이어던이 세상을 지키지 않으면 인간은 서로 물어 뜯을 것이다.
			벤덤	1832	최대 다수에게 최대 쾌락, 최소 고통을 주는 것이 정의(正義)이다.
1	2	2	존 스튜어트 밀	1873	다수를 위한 윤리가 정의(正義)와 선(善)의 기준을 제공한다.
			노자	BC479	그릇이 비워져야 그 역할을 하듯이, 자신만의 것을 비워야 (無, 無爲) 절대적 원리를 득행(得行)할 수 있다.
			소크라테스	BC399	비판적 사고가 선(善)을 탄생시킨다.
			맹자	BC289	인간의 마음은 이미 인의예지(仁義禮智)를 가지고 있으니, 덕으로 인의를 실행하면 세상은 평화로워 질 것이다.
			아우렐리우스	180	인간은 자기 보존을 위해 지혜, 정의, 용기, 절제를 추구해야 한다.

않는다. 진리에 도달하기 위하여 비판적 사고를 주장한 소크라테스, 덕(德)의 실행을 통해 평화를 꿈꾸는 맹자, 생각하고자 하는 의지가 인간을 유지시킨다고 생각한 데카르트, 우리 인간 일반은 대부분 무의식 [경험적 반존재] 속에서 이들의 철학을 마음속에 품고 있다.

[2,1,1] 사유 좌표는 존재 중심 공간이다. 탈레스는 신(神)들의 의지가 아닌 물(水)을 존재의 근원으로 사유했고 이를 통해 마음의 평정에 도달하는 길을 안내했다. 한 유물론자는 마르크스 물질이 생각까지 변화시킨다고 믿었다. 우리 인류의 사유가 드디어 존재의 중요성을 인지한 것이다. 어느 멋스러운 철학자는 [진리는 악보가 음악을 연주하듯이 언어로 그릴 수 있는 것이어야 한다.]라는 말로 비트겐슈타인 언어의 중요성을 인지했다. 우리는 존재의 공간 좌표 속을 거닐던 그들을 이 공간을 사유하면 어디선가 만나게 될 것 같다.

[제1 사유 공간] 속의 [2,1,2] 사유 공간은 존재와 인식 중심의 세계 공간이다. 가톨릭적 신(神)의 중요성을 오랫동안 우리 시대의 생각으로 훌륭히 발전시킨 아퀴나스, 진리를 찾기 위해 경험을 앞세운 베이컨, 이들은 우리 사유 속에서 존재와 인식의 중요성을 각인했다. [통합사

존재-의지-인식 공간 세계

제 1 사유 공간 : 존재-의지-인식 공간 - 5

존재	의지	인식	철학자	년도	사유의 궤적
			디드로	1778	아는 것(知)은 단순히 아는 것에 그치지 않고 자연에 대한 인간의 힘을 증대하기 위해 도움이 되는 것이어야 한다.
			데까르트	1650	존재와 비존재, [현실과 꿈]을 구분할 수 있는 유일한 방법은 [생각한다.]는 것이다.
2	1	1	탈레스	BC540	만물의 기원은 신(神)들의 의지가 아닌 물(水)이다.
			데모크리토스	BC370	사물은 물론 생각도 원자의 결합이다.
			루크레티우스	BC55	물질은 항존(恒存)하며, 그 시원(始原)은 무한한 세계 공간으로부터 우연히 발생한다.
			마르크스	1883	물질이 생각을 변화시킨다.
			엥겔스	1895	정반합 변증의 주체는 관념이 아니라 물질이다.
			후설	1938	존재의 나타난 모습(현상)이면 배후의 사변(思辨)을 고려하지 않아도 충분하다.
			비트겐슈타인	1951	진리는, 악보가 음악을 나타내듯이, 언어로 그릴 수 있는 것이어야 한다.

유철학]에서 존재와 인식은 [순수이성] 평면이다. 그리고 경험 또한 존재를 인식하는 과정이다. 베이컨은 이성과 경험을 다르게 인지했지만 우리는 이성과 경험을 구분하지 않는다. 이성과 경험은 [존재를 인식하는 평면 사유 세계] 속 다른 양태(樣態)일 뿐이기 때문이다. 물론 우리의 전통 철학 사유 체계 속에서 이성과 경험은 다르다. 이와 같은 상이(相異)는 철학의 구성 체계가 달라 나타나는 결과일 뿐이다. 우리는 [통합사유철학]으로 철학 사유 체계를 바꾼다.

[2,2,1] 공간은 존재와 의지 중심 세계이다. 이 공간에서 인식은 기본적인 약(弱) 상태를 유지한다. 고대 철학자 크세노파네스는 [확실한 것은 아무것도 없다.]라고 하면서 인식의 역할을 축소했다. [실체는 신(神)에 의해 부여받았지만, 그와 독립적으로 자유 의지를 갖고 존재한다.]라고 하면서, 한 중세 신학자는 윌리엄 오컴(William of Occam), 그는 신학으로부터 철학을 분리시켜야 함을 주장했다. 삶 속 숨어 있는 진리를 [존재와 의지]에서 찾으려 했다. 데이비드 흄은 [존재는 대상을 인식하는 지각의 다발이다.]라고 하면서 존재와 의지보다 경험을 강조하였으나, 우리가 지금 논증하고 있는 [통합사유철학]은 그의 상기(上記) 부정적 고찰 내용을 오히려 그의 중요한 사유 결과로써 판단한다. 키에르케고르는 [진리는 열정에

존재-의지-인식 공간 세계

제1사유 공간 : 존재-의지-인식 공간 - 6

존재	의지	인식	철학자	년도	사유의 궤적
			존 듀이	1952	진리와 선은 실재(實在)를 움직이는 도구이어야 한다.
			하이데거	1976	존재가 그곳에 [있음]으로 창조되려면 주체(정신)와 대상(물질)이 융합되어야 한다.
			콰인	2000	우리가 믿어야 할 것은 경험도, 이성도, 신(神)도 아닌, 모든 것을 포괄하는 대상(對象)이다.
2	1	2	아퀴나스	1274	무(無)로부터 존재를 생성시키는 것은 신(神)밖에 없다.
			베이컨	1626	경험 없는 단순 이성은 자신의 머리 안에 거미줄을 치는 것과 같다.
2	2	1	크세노파네스	BC475	확실성은 성취될 수 없다.
			오컴	1347	실재는 신(神)적인 것과 독립적, 절대적으로 자유 의지를 갖고 존재한다.
			흄	1776	존재 [나]는 감각을 통해 대상을 인식하는 지각(知覺)의 다발에 불과하다.
			존 로크	1704	우리는 선험적, 이성적 지식을 가질 수 없고, 오직 감각 기관을 통한 경험만이 삶을 관통한다.

존재-의지-인식 공간 세계

관한 것이다.]라고 하면서 존재에 대한 강렬한 의지 속에 진리가 있음을 주장했다. 그는 성찰보다는 열정을 강조하면서 인식의 역할은 축소하려 했다.

[2,2,2] 공간 좌표 속 사유는 인간이 기존 철학 체계에서 확립한 최고의 정신 작용이다. 기원전 5세기 싯다르타는 존재가 우주 속 흩어져 있는 요소들의 우연적 그리고 때로는 의지적 집합체일 뿐이라는 것을 인식했다. 이는 무아(無我) 사상으로 진리에의 길을 안내한다. [진리는 자유정신을 가진 존재에 의해 창조되는 것이다.]라고 비슷한 시기 장자(莊子)는 주장하였다. 서양의 위대한 철학자들이 이것을 인식하기 위해서 2,000년 이상의 시간이 필요했다. 원효, 의상, 지눌과 같은 한국의 승려 철학자들은 존재, 의지 그리고 인식을 통한 진리 발견 평등, 일체, 자유 과 그를 위한 삶의 완성에 대하여 그들의 철학을 세계 정신사에 위치시켰다. 19세기 또 다른 위대한 외침이 [자유 의지가 운명을 지배하는 존재의 근원적 힘이다.] 니체 있었는데, 이는 자본주의와 종교에 의한, 인간 무력화와 허무 속에서 20세기를 맞고 있는 인류에게 소중한 일갈(一喝)이었다. 그러나 그의 위대한 정신은 자리를 잡지 못하고 아직 사람들 사이를 떠돌고 있다. 우리들이 그를 이해하기에 100년의 시간은 너무 짧은 것 같다. 사르트르는 [존

265

인식 공간 세계

제 1 사유 공간 : 존재-의지-인식 공간 - 7

존재	의지	인식	철학자	년도	사유의 궤적
			토마스 리드	1796	직접적 지각에 의한 상식 원리가 가장 중요한 인간 정신을 구성한다.
			키에르케고르	1855	진정한 진리 탐구는 [무엇을 알아야 할 지(성찰)]가 아니라 [무엇을 해야 할 지(열정)]에 대한 것이다.
2	2	2	싯다르타 (석가)	BC483	존재 (나(我))는 우주 속 흩어져 있는 오온(五蘊, 色受想行識)의 일시적이고 자유로운 집합체일 뿐이다.
			장자	BC289	진리(道)는 자유정신을 가진 존재에 의해 창조되는 것이다.
			원효	686	만물의 평등함을 확실히 알고 행하면, 중관(中觀)과 유식(唯識)을 모두 관통한다.
			의상	702	자유(해탈(解脫))와 평온(열반(涅槃))은 한 개체의 마음이 전체를 융합, 서로 하나를 만들어 갈 때 완성된다.
			지눌	1210	한 순간에 진리를 발견할 수는 있어도, 그 곳에 가려면 한참을 걸어야 한다. (돈오점수(頓悟漸修), 조계(曹溪))
			니체	1900	자유 의지가 운명을 지배하는 존재의 근원적 힘이다.

존재-의지-인식 공간 세계

재가 본질을 앞섬]을 인식하였고, 미셸 푸코는 [권력에 의해 잃어버린 개인 존재의 자유 회복]을 주장했다.

세계가 [제1 사유 공간]만으로 구성되어 있다고 생각하는 우리 인간 일반은 그 속에서 불안하다. 우리가 세계의 전부라고 믿고 있는 [생각의 구조]가 설명하지 못하는 것이 너무 많기 때문이다. 물론 지금까지의 역사 속 어떤 철학도 이것을 잘 설명하지는 못했다. 우리가 제안하는 9개의 선형 세계, 12개의 평면 세계, 8개의 공간 세계와 그 세계 속 복잡한 상호 작용에 대한 사유와 고찰은 우리의 불안을 조금은 감소시킬 것으로 생각한다. 그리고 우리의 삶을 조금은 더 명확히 설명해 줄 수 있기를 기대한다.

인간은 자신의 세계를 [제1 사유 공간]을 통해 구체화하며 이 공간이 자신을 표출하는 사유 공간으로 비추어지도록 의지한다. 그리고 이 사유 공간을 자신을 유일하게 구성하는 세계로 고정시키려 한다. 하지만 우리는 [제1 사유공간]을 통해 표출되는 것과 비교되지 않는 더 커다란 사유 공간들을 가지고 있다. 지금까지 우리가 사유하지 못했던 인간 일반의 또 다른 삶의 사유 공간들에 대한 고찰을 통해, 우리 자신 사

존재-의지-인식 공간 세계

제 1 사유 공간 : 존재-의지-인식 공간 - 8

존재	의지	인식	철학자	년도	사유의 궤적
			사르트르	1980	자유 의지적 존재는(對他, 對自, 即自) 본질을 앞선다.
			푸코	1984	현대 철학은 권력이 훈육시켜온 지배 구조를 밝힘으로써 개인의 권력을 찾도록 하는 것을 새로운 가치로 추가해야 한다.

유 세계를 통합하고 그와 함께 인간 일반의 삶을 이해할 수 있다면, 우리

삶의 근원 그리고 [혼돈과 슬픔의 시대]에 추구해야 하는 진리와 그를

향한 행동 방향이 조금은 밝혀질 것이다.

존재-의지-인식 공간 세계

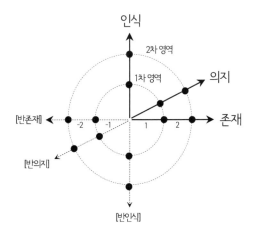

[제1 사유 공간] 존재-의지-인식 공간 세계

1-2. [반존재]-의지-인식 공간 세계

존재의 세계는 반드시 그 [반존재]를 내포하고 있으며 비실체성을 가지는 [반존재]의 세계는 인간 삶의 [제2 사유공간], [반존재-의지-인식의 공간 세계]를 구성한다. 우리는 [반존재]를 의지하거나 인식함으로써 비실체적 평면 세계를 구성할 수 있으며, 평면 세계들이 [제2 사유 공간]으로 3차원 공간화됨으로써, 비실체적 사유 평면들은 우리 삶의 공간에서 그 위치를 드러낸다. 비실체적 세계는 2장(章), 평면적 세계에서 기술한 바와 같다. 우리 삶은 선형 세계로부터 평면화, 공간화됨으로써 크게 다양화된다. 그러므로 우리는 선형 세계를 [개념적 세계], 평면 세계를 [제한적 실제 세계], 공간 세계를 [실제적 세계]로 정의(定義)한다.

인간 일반 의지와 인식이 이루는 사유는 [순환적 반복]을 통해 그 영역을 확대하지만, 확대된 영역으로 [반존재]의 세계가 다가섬으로써 급격히 축소된 자신의 [반존재]적 공간 사유를 경험한다. 자신이 의지하고 인식하는 사유가 존재하지 않는 양태(樣態)를 가질 때, 우리는 사유 세계에 대한 혼돈과 직면한다. 자신의 [원리 인식]을 포함하는 [인식과 의지의 평면 세계]가 그 [실체성을 상실]할 때, 사유의 혼돈은 인간 의지와 인식 세계를 급격히 축소시킨다. 이와 같은 의지와 인식 영역 축소를 [반존재에 의한 사유 영역 축소 작용]으로 규정한다.

어느 순간 생각나는 듯하다 생각나지 않는 무엇인가가 [제2 사유 공간]의 특징이다. 한 사람에 대한 실체와 비실체 사이에서 어느 것이 정말 [그]인가를 생각하는 경우가 있다. 사실은 그의 실체도 비실체도 바로 그이다. 그의 비실체성은 [반존재적] 사유 공간이 우연히 순간적으로 표출, 감지되었을 뿐이다. 물론 자신의 존재 [나]에 대한 실체와 비실체성도 동일하다.

존재와 비실체

그러므로 우리 인간 일반은 [반존재] 세계가 다가설 때, 사유 영역이 축소되는 것을 막기 위해 [제2 사유 공간]으로부터 의지와 인식 평면 세계를 통하여 평면적 전환을 시도할 필요가 있다. 이 전환은 [제2 사유 공간]으로부터 [제1 사유 공간]으로의 전환 가능성을 준다. 이로써 인간은 지속적인 [사유의 전환]을 경험할 수 있게 된다. 공간 세계는 각 평면 세계를 전환 평면으로 하여 다른 공간 세계로의 전환이 가능하다. 이것이 인간 사유의 자유로움이다.

[반존재]-의지-인식 공간 세계

인식 공간 세계

평면 세계는 제한적이기는 하지만 우리 사유의 기본 단위이다. 자신 생각의 위치를 알게 해 주며, 자신의 사유 상태를 변화시키기 위해 무엇이 필요한지 알려 준다. 여기서 나침반과 같은 역할을 하는 것이 무(無)이다. 우리 삶에서 잊지 말아야 할 것 중 하나이다.

그러나 이러한 사유의 자유로움이 바로 인간 사유 세계의 또 다른 억압적 요소이기도 하다. 인간 일반이 자신 사유 영역의 무제한적 확대를 하나의 특정 사유 공간을 통해 성취할 수 있다면 총체적 인간 사유 공간의 영역 확대는 특정 사유 공간을 매개로 달성할 수 있을 것이다. 하나의 사유 공간이 확대되면 그에 따라 특정 사유 공간과 인접한 모든 사유 공간의 확대에 영향을 미칠 수 있기 때문이다. 이로써 비약적 사유 영역 증대를 달성할 수도 있다. 사유 공간의 비대칭성은 우리의 불완전성과 각 개인의 일시적 존재론적 특질(特質)을 표출한다. 보통 시간이 경과하면 비대칭성은 어느 정도 완화된다.

이와 같은 급격한 비대칭적 사유 영역 확대를 막는 요소가 [사유 전환의 자유로움]이다. 사유 공간이 끊임없이 전환됨으로써 사유 영역이 확대되지 못하고 일정한 공간 영역을 유지한다. 이것이 한 인간 개

[반존재]-의지-인식 공간 세계

체를 특징 지우는 공간이다. 사유 공간이 전환될 때 우리는 새로운 삶을 경험한다. 사유 공간은 사유 전환과 더불어 보통 축소된다. 이 축소는 인간 일반의 사유 밀도를 높이고 이로써 자유정신을 억압한다. 축소 없는 사유 공간 전환은 없는가. 이는 우리가 추구하는 바이다.

[반존재]의 사유 영역 축소 과정은 [통합사유철학] 일부를 구성한다. [반실체성]을 사유함으로써 인식과 의지의 사유를 축소시키며 이를 통해 무(無)에 도달한다. 이는 공(空), 허(虛), 연(然)을 통한 무(無)의 성취이다. 존재를 [반존재]로서 사유하고 [반존재]를 통해 존재를 이탈시킴으로써 사유의 공간 전환을 막고 배타적 [제2 사유 공간]을 구성시킬 수 있다. [반존재]는 존재화 경향이 있기 때문에 무(無)의 반복적 경험이 가능하다.

[반존재]의 영역이 확대된 [제2 사유 공간]을 [배타(排他) 공간]으로 규정한다. 이 공간은 인간의 사유 능력이 상실될 정도의 흥분 또는 분노 상태에서도 경험된다. 이때 실체가 아닌 또 다른 비실체가 실체를 변화시킨다. 이는 누군가를 맹목적으로 사랑할 때의 상태를 생각하면 이해된다. 우리는 어떻게 이 [배타 공간]으로부터 벗어날 수 있을 것인가.

[반존재]-의지-인식 공간 세계

공(空), 허(虛), 연(然)을 통한 무(無)에의 접근은 또 다른 사유 전환이 필요한데, 그것은 [반존재]와 존재의 동일화 즉[반존재]와 존재의 상호 전환에 대한 자유로움이 가능한 [사유의 부정]에 대한 인지(認知)와 이해이다. [사유의 부정]은 [존재의 부정], [의지의 부정], [인식의 부정]을 통하여 무(無)로 접근하는 [통합사유철학]적 방식이다. 무(無)는 삶의 나침반으로 우리 삶의 방향을 인도하고, 특정 선형 세계, 평면 세계, 공간 세계에 갇혀 자유로움을 상실한 우리에게 그 탈출을 위한 단서(端緒)를 제공한다. 무(無)는 특별한 상태가 아니라 우리가 일상적으로 겪고 있는 마음의 평정(平靜) 상태일 수도 있다. 이는 어렵지 않게 경험될 수 있지만 그렇다고 쉽지도 않다.

의지, 인식과 [반존재]가 이루는 공간 사유 세계는 배타적 인간의 특징적 사유 영역이다. 그는 이 사유 공간을 통해 자신의 세계를 비대칭적으로 증대시키는데, 이것은 비실체성을 추구함으로써 삶의 최선을 경험할 수 있을 것이라는 기대를 마음속에 품고 있기 때문이다.

한 사유 영역이 어떤 인간의 특징적 사유 영역을 일시적으로 지배할 수 있다고 해도, 인간 일반을 사유 공간에 따라 여덟 종류로 분류

[반존재]-의지-인식 공간 세계

해서는 안 된다. 자고 나면 그리고 그가 누구와 함께 있는가에 따라 그는 전혀 다른 사유 공간이 지배하는 사람으로 바뀌기 때문이다. 인간 일반은 모두, 여덟 개의 사유 공간을 전부 가지고 있고 사람에 따라 그 분포가 조금 다를 뿐이다.

[제3 평면 세계]인 [반존재와 의지의 평면 세계]는 [힘의 세계]이다. 즉 모든 가능성을 포함하는 [역무한성]과 [정무한성]을 포함하는 이 [힘의 세계]는 그것이 인식화됨으로써 인간 사유에 자유로움 자유정신을 부여한다. 우리는 [반존재와 의지 세계의 인식화]를 [사유의 무제한적 자유화 가능 공간]으로 규정한다. 이와 같은 고찰 및 규정은 자신이 빠져나올 수 없는 듯한 과거 또는 미래에 의한 [역무한성] 및 [정 무한성] 사유 상태일 때, 이를 객관화시켜 자신을 제어할 수 있게 할 것이다.

인간 사유의 자유로움은 전술한 사유 공간 전환을 통한 자유로움, 즉 사유의 [전환적 자유로움]과 특정 사유 공간 내에서의 자유로움 즉 사유의 [확대적 자유로움]의 양면성을 가지고 있다. 모든 평면 세계는 인식화됨으로써 그 사유 세계의 [투명성]이 성취된다. [인식의 선형 세계]를 통하여 인간의 사유는 어떤 사유 공간으로도 전환 가능하며 인식

[반존재]-의지-인식 공간 세계

이 아닌 다른 평면 세계 또는 다른 선형 세계도 사유 공간 전환 작용을 제한적으로 성취시킨다. 그러므로 모든 사유 공간은 인간의 사유 세계 속에서 끊임없이 변화한다. [투명성]은 인간 사유 영역 전환을 자유롭게 해주는, 삶에서 중요한 역할을 가진다. 우리 삶에서 조용하고 차분한 상태로 존재론적 진리 [나]에 집중하는 인식의 중요성은 인류 역사 거의 모든 철학자의 공통된 생각이다.

어떤 사람이 [투명하다]는 것은 그 사람과 같이 있을 때 그 사람을 통하여 세상이 있는 그대로 보인다는 것을 의미한다. [투명성]은 붉은빛으로 삶을 더욱 아름답게 느끼도록 하거나, 어두운 회색빛으로 세상을 어둡게 느끼도록 하는 것이 아니라, 원색(原色) 그대로 느끼도록 해 준다. 투명한 사람을 만나기는 쉽지 않다. 우리 주위에 누가 투명한 영혼의 소유자인지 둘러보기 바란다. 그 기준은 위에서 언급한 바와 같이 간단 명료하다.

우리는 [반존재]의 비실체성을 인식하도록 의지함으로써 사유 영역의 확대와 축소의 미묘한 대립을 경험한다. 즉 [반존재]의 사유 영역 확대와 더불어 존재 영역의 인식이 확대되어 순간적으로 [제1 사유 공간]으로의 전환이 발생한다. 이때 공간 전환 과정에서 의지가 축소되며 이

277

[반존재]-의지-인식 공간 세계

는 [의지의 부정]을 야기한다. 이는 비실체에 대한 의지가 실체화 과정에서 혼돈과 무력을 직감(直感)하기 때문이다. 존재 사유 영역 확대가 [의지의 부정]을 야기하는 상태 즉, 의지 선형 세계에서 존재화에 의한 의지 변화를 경험한다. 이와 같은 사유 영역 변화를 [사유의 진동]으로 규정한다. 인식 작용에 대하여도 동일하게 [사유의 진동]이 적용된다. 예쁜 빨간 색연필을 보면서 그 후경(後景)에 나타나는 [반존재]를 인식할 때, 매력적인 대상을 보면서 그 후경(後景)에 떠오르는 그 존재의 허상 비실체 을 인식할 때, 인식의 확대와 축소가 동시 경험되는 [사유의 진동]이 발생한다.

이와 같이 존재의 분열 [반존재] 을 통하여 [인식과 의지의 부정]이 경험되며 [제2 사유 공간]은 [인식과 의지의 부정]을 사유, 경험 가능하도록 하는 공간으로써, 우리 인식자의 중요한 탐구 대상이 될 것이다. 이는 [반의지]와 [반인식]에 의한 [의지 및 인식의 분열]과는 구분된다.

[제2 사유 공간]으로 분류되는 최초의 철학자는 기원전 흥미로운 사상가 제논이다. 그는 [감각에 의한 다수 실체의 허구성]을 직관하면서 [반존재]를 우리의 정신에 도입했다. 비슷한 시기에 파르메니데스

[반존재]-의지-인식 공간 세계

제 2 사유 공간 : [반존재]-의지-인식 공간

반존재	의지	인식	철학자	년도	사유의 궤적
-1	1	1	제논	BC430	감각에 의한 다수성은 허구이다.
-1	1	2	-	-	-
-1	2	1	쇼펜하우어	1860	우리의 진정한 본질 [물(物) 자체]는 의지이고, 깊은 평정을 위해 부정되어야 할 것도 의지이다.
-1	2	2	-	-	-
-2	1	1	파르메니데스	BC440	존재는 존재하지 않는 것을 암시한다.
-2	1	2	-	-	-
-2	2	1	-	-	-
-2	2	2	-	-	-

[반존재]-의지-인식 공간 세계

는 [존재하지 않는 것의 사유 불가성]을 통찰하였다. 그러나 우리는 그의 생각에 대한 문헌적 기록과는 반대로 그를 [반존재]를 가장 강하게 사유한 철학자로 분류한다. 19세기 의지의 작용을 진리에 도달하기 위한 가장 중요한 시금석(試金石)으로 생각한 쇼펜하우어는 표상을 의지에 의해 그 실체성이 변화되는 가벼운 존재, [반존재]로 생각하였다. 그는 이렇게 말했다. [훌륭한 타자(他者)를 인정하려면 자기 자신도 그만한 가치를 가져야 한다. 최고의 인식에 도달하지 못한 어리석은 민중은 남몰래 언제나 그에게 유죄선고를 내릴 준비를 하고 있다. 타자(他者)를 인정하는 겸손이란 비열한 질투로 가득 찬 사람들이 자신의 무지(無知) 또는 무능을 감추기 위한 수단이다. 반대로, 타자(他者)를 인정하는 겸손을 표현하지 않는 것은 자신의 정직함에 의해 무지(無知)가 드러날까 두렵기 때문이다.] 쇼펜하우어, 의지와 표상으로의 세계, 을유문화사, 곽복록 역(譯), p295 (1983) 그는 인지(認知)하지 못했겠지만, [겸손]의 뒤에서 [정직]이 [반존재]로서 표상(表象)된다. 겸손과 정직과 같은 전혀 관계없는 표상이 [관련된 의지와 인식 상황]에 따라 [반존재]로 서로 대응(對應)한다.

우리는 사유 공간 속에서 [의지의 부정], [인식의 부정], [사유의 진동], [자유로운 사유 전환], [존재의 분열]과 우리 삶 속에서의 역할

[반존재]-의지-인식 공간 세계

에 대하여 [제2 사유 공간]에서 탐구하였다. 이제 [반의지]를 포함하는 [제3 사유 공간]으로 우리의 공간 좌표를 이동한다.

공간적 삶의 세계

[반존재]-의지-인식 공간 세계

인식 공간 세계

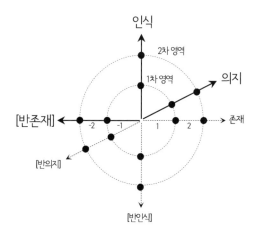

[제2 사유 공간] [반존재]-의지-인식 공간 세계

[반존재]-의지-인식 공간 세계

1-3. 존재-[반의지]-인식 공간 세계

모든 공간 세계는 3개의 평면 세계와 접(接)하면서 공존한다. 이때 각 평면 세계는 자신의 개념적 선형 세계들과 외부로부터의 영향으로 기본 평면을 구성하며, 이를 공간화시키는 것은 자신 즉, 사유 주체의 역할이다.

일반적으로 외부 자극은 인간 일반에게 즉시 평면 세계를 구성토록 한다. 이 평면 세계로부터 자신의 사유 공간을 구성하는 것은 자신의 선형 사유 세계를 어떻게 구성하는지에 의존한다. 예를 들면 존재 실체에 대한 [반의지]가 자신에게 작용되었을 때 그것을 어떻게 인식 또는 [반인식] 선형 세계의 선택에 따라 사유 공간화하는지에 따라 자신의 삶의 공간이 서로 다르게 결정된다. 이와 같이 외부 자극이 존재하면 우리는 평면 사유로부터 공간 사유를 시작하게 되며 이 공간적 사유로부터의 이탈은 외부 자극으로부터의 도피 평정(平靜) 를 통해서만 일부 성취 가능하다.

공간적 사유로부터의 이탈은 사유 영역의 급격한 축소를 야기하지만 그럼으로써 사유 집중화를 성취할 수는 있다. 그러나 평면 사유의 집중화로 진리(眞), 선(善), 아름다움(美)이 모여 함께 존재하는 인간 정신 [표층 세계]로의 도달은 가능은 하겠지만 매우 어려우며 오히려 대부분 급격한 사유 세계 축소를 야기한다. 평면 세계는 외부 세계에 의해 쉽게 영향을 받는 불안정 또는 준안정(準安定) 사유 상태이기 때문이다.

[표층 세계]는 모든 사유 공간 세계의 극한적 최외각(最外殼) 표면으로, 사유를 통해 인간 삶의 총체적 세계가 조망되는 세계이다. [표층 세계]에서는 모든 삶의 공간 세계가 자연스럽게 통일된다. 이는 후기 [통합사유철학] 에서 조금 더 자세히 기술될 것이다.

실체와 인식에 대한 의지가 분열된 [반의지] 상태에 주목하면 [의지-반의지 선형 세계]에서 기술한 바와 같이 모든 존재와 인식에 대한 [의지의 분열]은 우리 시대가 겪고 있는 심각한 위기 상황을 현시한다. 이 위기가 극복되지 않는 한, 인간은 쇠락(衰落)을 향해 나아갈 뿐이다. 분열된 의지의 세계 속에서 존재는 그것이 어떠한 실체이든 그 의미가 상실되며 단지 그저 존재할 뿐이다. 인간은 존재와 인식에 대한 의지를 통해 그 영속성이 보장되며 이것이 분열됨으로써 삶의 세계는 파괴된다. 인식은 모든 분열 상태로부터의 일시적 탈출을 가능하게 한다. 그러나

존재-[반의지]-인식 공간 세계

그 영속성(永續性)은 의지를 통해서만 성취 가능하다.

인간의 영속성과 발전은 [존재와 인식의 세계가 구성하는 순수 이성의 세계]에 의존하는 것이 아니라, 인간의 [존재와 인식에 대한 의지 작용을 통한 삶에 대한 자유 의지]에 기인한다. 인간은 존재와 인식에 대한 의지를 통해 삶의 원리를 사유하고 그것을 성찰할 수 있는 그 근원적 힘을 얻는다. [의지의 분열] 현상은 인식하려는 이러한 인간의 본능적 사유까지 파괴하며 결국은 인간의 모든 것을 파괴한다. [반의지]의 세계는 의지하지 않으려는 상태가 아니며 자신의 근원으로부터 이미 의지하지 않는 상태, 즉 [의지의 부정]이 아니라 [의지가 분열된 상태]이다.

285

우리는 [제3 사유 공간]에서 아무것도 의지(意志)되지 않는 실체를 경험한다. 이것은 마치 곧 죽을 운명에 처한 자가 세상을 사유하는 방식에 가깝다. 그는 오직 현재 존재하는 것을 존재하는 것으로 사유하고, 현재 인식하고 있는 것을 인식하기만을 희망한다. 의지가 분열된 것이다. 지금 우리 삶은 [의지의 분열]을 강요하는 사람들에 의해 지배받고 있다. 그 어리석은 자들로부터 벗어나 자유 의지로 가득한 세상을 만드는 것은 우리 모두의 의무이다. 물론 이는 인류 역사상 대규모 집단 사회에서는 거의 성취 된 적이 없었던 결코 쉽지 않은 일이다.

[제3 사유 공간]은 군중 속 인간 일반의 사유 영역에서도 쉽게 발견된다. 그들은 자신이 의지하는 것이 무엇인지조차 사유하지 않으며 군중의 명령에 의해 자신을 마취시킨다. 이 군중들로부터의 도피 필요성에 대한 깊은 인식은 이미 100년의 역사를 가지고 있다. 하지만 아직도 사람들을 설득하고 변화시키는 데 성공하지 못하고 있다.

여기서 주의해야 할 것은 우리는 인간 그리고 동물의 본성상 자연스럽게 [반의지]가 존재와 인식 평면과 구성하는 [제3 사유 공간]으로 자신의 사유와 삶을 구성하려 하는 숨어 있는 경향이 있다는 것이다. 우리의 나태함은 다른 본성에 앞선다. 우리 대부분은 나태하기 위해 살고 있는 것 아닌가. 삶의 목적이 [나태]가 아닌 자에게는 머리를 깊이 숙여도 좋다. 우리는 사람들에게 나태한 본성을 감추기 위한 도피처가 필요하다. 사람들 대부분은 [분열된 의지의 세계] 속에 자신이 파묻혀 있다는 것을 인지하지 못하고 있다. 그리고 덕(德)이 부족한 교활한 권력자와 지배자들은 이 본성을 잘 이용한다.

존재-[반의지]-인식 공간 세계

우리는 [반의지]를 포함하는 공간 세계로부터 탈출을 위한 인식이라는 문을 스스로 가지고 있다. [인식의 힘]에 의해 [제3 사유 공간]은 [존재와 인식의 분열된 의지에 의한 파괴]로부터의 탈출에 성공할 수 있다. 우리는 나의 또 다른 존재 [나]로부터 자신을 관조(觀照)함으로써 우리는 자신을 자신으로부터 이탈하여 사유함으로써 지금까지의 모든 사유는 급격한 변화를 겪는다. [의지의 분열]을 포함하는 공간 세계는 전환의 과정을 겪는다. 이는 분열을 인식하는 또 다른 [나]의 작용을 근원으로 한다. 우리는 이 과정을 [자기 이탈을 통한 사유 공간의 전환]으로 규정한다. 자신을 둘 나와 [나] 로 나누어 구분 사유하는 연습은 [통합사유철학]의 이해를 위한 중요 과정이다.

또 다른 [나]는 선형적 존재의 세계에서 기술한 [대자존재(對自存在)]와 [즉자존재(即自存在)]를 모두 포함한다. 이를 발견하기 위해서는 [평정(平靜)의 인식(認識)]을 전제로 한다. 하지만 보려고만 하면 곧 발견되기 때문에 결코 깊이 숨어 있는 것도 아니다. [자기 이탈]을 위해서는 또 다른 [나]의 창조를 억압하는 사유 작용을 극복해야 한다. [나]의 창조를 억압하는 것은 바로 지금까지 삶을 만들어 온 [오래된 나]이다. 조금 더 사유하면 또 다른 [나]는 규정될 수 있는 것이 아님을 직감할 수 있다. 지금까지의 나 자신을 전부 부정하기는 쉽지 않다. 이를 위해서 [나]는 무엇으로 구성되어 있는지 그리고 실존적 [나]는 무엇인지에 대하여 생각해야 한다. 이는 어렵고 상당한 지면을 요(要)한다. 다른 서(書)를 참조 바란다.: 김유정(金有情), [나]에 대하여 (2012), 자유정신사 존재 [나]라는 단어 속에 숨겨져 있는 끝 없는 의문에 대한 탐구는 지금까지의 나를 더욱 [나]이도록 해줄 것이다.

[자기 이탈]은 [평면 세계를 통한 사유 공간의 전환]과 더불어 사유 전환의 중요한 요소이다. 두 사유 전환의 차이는 [자기 이탈]을 통한 사유 세계의 전환이 인간의 자주적(自主的) 특성을 가진 반면, 후자는 우리의 자주성과 무관하게 사유의 전환이 야기된다는 것이다. 즉 전자는 인간이 [의지의 분열]과 [인식의 분열] 등 분열 현상을 자주적으로 극복하고자 할 때의 중요한 사유 전환 요소이다. 자주성과 무관한 사유 세계 전환은 그 사람을 특징 지운다. 12개의 각 평면 세계에서 다른 평면 세계로의 전환의 과정과 그 의미는 철학에 뜻이 있는 자(者) 그리고 인간 일반 모두 구체적으로 생각해야 할 철학적 기본 주제이다.

[자기 이탈]은 자신을 [자신으로 사유하면서] 자신을 이탈하여 자신을 사유하는 [주체적 자기 이탈]과 자신을 [타자(他者)로 사유하면서] 자신을 이탈하여 자신을 사유하는 [객체적 자기 이탈]로 분류, 규정된다. 그리고 [주체적 자기 이탈]과 [객체적 자기 이탈]은 자신을 사유하는 그 주체와 객체의 수에 따라 [일원적(一元的) 자기 이탈]과 [다원적(多元的) 자기 이탈]로 분류할 수 있다. [일원적, 주체적 자기 이탈]은 오랜 사유를 통하여 성취되는 대표적 [자기 이탈]이다. 진정한 [자기 이탈]은 자신의 모든 사유 세계가 자신으로부터 이탈된 또 다른 [나]에 의하여 성취된다. 이는 나와는 다른 [또 다른 나]라는 사유 주체의 창조를 필요로 한다. [다원적 자기 이탈]은 자신을 이탈하여 자신을 보는 [또 다른 나]를, 예를 들면 시간에 따라 변화하는 다수로 설정하고 자신을 좀 더 심층 탐구하는 [시간 사유철학]에서 다루는 주제이다. [시간사유철학]은 본 서(書)의 범위를 벗어나며 다른 서(書)를 통해 발표될 것이다.

[제3 사유 공간] 존재-[반의지]-인식 공간 세계는 회의론자인 엠피리쿠스가 기원(起源)한다. 그는 [진리에 대한 무관심으로 안정과 평화를 얻을 수 있다.]고 생각했다. 이는 인간 일반의 [반의지]적 무력(無力)을 위로하고 있다. 스피노자는 [우주에는 실체만이 있을 뿐이다.]라고 하

제 3 사유 공간 : 존재-[반의지]-인식 공간

존재	반의지	인식	철학자	년도	사유의 궤적
1	-1	1	엠피리쿠스	200	진리 판단의 유보와 무관심은 안정과 평화를 줄 것이다.
			애덤 스미스	1790	자신의 이익을 위한 삶을 목적하지만, 그 삶 속에서 의도하지 않은 [보이지 않는 손]이 세상을 풍요롭게 바꿀 수도 있다.
1	-1	2			
1	-2	1	뉴턴	1727	우주는 보편성을 가진 물리적 원리에 의해 지배된다.
			말브랑슈	1715	우리의 인식은 신(神) 안에 있는 관념을 매개해서만 성립할 수 있다.
			루소	1778	인간은 자유롭게 태어났으나, 이 기적 전체 의지의 사슬에 묶여 강요된 불평등이 발생한다.
1	-2	2			
2	-1	1	스피노자	1677	우주에는 신(神)과 같은 하나의 실체만이 존재한다.
			라이프니츠	1716	우주는 개별적 무한 심리적 실체(영혼)들로 독립적으로 구성되어 있다.
2	-1	2			
2	-2	1			
2	-2	2			

존재-[반의지]-인식 공간 세계

면서 존재 앞에서의 인간 의지의 무력(無力)을 통찰하였다. 천재적 철학자 루소는 [자유를 억압하는 전체 의지의 쇠사슬에 의해 불평등을 강요받는 개인의 무력(無力)]을 계몽하였다. 우리 인간 정신 역사 속 무력(無力)은 때로는 허무주의로, 때로는 계몽주의로, 때로는 사회 과학적 시선으로부터 경고받고 있다.

　　　[제3 사유 공간]은 순수 이성이 억압, 분열되는 공간이기도 하다. 우리가 만일 이 공간 속에 지금 있다면 [진리와 가치에 대한 혼돈과 무력(無力)]을 경험하고 있는 것이다. 그리고 지금 우리 시대 누구도 이 공간에서 자유로울 수 없다. 우리는 예링(Rudolf von Jhering)의 주장 [권리를 위해서는 그에 합당한 투쟁이 필요하다.] 예링, 권리를 위한 투쟁, 김영사 (2009) 에 대하여 동의한다.

291

공간적 의식체

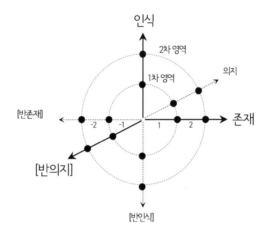

[제3 사유 공간] 존재-[반의지]-인식 공간 세계

존재-[반의지]-인식 공간 세계

1-4. [반존재]-[반의지]-인식 공간 세계

[반존재], [반의지], 인식이 이루는 [제4 사유 공간]은 [존재 분열]과 [의지 분열]의 세계를 인식하는 세계이다. 우리는 비실체적이며 의지 작용에 무력(無力)한 분열된 상태를 인식하려는 경향이 있다. 이를 [허무적 니힐리즘 공간]으로 규정한다. 니체, 사르트르, 하이데거는 이를 극복하기 위해 [실존적, 능동적 초극]을 제안했다. 부연(敷衍)하면 [허무적 니힐리즘 공간]은 의지 작용에 무력(無力)한 [반의지]적 공(空), 허(虛), 연(然) [반존재] 세계가 깊이 인식됨으로써 공간화되는 세계이다.

이 공간은 [반존재]와 [반의지]의 평면 세계를 인식하거나 [반존재]와 인식의 세계에 [반의지]가 작용하거나, [반의지]와 인식이 이루는 평면 세계가 [반존재]화 될 때의 복합적 공간이다. 무엇인가 인식되지만 실체가 표출되지 않고 인식에 대한 의지가 있는 것도 아닌, 우리 인간 일반에게 새로운 사유 공간이다. 이 세계에 대한 고찰은 오랜 시간을 두고 해야 할 일이다. 우선, 사유 전환에 대하여 생각한다.

사유 세계가 공간화되었을 때 종합적 사유화 되었을 때 평면 사유 세계로부터 사유가 전환되는 것은 제한적이다. 즉 [반의지]가 작용하는 평면으로부터 의지의 평면으로 전환하기 위해서는 전면(前面) 세계와 후면(後面) 세계의 [반의지]와 인식의 평면적 세계 참조 경계 평면을 [존재-반존재 선형 세계]와 [인식-반인식 선형 세계]가 구성하는 4개의 경계 평면 반드시 거쳐야 한다.

[반의지]의 의지화 또는 [반존재]의 존재화는 전술(前述)한 바와 같이, 선형적 세계를 통한 직접적 사유 전환도 중요한 사유 전환을 위한 방법이다. 그러나 이 전환에는 반드시 일정 선형 세계 속 무(無)의 상태를 지나야 한다. 그러나 인간 일반이 무(無)의 상태를 경험하는 것은 철학적 사유를 업(業)으로 가진 자를 제외하고는 쉽게 달성할 수 없는 경험이다. 무(無)를 통한 사유 세계 전환의 장점은 대각 평면을 포함한 어느 평면으로도 순간 이동, 전환 가능하다는 것이다. 이와 같이 무(無)는 사유 공간 속 무질서적 자유정신을 가능하게 하는 유일하고 특별한 공간 좌표이다.

[허무적 니힐리즘 공간]으로부터 새로운 공간으로의 전환을 위해서는 끊임없는 이탈 시도를 필요로 한다. [반존재]와 [반의지] 평면 세계의 인식화 과정은 [전환 가능성의 세계]를 구체화시킨다. 어떤 실체

[반존재]-[반의지]-인식 공간 세계

성도 없고, 의지 작용에 무력한 세계는 인간을 스스로 또 다른 나를 창조하는 [자기 이탈]로 [주체적 자기 이탈] 몰고 가는 본능적 동인(動因) 역할을 수행하며, 이에 대한 인식 작용을 통하여 전술한 바와 같이 새로운 세계로의 전환을 성취할 수 있다. 자신의 [의지 분열]과 [존재 분열] 현상을 [인식하지 못한다면] 우리 인간의 [자기 이탈]에 대한 시도는 있을 수 없다. 그러므로 [인식의 선형 세계]는 자기 이탈의 근원이며 [자기 이탈] 과정 중 대부분 포함된다. 즉 [반존재와 반의지의 평면 세계]에서 전술한 바와 같은 [사유의 전환 가능성]이 사유됨과 동시에, [자기 이탈]을 통하여 그 전환은 실제 성취될 수 있다.

[제4 사유 공간]에서 그 사유가 표출되는 것은 인식의 세계뿐이다. 그러므로 이 세계는 자신이 무엇을 인식하는지 모르면서 무엇인가 인식하고 있는 사유의 세계 즉, 총체적 사유 공간이 인식으로 단순화되는 세계이며, 따라서 이를 [인식 사유 공간]으로 규정한다. 누구나 [제4 사유 공간] 속에서 무엇인가를 단순 인식하고 있는 경험은 적지 않다. 일반 철학 체계는 지금까지 이 상태를 의미 있게 생각하지 않았다. [통합사유철학]은 이 공간을 [반존재]와 [반의지] 상태를 인식하는 중요 사유 공간으로 규정한다. 이 공간을 통하여 우리 자아(自我) 속 심연(深淵)의 세

[반존재]-[반의지]-인식 공간 세계

계가 [통합사유공간] 속에서 변화, 재구성됨을 직시(直視)한다.

　　　　[삶의 단순 인식 과정]은 외면적으로는 인식만을 사유하는 것으로 고찰되나, 사실은 우리의 의지와 무관하게, [반존재] 즉 공(空), 허(虛), 연(然)의 세계를 인식하는 상태이다. 즉 지금 현재 존재하는 실체를 부정함으로써 나타나는 존재와 과거와 미래를 통해 실현되는 가상의 세계를 인식하고 그 [반존재]의 원리와 [무실체성]을 인식하는 사유 세계이다. 이는 의지와 무관하게 우리가 일정한 세계를 가정하고 그것을 사유할 때 생성되는 사유 세계이기도 하다. [공상의 세계]가 [제4 사유 공간]의 한 예를 보여준다. 우리 인간 일반은 공상을 통하여 자신의 많은 부분 사유를 수행하지만, 이 세계에 대한 근원과 의미, 가치를 파악하지 못하였다. 우리 삶에서 공상의 중요성과 그 의미에 대하여 재평가가 필요하다.

　　　　[공상의 세계]는 자신의 의지와 무관하게 사유되며 [공상의 세계]에 자신의 의지가 작용하면 [가상의 세계]로 전환된다. 즉 인간의 공상은 자신의 [반의지] 세계 속에서 [반존재]가 인식될 때 나타나는 사유 공간이다. 이때, [반존재]의 근원은 존재이므로, 존재와 연관성을 가지

[반존재]-[반의지]-인식 공간 세계

인식 공간 세계

고 사유할 수 있다. 인간의 [꿈] 중 일부는 이와 같은 [제4 사유 공간]에 대한 인간의 사유(思惟)에 억압이 발생되면 인식화되지 못했다가 꿈을 통해 표출된다. [꿈]은 본능적 무질서 자유 상태를 통해, 억압을 극복하면서 수면 중 사유를 수행하는 과정이다. [꿈]의 세계는 더 관계가 깊은 [실체적 무의식 공간, 제7 사유 공간] 과 [분열 공간, 제8 사유 공간]에서 조금 더 기술될 것이다.

[제4 사유 공간]은 삶의 단순 인식화를 통해 자신의 삶이 무 (無)의 상태에 도달한 것으로 오인(誤認)하도록 하기도 한다. 인간 일반 은 동물적 본성상 자신의 존재와 의지 그리고 인식의 사유로부터 독립적 이기를 추구한다. 즉, 생각하려고 하지 않는다. 조금 더 정확히는 생각하고 싶을 때만 생각 하려 한다. 자신 삶의 세계 속에서 의지와 무관하며 현 존재와 무관한 삶의 세계를 성찰, 인식하게 되면 그것을 무(無)의 성취로 착각하기 쉽다. 그 러나 인식이 포함된 세계는 무(無)의 세계와는 거리가 멀다. 보통 우리는 무(無)의 상태를 [사유의 부정]으로 잘못 인식하고 있다. 그러므로 [제4 사유 공간] 속 무(無)에의 착각은 심각한 사유 혼란을 야기하며 이는 간 과(看過)되어서는 안 된다. [무질서적 자유정신]을 향한 여러 가지 길이 있지만, 우리는 그 한 가지 방법으로써 무(無)를 통한 자유로운 사유 전

공간적 삶의 세계

[반존재]-[반의지]-인식 공간 세계

환과 억압을 극복하는 무질서적 자유 상태에 도달하려는 시도를 주의 깊게 성찰하고 있다. 이를 위해 부정확한 무(無)에의 접근은 차단해야 한다. [사유의 부정] 상태는 무(無)에 접근된 사유 공간 좌표에 위치하지만, 무(無)에 도달할 수는 없다.

인간은 대칭적 사유 공간들을 동시에 사유할 수는 없으나 자유로운 사유의 전환을 통하여 끊임없이 사유 공간을 이동한다. [사유의 전환]은 외부로부터의 새로운 평면 세계 유입과 평면 사유 세계의 전환 작용 등에 기인한다. 그러므로 하나의 사유 공간은 그 공간이 이동될 때 다른 공간에 영향을 미치며 따라서 사유 공간은 일정한 선형적, 평면적 상호 연관성을 가지고 전환된다. 예를 들어 [반의지] 세계를 포함하는 사유 공간에서 [반의지] 즉 [의지의 분열] 현상은 의지를 포함하는 사유 공간으로 이동 전환 시에도, 새로운 사유 공간 속 의지 작용을 약화시키거나 또는 부정한다.

분열된 의지의 세계는 [반존재]의 근원이 존재이듯이 [반의지]의 세계는 의지에 그 근원이 있다. 세계 공간 전환 과정을 거쳐 의지의 세계를 포함하는 공간으로 전환되었을 때, 새로운 사유 공간을 변형시킨다. 우리가 새로운

[반존재]-[반의지]-인식 공간 세계

인식 공간 세계

전환 공간에서 자유로운 사유를 시작하기 위해서는 이 변형으로부터 독립적이어야 한다. 이에는 정적(靜的) 사유의 시간과 그 힘을 필요로 한다. 즉, 사유 세계가 상호 연관성을 가지고 전환되기 때문에 인간 일반은 모든 사유 세계를 항상 자신의 의지에 따라 이끌도록 노력해야 한다. 한 공간 세계에서의 사유 상태가 삶의 의지로부터 멀어지면, 사유 공간이 전환되어도 쉽게 회복되지 않는다. 우리는 [의지의 분열]을 방치해서는 안 된다. 이를 위해 즉 자신의 의지 영역을 넓히기 위해, 죽음의 순간까지 존재와 인식 사유 작용은 정적 휴식을 가지더라도 의지 작용은 쉼 없이 지속되어야 할 것이다.

인류 역사상 우리 철학 체계 속 [제4 사유 공간]을 자신 철학의 주요 정신으로 생각한 철학자는 쉽게 발견되지 않는다. 용수(龍樹, Nagarjuna)는 이렇게 말했다. [존재는 무불변실체(無不變實體), 무자성(無自性)이며, 인과(因果)로서 현시(顯示)한다.] 그는 인식을 초월한 진리의 세계를 간파하였다. 이는 우리의 [통합사유철학]과도 일치한다. 그는 변하는 실체, 인과에 의한 현상 해석에서 사용하는 공[空]을 통하여 [반존재]와 [반의지]를 생각하고 있었음을 가정한다. 용수(龍樹) 이외의 다른 철학자들도 [제4 사유 공간]을 사유했을 것은 틀림없다. 이 공간 속

[반존재]-[반의지]-인식 공간 세계

299

공간적 사유 세계

제 4 사유 공간 : [반존재]-[반의지]-인식 공간

반존재	반의지	인식	철학자	년도	사유의 궤적
-1	-1	1	-	-	-
-1	-1	2	-	-	-
-1	-2	1	-	-	-
-1	-2	2	-	-	-
-2	-1	1	-	-	-
-2	-1	2	-	-	-
-2	-2	1	-	-	-
-2	-2	2	용수(龍樹) 나가르주나	250	모든 존재는 인과 관계로 현시(顯示)되는 것으로, 불변의 실체는 없지만(공(空), 무자성(無自性)), 그 [이름]이 붙어 실존한다.(中觀)

[반존재]-[반의지]-인식 공간 세계

더 많은 세계정신을 발견하지 못한 것은 저자(著者)의 능력과 시간 부족일 뿐이다.

지금까지 인식의 세계가 구성하는 4가지 삶의 공간들을 양(陽)의 공간 세계 사유하였다. 이제 [반인식]의 세계가 어떠한 공간 세계들을 구성하며 어떻게 삶의 공간 세계 속에서 실제로 상호 작용하고 있는지 고찰해 보자.

[반존재]-[반의지]-인식 공간 세계

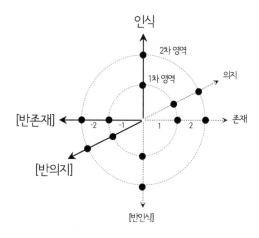

인식

2차 영역

1차 영역

의지

[반존재]

-2 -1 1 2

존재

302

[반의지]

[반인식]

[제4 사유 공간] [반존재]-[반의지]-인식 공간 세계

[반존재]-[반의지]-인식 공간 세계

2-1. 존재-의지-[반인식] 공간 세계

[존재와 의지의 평면 세계]는 인간의 기본적 삶의 욕구가 표출되는 세계이다. 일반적으로, 인간 의지는 이 평면 세계를 통해 실체화된다. 인간은 존재에 대한 의지 작용과 의지에 대한 존재화 과정을 통해서만 삶 전체를 구성해 나가는 것처럼 착각하기도 한다. 이와 같은 단순 평면 세계 구성은 인간 모든 본능적, 감성적, 지성적 의지가 표상화되는 세계이다. 이 평면 세계에 분열된 인식이 작용되는 세계가 [제5 사유 공간]이다.

[경험적 반인식] 심리학적 무의식 과 [본질적 반인식] 심리학적 무의식과 구분하여 통합 [철학적 무의식]으로 규정한다. 의 작용을 통해 [존재를 의지화]하고 [의지를 존재화]하게 됨으로써 인간 사유는 무근원(無根源) 공간을 구성한다. 인간의 사유는 인식되지 않으면 [반인식] 세계화된다.

우리는 [존재와 의지 평면의 인식화] 즉 한 인간을 사랑하는 감정이라든지 존재로부터 아름다움을 느낀다든지 하는 기본적인 평면 세계의 근원을 인식하는 공간 사유를 한다. 이와 함께 그 근원을 알지 못하지만 그 세계를 공간 사유하는 경험을 할 수 있다. 즉 우리는 일반적 미(美)에 대한 사회적 관념이나 순수하며 반복적인 색의 조화 등을 인식함으로써 자신의 미적 감정 상태의 근원을 사유할 수 있다. 그리고 그 근원을 잘 알지 못하고 이해할 수도 없지만, 즉 사회적 관념에 반하며 전혀 미적 요소로 인식되지 않는 존재에 대하여 사랑을 느끼거나 아름다움을 느끼기도 한다. 이와 같이 전혀 근원이 인식되지 않는 [존재의 의지화 세계]를 우리는 어렵지 않게 경험한다.

대상(對象)은 인식의 세계 속에서 부분적이지만 객관화 가능하다. 물론 인간 일반은 개체마다 고유의 인식 세계를 가지고 있으며 그에 따라 아름다움을 느끼는 기준도 변화한다. 이는 인간의 자유정신으로 대표된다. [반인식]의 세계 속에는 각 인간의 미지적 세계가 지배적이므로 모든 미의 평가나 감정의 상태는 객관화되지 않는다.

미지적 인식 세계가 존재와 의지의 평면 세계와 구성하는 사유 공간을 우리는 [제5 사유 공간]으로 규정한다. 근원을 알 수 없는, 즉 [원리 인식]화되지 않는 감정의 상태나 미의 상태가 우리의 삶 속에서 표출될 때, 우리가 [제5 사유 공간] 속에 묻혀 있음을 성찰(省察)할 수 있다.

존재-의지-[반인식] 공간 세계

존재에 대한 감성 의지, 즉 존재로부터 느끼는 감성은 그것이 [반인식화] 되면 양(陽)의 사유 세계로부터 이탈되어 무의식화된다. 즉 [반인식화] 되어 [경험적 반인식]으로 묻히며 이와 같은 [반인식]의 세계는 인간 일반 개체적 특질(個性)을 서서히 형성해 나간다. 인식화되지 않고 무의식 속으로 묻힌 세계는 인간의 특성에 근원적인 영향을 미친다. 특히 유아기, 아동기의 경우는 대부분 [반인식]의 세계가 지배적이므로 한 인간의 특성은 어린 시절의 [반인식] 상태에 따라 결정되기 쉽다. 이는 깊은 논의가 필요한 주제이다.

존재에 대한 의지가 [반인식]화되면 [인식의 분열] 현상은 [의지의 부정]을 야기한다. [인식의 분열]은 삶의 가치를 혼란 시키며 자신의 행위와 사유에 대하여 자기화시키는 것이 생략됨으로써 삶을 파괴적 성상(性狀)으로 변화시킨다. 즉 자신의 사유를 인식하지 못함으로써 자신의 행위나 사유가 어떻게 삶에 다가서는지에 대하여 무능력적이고, 무관심하다. 이 무능력과 무관심은 [도덕과 정의]의 파괴를 야기한다. 여기서 도덕과 정의란 [자신이 해야 할 것을 하는] 적극적 행위를 _{적극적 도덕, 정의} 의미하며 [하지 말아야 할 것을 하지 않는] 소극적 행위를 _{소극적 도덕, 정의} 의미하는 것은 아니다. 물론, 도덕과 정의의 파괴가 필요한 경우도 있다.

존재-의지-[반인식] 공간 세계

반인식 공간 세계

[인식의 분열]은 [의지의 분열]로부터의 이탈을 불가능하도록 한다. 이 상태는 인간의 삶을 극도로 파괴한다. 파괴적 [인식의 분열]은 현대 사회 문명화와 그에 따른 인간 무력화에 의해 가속되고 있다. 인간 일반을 위한 체계적 철학을 잘 교육받지 못한 어리석은 최고 지식인들의 오류투성이로 가득한 [문명과 인식의 동일화] 의도는 인간 일반의 삶을 왜곡시켜, 삶의 목적을 문명화로 변질시키는 우(愚)를 지속적으로 범하고 있다. [문명]은 인식, 존재, 의지 세계에 의해 탄생되는 일시적 실체일 뿐이며 그 이상 아무것도 아니다. [문명]은 인간 일반 사유에 의해 탄생되는 사유 작용의 극히 일부분일 뿐이다. [문명]을 위하여 우리의 정신을 희생해서는 안 된다.

존재-의지-[반인식] [제5 사유 공간]을 탐구했던 우리 인류의 철학 정신은 아직 발견되지 않는다. 물론 오래지 않아 발견되어 그들의 철학적 사유 공간이 분석, 기술될 것임을 의심치 않는다. 그리고 우리가 새롭게 탐구, 고찰해야 할 사유 영역으로 우리 모두에게 제안한다.

존재-의지-[반인식]의 사유 공간은 인간에 의해 표출된 표상(表象)에 내재되어 있는 [잠재적 세계]를 구성한다. 즉 우리는 [반인식]

존재-의지-[반인식] 공간 세계

을 인식화시킴으로써 존재와 의지의 세계를 포함하기 때문이다. 우리가 상상하지 못하는 새로운 세계를 창조할 수 있다. 그러므로 [제5 사유 공간]은 인간의 근원적 실체 창조 공간이며 인간 미래를 결정해 주는 [잠재 공간]이기도 하다. 이로써 [잠재적 반인식의 인식화]는 또 다른 의미로 우리에게 다가선다. 그러나 인간의 사유는 안타깝게도 삶의 조건이 허락하지 않는 경우를 포함하여 그 전환에 반드시 그리고 항상 자유로운 것은 아니다.

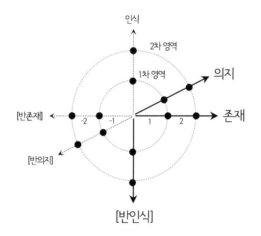

[제5 사유 공간] 존재-의지-[반인식] 공간 세계

2-2. [반존재]-의지-[반인식] 공간 세계

인간은 자신의 삶 속에서 표출, 성찰되지 않는 사유 공간을 가지며 그럼으로써 자신의 사유에 대한 미지의 개별적 질서 속에서 자신만의 특별한 삶의 세계, [숨겨진 개별 질서 공간]을 구성한다.

타자(他者)의 표출, 성찰되지 않는 사유는 그 사람을 알 수 없게 하지만 이는 각 개인을 특징 지운다. 어떠한 논리로도 자신과 반대 성향을 가진 단 한 사람을 설득시키기 어려운 것은 이 [숨겨진 개별적 질서]를 의지하는 각 개체를 정확히 이해할 수 없기 때문이다. 반대로 생각하면 만일 우리가 이를 인식한다면, 이것이 타자(他者)를 설득시키는 방법이기도 하다. 그러므로 한 사람의 사유를 진심으로 변화시키고 싶을 때는 그 사람의 [반존재], [반인식]과 의지 상태를 주의 깊게 파악해야 한다. 100년 전쯤 프로이트도 유사한 접근을 하였으나 꿈의 해석 그 근원을 밝히지는 못하였다. [숨겨진 개별적 질서]는 이제는 찾기 어려운 전통적 심리학자들의 중요한 탐구 영역이 될 것이다.

이 미지(未知)의 개별적 질서를 가진 사유 공간이 의지, [반존

[반존재]-의지-[반인식] 공간 세계

재], [반인식]으로 구성되는 [제6 사유 공간]이다. 이 공간 속 우리 인간 일반은 자신의 의지가 무엇을 추구하는지 알 수 없다. 실체도 없고 그것 이 인식되지도 않는 삶을 단지 자신의 의지로 지속, 유지시킨다. 그는 이 제 혼돈에 싸여 있다. 자신의 의지를 아무리 인식하려 해도 인식되지 않 고 실체화하려 해도 실체화되지 않는다. 결국 [의지의 부정]을 겪게 될 것이다. 이 [숨겨진 개별적 질서] 세계 속에서 인간은 자신이 무엇인가를 의지하고 있다는 것만을 사유하게 되고 자신은 무력화된다. 의지의 대상을 상실함으로써 [의지의 부정]을 경험한다.

[의지의 부정]은 인간 일반 자신을 유지했던 의지가 의미를 잃 는 과정이다. 이를 통하여 [반존재], [반의지], [반인식]의 [제8 사유 공간] 으로의 전환이 발생된다. 쇼펜하우어는 [의지의 부정]이 그가 기술한 [현 상의 망상]을 극복하는 해탈(解脫) 부동의 평화, 깊은 평정, 내면적 밝음 또는 무 (無)의 세계로 인도하는 한 매개로서 작용하는 것으로 주장하였다. 하지 만 그는 우리가 위에서 고찰한 [반존재], [반인식], 의지 세계를 통한 공 간적 사유 세계와 그 삶에의 작용 결과물로서 [의지의 부정]의 탄생을 사유하지는 않았다. 그는 인도 철학의 논리 체계를 극복하지 못하고 [의 지의 부정]의 달성을 수도자의 체념, 욕망의 제거, 고통의 차단, 자기 정

[반존재]-의지-[반인식] 공간 세계

화(淨化)를 위한 끊임 없는 투쟁을 통해 달성되는 것이라는 가정 이외에는 다른 대안(代案)을 제시하지는 않았다.

[제6 사유 공간] 사유 세계의 양태(樣態)는 우리 인간 일반이 추구하는 [종교에의 의지]로 대표적으로 집약된다. 종교는 [지성적 반의지]의 의지화를 통해 창조된다. 의지-[반의지] 선형 세계 참조 이와 같이 창조된 종교는 [제6 사유 공간]에서 강력한 [숨겨진 개별 의지]에 의해 완성된다.

우리 인간은 자신의 의지만이 작용, 지배하는 사유 공간 속에서 존재가 사유되지 않고 또 인식되지도 않는 원인을 신(神)에 기인하는 것으로 의지한다. 그는 이 세계의 모든 [숨겨진 개별적 질서]가 어떤 원인에 의해 성취되는 것으로 사유하고, 현재 자신이 속해 있는 [숨겨진 개별적 질서]의 사유 공간을 무제한적, 가능적 종교적 신(神)에 의한 공간으로 돌린다. 인간 일반은 종교의 합당한 역할인 [통합적 질서]의 기원으로서 종교를 사유하려는 것 같으나, 실제로는 오히려 종교를 [숨겨진 개별적 질서]의 원인으로써 사유한다. 이와 같은 사유의 문제점은 인간을 [숨겨진 개별적 질서] 속에 그대로 동화시키고, 오류 가득한 [숨겨진 개별적 질서]를 신(神)을 통하여 위로받도록 신(神)을 변형시키고 인간 특성을 희생시키는 비인간적이고 어리석은 [집단의식]에 열중하게 된다는 것이다. 그럼으로써 인간은 [숨겨진 개별적 질서] 속에서 자신의 무력감을 위안받으며 더욱 그 종교적 구원, 즉 [숨겨진 개별적 질서]에 대한 [위로]를 갈망하게 된다.

삶은 항상 [숨겨진 개별적 질서]로서 느껴지고 그 질서 속의 [통합 질서] 또한 [숨겨진 개별적 질서]의 한 개별 현상으로 전락되기 쉽다. 우리 인간의 이 같은 [숨겨진 개별적 질서]에의 의지는 이미 대부분 종교에서 발견되며 이는 백 년 이상의 치유 기간을 필요로 할 것이다. 종교는 근대를 향한 인본주의적 변화를 500년이 지난 지금 다시 한 번 더 필요로 한다. 그렇지 않으면 지구 상의 모든 종교는 오래지 않아 투쟁과 도피를 위한 [이익 집단]으로 전락할 것이다.

인식의 세계가 분열된 상태에서는 [통합 질서]는 존재하지 않으며 종교의 세계도 깊은 어둠 속으로 빠져 들어갈지 모른다. 종교 활동은 인식의 세계를 절실히 필요로 하는 정신 작용이다. 세계는 [통합 질서] 속에 움직이며 그 질서를 사유하는 것이 바로 인식이다. 그러므로 깊은 성찰 없는, 즉 인식 작용과 무관한 종교에의 몰두는 [숨겨진 개별적 질서]

[반존재]-의지-[반인식] 공간 세계

세계 속으로 자신을 몰입하는 것이며, 그에 따른 부조리적 삶의 파괴가 이어질 뿐이다.

우주의 질서를 통합하고 그것을 움직이는 절대적 힘은 하나일 수밖에 없다. 이 [하나의 근원적 힘]은 진정한 종교의 근원이며 그것은 인류 모든 종파를 초월하며 또 초월해야 한다. 그러나 [통합 질서] 세계를 사유할 수 있는 인식을 근원으로 하는 근원적 종교는 점점 우리에게서 멀어지고 있다. 우리는 고대인들이 그랬던 것처럼 이제 다시 한 번 신(神)을 깊이 성찰할 필요가 있다.

인간 일반은 [잘 알지 못하는 것(神)]에 대하여 [인식 세계로의 전환]을 본능적으로 갈구한다. 그러나 자신의 안식(安息)을 위한 도구로 전락한 종교는 더 이상 우리가 신(神)을 인식하도록 허락하지 않는다. [숨겨진 개별적 질서]의 세계 속 우리의 불안은 스스로 극복해야 하는 인간 개인의 몫이며 그것을 극복할 수 있도록 하는 것은 신(神)의 본질과 거리가 멀다. [숨겨진 개별적 질서]를 위한 신(神)은 존재하지 않으며 존재해서도 안 된다. 그는 수 억년이 지나도 우주 속 이동 궤적이 변하지 않도록 우주 속 허공에 위치하는 우리 지구를 포함한 행성들을 우주 공간 속

[반존재]-의지-[반인식] 공간 세계

에서 회전시키는 데만도 바쁘기 때문이다. 이에는 조금의 실수도 용납되지 않는다.

　　[제6 사유 공간]은 인간의 무원적(無源的) 의지 세계이다. 예를 들어 한 인간에게 어떠한 실체도 인식되지 않음에도 아무런 이유 없이 우울한 감성적 의지를 경험할 때의 사유 공간이다. 이 감성은 어떠한 외부로부터의 자극이 없이 스스로 발생되는 감정이다. 무원적 의지 세계는 우리의 중요 탐구 공간이다. 이 탐구에는 인간 미지 심리 상태의 근원이 [반존재]와 [반인식]으로 귀착되는지가 고찰되고, 이로써 [반존재]와 [반인식]이 인간 감성 의지에 어떻게 작용하는지에 대한 사유가 포함될 것이다.

　　예상되었던 것과 같이 [반존재]-의지-[반인식]이 구성하는 [제6 사유 공간]에 대하여 주목한 철학 정신은 잘 발견되지 않는다. 전술한 바와 같이 [제5 사유 공간]에 대한 인류 역사 속 철학 정신도 발견되지 않았다. 이는 [숨겨진 개별 질서]를 우리의 사유 속에서 확실히 위치시킨 바가 없는 우리 인류의 철학 정신적 공백일지도 모른다. 그러나 우리가 그 공백을 발견한 이상 그것은 누군가에 의해 곧 채워질 것이다.

[반존재]-의지-[반인식] 공간 세계

제 5 사유 공간 : 존재-의지-[반인식] 공간

존재	의지	반인식	철학자	년도	사유의 궤적
1	1	-1	-	-	-
1	1	-2	-	-	-
1	2	-1	-	-	-
1	2	-2	-	-	-
2	1	-1	-	-	-
2	1	-2	-	-	-
2	2	-1	-	-	-
2	2	-2	-	-	-

제 6 사유 공간 : [반존재]-의지-[반인식] 공간

반존재	의지	반인식	철학자	년도	사유의 궤적
-1	1	-1	-	-	-
-1	1	-2	-	-	-
-1	2	-1	-	-	-
-1	2	-2	-	-	-
-2	1	-1	-	-	-
-2	1	-2	-	-	-
-2	2	-1	-	-	-
-2	2	-2	-	-	-

[반존재]-의지-[반인식] 공간 세계

우리는 의지의 세계를 포함하는 2개의 [반인식] 공간을 사유하였다. 일반적으로 공간 세계화 과정은 3개 선형 세계의 평면화 과정과 3개 평면 세계의 선형화 과정을 포함한다. 각 삶의 공간에서 6개의 공간 세계화 과정은 알 수 없을 것 같았던 삶의 세계를 좀 더 구체화시킨다. 이는 무질서적이고 복잡하고 난해한 삶의 세계를 해석할 수 있게 하는 단서를 제공할 것이다.

이제 [반의지]의 세계가 구성하는 평면적 [후면 세계]와 [반인식]이 구성하는 공간에 대하여 사유할 것이며, 이때 [후면 세계]의 [반의지]가 어떻게 극복되는지에 대하여 사유해 볼 것이다.

[반존재]-의지-[반인식] 공간 세계

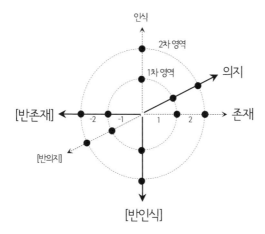

[제6 사유 공간] [반존재]-의지-[반인식] 공간 세계

[반존재]-의지-[반인식] 공간 세계

2-3. 존재-[반의지]-[반인식] 공간 세계

[제7 사유 공간]은 [반의지]와 [반인식] 즉, 의지되지도 인식되지도 않는 공간 속에서 존재만 사유되는 사유 공간이다. 우리는 이 사유 공간을 [삶의 존재화 공간]으로 규정한다. 모든 사유는 존재뿐이며 의미를 가지는 것도 존재뿐이다. 존재를 제외한 모든 것은 우리의 사유로부터 외면화(外面化)되지 못하고, [반의지]적이고 [반인식]적인 심연(深淵) 세계로 전환된다.

이와 같은 인간의 사고(思考) 체계 일정 체계적 생각, 사고(思考)를 사유(思惟)라 정의한다. 는 [존재를 존재로만 사유]하는 극단적 사유 상태에서 경험된다. 즉 [물(水)은 물(水)]이며 [나무(木)는 나무((木)일 뿐이다. 이때의 사유는 단순한 존재론적 유물론으로 빠지기도 하지만 존재론적 깊은 정신 세계를 내포하기도 존재만으로 세상을 구성시키는 평정(平靜)의 세계 한다. 인간 일반 삶의 사유 세계를 존재에 고정시키면 즉 의지와 인식을 [반의지][반인식]화 시키면, 삶의 세계는 존재의 세계만 남아 외면화(外面化)된다. 이를 통하여 [제7 사유 공간]은 세계 공간으로부터 존재만 남는 의지와 인식으로부터 자유로운 [초월적 존재 세계]를 구성할 가능성을 제공한다.

존재-[반의지]-[반인식] 공간 세계

반인식 공간 세계

그러나 인간 일반은 [초월적 존재 세계]를 구성함과 동시에 자신의 의지와 인식의 분열 세계를 구성함으로써 [자연주의적 유물론]으로 자신의 사유 세계를 구성할 위험을 항상 보유한다. 이와 같이 우리는 의지와 인식을 자신의 사유로부터 이탈시킴으로써 두 가지 극단적 사유 상태를 경험한다. 이때 [초월적 존재 세계]의 구성은 [의지와 인식의 이탈을 통한 존재의 표상화 과정]이며, [자연주의적 유물론]은 [존재의 표상화를 통한 의지와 인식의 이탈 과정]으로 구별된다. 즉 [초월적 존재 세계]는 의지와 인식의 이탈이 선행되며 [자연주의적 유물론]은 존재의 표상화가 선행된다. [초월적 존재 세계]에서 의지 분열과 인식 분열 현상은 존재 부각을 위한 수단으로서 작용된다.

[의지 분열]과 [인식 분열] 현상은 인간 삶의 세계를 사유 공간의 후면(後面), 그리고 음(陰)의 세계로 추방시키며, 이로써 사유는 제한 받는다. 사유 제한은 곧 삶의 자유로운 세계 구성이 방해받는 것이며 그로써 우리 삶은 아무 의미 없는 존재만 남겨지는 혼돈과 절망의 위험에 빠진다. 우리에게는 [존재 외에는 남은 것이 아무것도 없으며] 그럼으로써 파괴된 자신을 의지와 인식 회복시키는 시도와 노력이 필요하다. 이는 전술하였던 키에르케고르적 절망과 유사하다. 그는 절망 과정을 죽음에 이르는 병으로 정의하였다.

존재-[반의지]-[반인식] 공간 세계

반인식 공간 세계

우리는 인식 공간 사유 세계에서 [의지의 분열]이 인식될 때 자신의 존재로부터 [자기 이탈]을 통한 사유 세계의 전환을 성취하고, 그에 따른 [의지 분열] 세계로부터의 전환 과정을 사유하였다. 그러나 존재, [반의지], [반인식]으로 구성된 [제7 사유 공간]은 [자기 이탈]의 근원인 인식 세계가 분열된 세계이다. 이로써 [의지 분열]의 극복은 [반인식의 인식화 과정]을 전제로 하는 [조건적 전환 세계]를 구성해야 한다. 즉 [제7 사유 공간]을 존재, [반의지], 인식으로 구성된 [제3 사유 공간]으로 우선 전환시키고, 인식을 통한 [자기 이탈] 과정을 진행하도록 한다. 그러므로 사유 전환을 위하여, 우리는 [반인식의 인식화 과정]을 전제로 하거나 [반의지와 반인식의 평면적 세계]에서 기술한 바와 같이 무(無)의 경험을 전제로 [분열 세계]로부터의 전환 세계를 구성해야 한다.

[제6 사유 공간]은 종교와 신에 대한 우리 [인간 관점]에서의 세계이다. 즉, 우리 인간의 필요에 의해 종교와 신(神)을 창조하고 그를 이용하려고 하는 [반존재]-의지-[반인식] 공간에서 인간이 할 수 있는 최대의 정신 작용과 그 결과물이다. 반면, [제7 사유 공간]은 일반적으로 명확히 인식되지 않는 [실체적 존재]가 자신의 의지와 무관하게 구성될 때, 인간 일반이 깊이 빠져드는 삶의 사유 세계로, 우리 인간이 사유할

존재-[반의지]-[반인식] 공간 세계

수 있는 [신(神)]이라는 절대적 존재가 위치하는 본질적 공간이다. 종교의 기원, 그 의지 그리고 본질에 대한 사유는 인간의 다양한 사유 공간을 암시한다. 신(神)의 본질은 [반의지와 존재의 평면 세계]를 [의지와 존재의 평면 세계]로 전환시키는 매개자이다. 인간이 신(神)을 사유할 때 [반의지]와 존재의 평면 세계가 구성되는 것은 사실이다. 그러나 역설적으로 신(神)의 본질은 [반의지]의 세계를 갖지 않으며 오히려 모든 삶의 세계를 의지화시키는 본질을 가진다. 그러므로 신(神)은 [제7 사유 공간] 후면(後面) 세계 반의지 를 전면(前面) 세계화 의지화 하는 [전환적 힘의 근원]으로 사유된다.

신(神)은 본질상 [반의지]의 영역과는 무관하다. 그러나 우리는 그의 본질을 무시하고 [제7 사유 공간]에서 그를 찾으려 한다. 인간 일반은 신(神)의 본질을 자신의 사유 세계에서 찾으려 하므로 신(神)의 본질과 대립된다. 신(神) 또한 한 사유 주체로서 그의 사유 세계를 가지고 있지만, 그의 사유 세계는 인간의 사유 세계와는 본질적으로 그 구성을 달리한다. 그럼에도 불구하고 우리 인간은 자신의 생각 체계 속에서 신(神)의 본질을 사유하려 함으로써 그의 본질과 대립, 불일치가 발생된다.

존재-[반의지]-[반인식] 공간 세계

321

반인식 공간 세계

한 인간과 또 다른 인간은 그 사유 세계의 동질화를 성취할 수 있으나 물론 동일화는 성취 불가능하다. 신(神)과 인간은 본질적 사유 세계의 차이로부터 사유 세계의 동질화를 성취할 수 없다. 이로부터 신(神)과 인간의 비동질성이 성찰된다. 지금까지 인간 일반이 신(神)의 본질을 사유할 수 없었던 근원은 신(神)적 사유 세계의 본질과 인간 사유 세계의 본질을 동질화시키려는 의지 때문이었다. 우리는 신(神)과 인간 사유의 비동질화를 전제로 신(神)의 본질에 대한 사유에 접근을 시도해야 한다.

신(神)은 인간의 사유 공간과 무관한 존재로, 신(神) 고유의 의지의 세계를 포함하는 공간 세계를 가지는 존재이다. 인간의 사유 세계로부터 이탈된 신(神)의 새로운 사유 세계는 우리 인식자(認識者) 인식하려는 자 에게 또 다른 사유 영역을 제공한다. 신(神)을 위한 사유 공간의 새로운 구성 요소 발견과 재배치를 필요로 한다. 우리는 [인간적인 신]에 대한 환상을 버릴 때가 되었으며 신(神)의 인간화는 신의 본질을 파괴한다. 신(神)의 인간화가 우리의 사유 세계로부터 철저히 부정될 때 신(神)의 본질은 그 진실된 모습을 드러낼 것이다.

신(神)의 본질을 표출하는 신(神)적 사유 구성 요소는 [존재-반

존재-[반의지]-[반인식] 공간 세계

반인식 공간 세계

존재], [의지-반의지], [인식-반인식]으로 구성된 인간 일반의 [통합사유 철학] 체계를 포함하는 동시에 [시간-반시간], [공간-반공간], [질서-반질서] 세계 좌표축을 추가 구성하는 인간 사유 한계를 벗어난 영역을 포함한다.

[시간-반시간(反時間)] 세계는 과거-현재-미래를 나타내는 [시간] 영역과 시간 개념이 변화되어 시간의 흐름이 없는, 물(物)의 변화에 따라 상응하는 [반시간] 영역으로 구성된다. [반시간] 영역에서 시간의 길고 짧음은 사라지고 변화와 무변화만 존재한다.

[공간-반공간] 세계는 인간 일반의 감각 기관에 의해 감지되는 일반 3차원 공간과 인간 일반이 아닌 모든 동물이 각기 감지하는 공간, 우주 전체 막대한 규모로 감지하는 인간이 감각할 수 없는 또 다른 차원의 공간, 극미소(極微小) 세계에서 탄생되는 인간에게 인식되지 않는 불확정성의 공간들로 구성되는 [반공간]으로 구성된다.

[질서와 반질서] 세계는 인간 일반이 알고 있는 법칙이 통용되는 세계와 그 법칙이 무너지는 세계이다. 인류 역사 전체의 인식 작용으

존재-[반의지]-[반인식] 공간 세계

로 겨우 발견한 4가지 기본 힘은 만유인력(중력), 강한 핵력, 약한 핵력, 전자기력 극
미소(極微小) 세계 또는 우주 전체를 단위로 하는 거대한 공간이 가정되
면 그 의미를 잃는다. 사실, 이뿐만 아니라 우리의 법칙이 적용되리라고
생각되는 적절한 규모의 공간에서도 물리 법칙이 무너지는 세계는 어렵
지 않게 발견된다. 법칙이 무너지는 현상을 실행하면 우리는 이를 초능력
이라고 한다. 하지만 초능력이라고 생각되는 것들이 일반 법칙화된 것
들로 우리 삶은 이미 가득하다.

신(神)의 특징적 세계는 [통합사유철학], [시간사유철학]을 모
두 포함하는 [무경계 평등]의 세계이다. [시간의 흐름과 정지]의 구분, 경
계도 없고, [공간의 크고 작음]의 구분, 경계도 없다. [질서-반질서 통합
세계] 속에서는 [법칙과 비법칙(非法則)]의 구분, 경계도 있을 수 없다.

본 서(書)에서 다루는 [통합사유철학]은 6개 기본 생각 개념
축이 구성하는 총 29개의 선형(9개), 평면(12개), 공간(8개) 사유 세계로 구성된다.
우리는 신(神)의 세계가 구성하는 12개의 기본 생각 개념 축을 사유한다.
이 세계 속에서 18개의 선형 세계, 그 수를 크게 증대시키는 조합적 평면 교차와 공간
교차를 제외하고도 40개의 평면 세계, 32개의 공간 세계가 구성된다. 우리는

존재-[반의지]-[반인식] 공간 세계

이를 [절대사유공간]으로 명명(命名)하고 [신(神)적 사유 공간 세계]로 규정한다. 이는 다른 서(書)를 통해 발표될 것이다.

[제7 사유 공간]은 존재-[반의지]-[반인식]이 구성하는 [실체적 무의식 공간]이다. 전술(前述)한 바와 같이 [꿈]은 본능적 무질서 자유 상태를 통해, 억압을 극복하면서 수면 중 사유를 수행하는 과정이다. 조금 더 자세히 기술하면, [꿈]은 억압된 의지와 인식화 되지 못하고 머릿 속 생각의 구조 속에서 깊이 숨어 있는 [반인식]이 존재화 되는 과정이다. [반인식] 세계는 [경험적 반인식]으로부터 [심리학적 무의식]화 되고 [본 질적 반인식]을 통하여 통합 [철학적 무의식]화 된다. 그러므로 프로이트의 방식대로 꿈을 통하여 자신의 억압된 과거를 유추하는 것은 논리적이다. 그러나 혹시 꿈을 통하여 미래를 예측하려 한다면 우리가 바로 위에서 기술한 [신(神)적 사유 공간 세계]를 이해하고 인식하지 않는 한 불가능하고 비논리적인 일이다. 가끔 꿈이 미래를 예측하는 일이 있다. 이것은 과거에 생각한 미래에 대한 상상이 무의식화되어 우연히 미래와 일치할 때 나타난다. 그러므로 미래에 대하여 오랫동안 다양하게 생각하면 조금 더 실제 미래와 비슷한 꿈을 꿀 가능성을 조금은 높일 수 있다. 그러나 이는 복권을 사는 것과 같이 터무니없고 물론 터무니 없는 일이 꼭 나쁜 것만

은 아니다. 그 확률은 매우 낮다.

우리가 [꿈]에 대하여 기술하는 것은 [꿈]이 우리의 고찰에 중요해서가 아니다. [꿈]이 우리가 고찰하는 [제7 사유 공간] 존재-[반의지]-[반인식] 공간을 비교적 명확히 표현해 주기 때문이다.

[제7 사유 공간]의 특징, 실체적 무의식 공간을 프로이트는 이렇게 사유했다. [우리의 행동을 결정하는 것은 이성적 자아가 아닌 무의식적 억압이다.] 이는 우리 철학 역사 속에서 의미 있는 생각의 전환이었다. 그는 인간 삶 속에서 [개체 억압] 상태를 발견했다. 이와 다르게 융은 [집단적 무의식]을 통찰한 철학자이다. 그는 삶의 전반적(全般的) 틀은 집단적 무의식이 결정한다고 하면서 [집단 억압] 상태를 우리 인류 정신에 각인했다. [무의식적 억압]과 [집단적 무의식]은 우리가 논증하고 있는 [실체적 무의식 공간]의 중요 부분을 구성한다. 같은 생각으로, 프로이드와 융보다 앞 선 철학자들도 많지만, 그것을 중점적으로 생각했다는 관점에서 분류했다.

우리는 투쟁적 억압 속에서 살고 있다. 이는 인간 일반 모두의 모습이다. 이는 극복할 필요 없는 우리 삶의 세계이다. 우리는 억압을 극

제 7 사유 공간 : 존재-[반의지]-[반인식] 공간

존재	반의지	반인식	철학자	년도	사유의 궤적
1	-1	-1	-	-	-
1	-1	-2	프로이드	1939	이성적 자아가 아닌, 무의식적 억압이 행동을 통제한다.
			융	1961	집단적 무의식이 삶의 틀을 결정한다.
1	-2	-1	-	-	-
1	-2	-2	-	-	-
2	-1	-1	-	-	-
2	-1	-2	-	-	-
2	-2	-1	-	-	-
2	-2	-2	-	-	-

존재-[반의지]-[반인식] 공간 세계

복하기 위해 다른 억압을 씌운다. 우리는 공간을 자유롭게 이동하는 인간적 무질서의 평정(平靜)한 자유정신을 가지면 된다. [억압에서 자유로 투쟁에서 평정(平靜)으로] 이것이 신(神)이 아닌 우리 인간이 가질 수 있는 최고의 사유 상태이며 진리에 가까운 삶이다.

공간적 삶의 세계

반인식 공간 세계

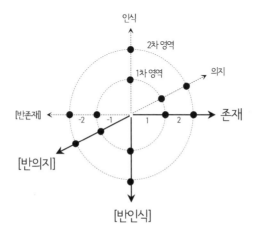

[제7 사유 공간] 존재-[반의지]-[반인식] 공간 세계

[반존재]-의지-[반인식] 공간 세계

2-4. [반존재]-[반의지]-[반인식] 공간 세계

실체를 가지지 않으며 의지되지 않으면서 또한 인식되지도 않는 사유 세계가 [제8 사유 공간]이다. 이는 [반존재]와 [반인식]의 평면 세계에서 고찰하였던 자신의 존재 실체 [열(熱)과 명(命)]만 남기고, 느낌과 지각 [식(識)]이 모두 사라지는 [멸진정(滅盡定)] 상태에서, 남아 있던 존재 실체는 유지하나 그것이 존재하는 것마저 망각되는 상태이다. 이는 같지는 않지만 [죽음]의 상태와 크게 다르지 않을 수 있다.

[제8 사유 공간]은 인간의 총체적 분열의 세계를 구성하기도 한다. [정신 분열]은 자신이 추구하는 바를 인식하지도, 의지하지도, 존재화시키지도 않는 상태이다. 그러나 정신 분열자도 자신의 실체 세계를 인식하거나 의지할 때 즉 자신의 양(陽)의 사유 세계로 복귀될 때 [제8 사유 공간]으로부터 이탈되어 자신이 위치하던 [분열의 세계]로부터 벗어난다.

[정신 분열]은 [제8 사유 공간] 속에 고립되어 있는 [고립적 정신 분열]과 이 분열 공간과 다른 일부 특정 사유 공간에의 전환이 제한되는 [전환 제한적 정신 분열]로 분류된다. 두 정신 분열 모두 인간 일반 본

질인 자유로운 사유 공간 이동의 능력을 상실한 상태이다. 그러므로 치유는 자유로운 사유 공간 이동 본질이 회복될 때 가능하다. [고립적 정신 분열]은 분열 공간을 제외한 모든 사유 공간으로부터의 지속적 억압을 근원으로 하며, [전환 제한적 정신 분열]은 특정한 사유 공간으로부터의 억압을 근원으로 한다. [전환 제한적 정신 분열]은 분열 공간으로부터 특정한 사유 공간으로 전환하려는 경우에만 발생한다.

[정신 분석]은 사유 전환의 억압 요소를 발견하여, 그것을 제거하려는 모든 분석 작업을 수행해야 한다. 모든 사유 공간은 전환 가능한 3개의 사유 공간을 가지고 있다. 분열 공간 [제8 사유 공간]은 [제4, 반존재-반의지-인식], [제6, 반존재-의지-반인식], [제7, 존재-반의지-반인식] 사유 공간 2개의 분열 세계를 포함하는 사유 공간 으로 전환 가능하다.

[전환 제한적 정신 분열]의 경우, 전환 가능 사유 공간으로의 자유로운 전환을 위하여, 전환이 억압받는 사유 공간 속 억압 요소의 해소를 성취함으로써, 분열 공간으로부터의 자유로운 전환을 회복시킬 수 있다. 예를 들어 [제6 사유 공간], [반존재]-의지-[반인식] 공간이 억압 전환 평면으로 분석되었다면, 즉 [제8 사유 공간] 속 극단적 [의지 분열]에

[반존재]-[반의지]-[반인식] 공간 세계

의해 의지를 포함하는 공간 세계로의 전환이 억압된 것이다. 우리는 [전환 제한적 정신 분열]을 겪는 자에게 의지를 사유하도록 순간적 그리고 반복적 자극을 줌으로써, [정신 분열]의 극복과 자유로운 사유 전환을 성취시킬 수 있다. [제4 및 제7 사유 공간]으로부터의 억압 또한 동일한 과정을 통해 자유로운 사유 전환이 억압받은 상태이며, 이의 극복을 위해서는 인식, 존재의 사유에 대한 순간적, 그리고 반복적 자극을 주는 유사한 과정을 필요로 한다. 반면, [고립적 정신 분열]은 위의 [제4, 제6, 제7 사유 공간]으로의 전환이 모두 억압된 상태이며, 이의 극복은 예측되는 바와 같이 무(無)를 통한 방법 등 오랜 시간과 노력이 필요할 것이다.

 의지, 인식, 또는 존재의 사유 세계를 어느 하나라도 포함하는 [제1 사유 공간]으로부터 [제7 사유 공간]까지의 [분열 현상]은 자신의 의지, 인식 또는 존재를 포함한 선형적 사유 요소에 의해 어느 정도 자기 방어된다. 이와 같은 [분열의 자기방어]는 우리 삶을 스스로 제어 가능한 사유 세계화하는 기본 요건으로서 작용된다. 그러나 [제8 사유 공간]은 이와 같은 [분열의 자기방어]를 위한 사유 요소를 스스로 보유하지 못한다. 그러므로 이 공간에 갇혔을 경우, 혼자 힘으로 쉽게 벗어나지 못할 수도 있다.

[반존재]-[반의지]-[반인식] 공간 세계

반인식 공간 세계

[반존재]-[반의지]-[반인식]의 [제8 사유 공간]은 꿈의 근원 세계이다. 우리는 [반존재]-[반의지]-인식의 [제4 사유 공간]에서 억압에 의한 꿈의 세계를 사유하였으며 이는 곧 기술될 [인식적 꿈]의 세계를 의미한다. 프로이트가 정신 분열 증상과 꿈의 구조적 유사성을 성찰한 것은 경험에 의존하여, 그 근원은 불분명하였지만, 합리적 고찰이었다.

꿈의 세계는 [제8 사유 공간]의 [제4, 6, 7 사유 공간]으로의 억압된 사유 전환이 표출되는 과정이다. 꿈은 이와 같은 억압 전환 과정 분류에 따라 [인식적 꿈], [의지적 꿈], [존재적 꿈]으로 분류된다.

[인식적 꿈]은 [제4 사유 공간]으로의 전환을 억압받은 [제8 사유 공간] 사유가 표출되는 과정이다. 이 꿈속에서 인간 일반은 자신이 인식하지 못하고 무의식 세계 속으로 묻어 버린 사유를 인식화한다. 우리는 꿈을 통해 인식할 수 없었던 사유를 인식화시킨다. 그러므로 인간은 꿈을 분석함으로써 [반인식] 무의식 세계를 부분적으로 사유할 수 있다. 이를 [계시적 꿈]이라 규정한다.

[의지적 꿈]은 [제6 사유 공간]으로의 전환을 억압받은 [제8 사

[반존재]-[반의지]-[반인식] 공간 세계

유 공간] 사유가 표출되는 과정이다. 꿈속에서 인간은 자신이 의지의 세계화할 수 없었던 사유를 가능적 의지로 세계화시킨다. 이 꿈은 우리 꿈 대부분을 차지하며 의지, [반의지] 세계에 대한 일정 사유 영역을 가진 인간에게 광범위하게 나타난다. 이를 [소원적 꿈]으로 규정한다.

[존재적 꿈]은 [제7 사유 공간]으로의 전환을 억압받은 [반존재-반의지-반인식, 제8 사유 공간] 사유가 표출되는 과정이다. 인간은 이 꿈속에서 자신이 존재시킬 수 없었던 사유를 존재화시킨다. 즉 공(空), 허(虛), 연(然)의 [반존재] 사유 세계로부터 존재 세계로의 전환을 통해 경험된다. 이를 [현시적 꿈]으로 규정한다.

우리는 잠시 동안의 꿈에서 위의 모든 형태의 꿈을 복합적으로 경험 가능하며, 꿈을 통하여 [제8 사유 공간]의 분열로부터 각 사유공간으로의 전환을 성취한다. 꿈은 인간의 [고립적 정신 분열]과 [전환 제한적 정신 분열] 상태를 암시한다.

[제8 사유 공간]은 인간의 근원적 창조 세계이다. 인간 일반의 근원을 알 수 없는 창조력은 미지의 심연(深淵) [분열의 세계]로부터 표

[반존재]-[반의지]-[반인식] 공간 세계

출된 것이다. 창조적 예술, 문화, 과학, 철학 세계를 구성하기 위해서 [분열의 세계]가 그 근원으로 작용한다. 즉 존재되지도, 인식되지도, 의지되지도 않았던 사유가 인식, 의지, 존재의 [제1 사유 공간]화 되는 과정이 [창조의 비밀]이다. 자유로운 사유 전환 [자유정신] 없이는 창조적 인간은 탄생되지 않는다.

[제8 사유 공간]은 미지의 분열 세계이다. [-2, -2, -2] 공간 좌표에서 4세기 인도 철학자 세친(世親, Vasubandhu)은 [주체와 대상의 분별 제거는 대상이 근원 없는 마음일 뿐임을 자각함을 통해서이다.]라고 말하면서 우리의 [아무것도 없는 사유 공간 세계]의 진리 발견을 위한 역할을 간파했다. [-1,-1,-1] 공간 좌표 속, 베르그송은 [알 수 없는 직관은 창조적이고 자유 의지적이다.]라고 하면서 대상(對象)의 발전 근원으로서 [미래에의 잠재]를 주장했다. 그 또한 우리 삶은 존재도, 의지도, 인식도 아닌, 알 수 없는 무엇 [직관, 잠재]에 의해 결정된다고 생각하는 [제8 사유 공간]적 정신을 보유하고 있었다.

[분열의 세계] 공간은 인간에게 창조할 수 있는 주체로서의 힘을 부여하는 사유 공간이다. 그리고 [창조적 인간]은 [분열의 공간]을 포

[반존재]-[반의지]-[반인식] 공간 세계

제 8 사유 공간 : [반존재]-[반의지]-[반인식] 공간

반존재	반의지	반인식	철학자	년도	사유의 궤적
-1	-1	-1	베르그송	1941	직관의 방식이 지성의 방식보다 더 창조적이고 자유 의지적이다.
-1	-1	-2	-	-	-
-1	-2	-1	-	-	-
-1	-2	-2	-	-	-
-2	-1	-1	-	-	-
-2	-1	-2	-	-	-
-2	-2	-1	-	-	-
-2	-2	-2	세친(世親) 바수반두	400	대상은 아무 것도 아닌 깊은 마음(識)일 뿐임을 자각하면, 주체와 대상을 분별하려는 의지를 제거할 수 있다. (唯識)

[반존재]-[반의지]-[반인식] 공간 세계

함하여 우리 총체적 사유 영역을 확대시킬 수 있는 [통합사유철학]을 필

요로 할 것이다.

[반존재]-[반의지]-[반인식] 공간 세계

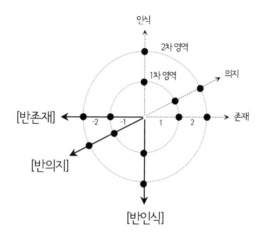

[제8 사유 공간] [반존재]-[반의지]-[반인식] 공간 세계

후기(後記)

　　우리는 삶의 사유 공간을 존재와 [반존재], 의지와 [반의지] 인식과 [반인식]의 선형세계로부터 고찰하였다. 사유 공간은 사유 본질로부터 스스로 시간을 내포하고 있으며 그러므로 우리의 사유 세계는 삶의 일반 시간으로부터 독립적일 수 있다. 선형적 시간으로부터 도출된 [평면적 시간], [공간적 시간]으로부터 [반존재와 인식의 평면적 세계] 참조 사유의 무시간성은 인간 사유 세계에 무시간적 특성을 부여한다. 그러나 무시간적 사유 특성은 인간을 사유 세계 속으로 블랙홀과 같이 끌어당겨, 사유 공간에서 이탈하려는 사유로부터의 자유를 억압할 수 있다. 우리는 사유를 통해 자유로우며 그러나 이 자유를 통해 억압받는다.

339

　　우리 인간은 자신의 인식, 존재, 의지의 사유 좌표로부터 자신의 특징적 사유 공간을 창조하거나, 공간으로부터 독립시켜 어느 좌표에도 속하지 않는 자신만의 독립성을 성취하기 위하여 [자기 이탈]과 자신으로부터 또 다른 존재 [나]를 창조하는 작용 [무(無)]를 통한 사유 공간으로부터의 초월을 시도하기도 한다. 그러므로 진리에 가까운 자유정신적 평정(平靜)의 피안(彼岸)에 도달하기 위해서는 사유 공간에 대한 완전한 이해와 사유로부터의 초월을 모두 성취해야 하는 어려움이 존재한다.

인간 일반이 자신의 사유 세계 속 제한된 세계로부터 탈출하여 공간 사유 전환으로부터 완전한 자유로움을 성취하기 위해서는 사유의 [표층(表層) 세계]로의 전환이 제안된다. [표층 세계]에서 우리는 사유의 전(全) 영역을 대부분 조망할 수 있으며, 사유 평면을 통한 직접적 전환이 아닌 [표층 평면적 공간 전환]을 경험할 수 있다. 표층 평면적 공간 전환의 중요성은 사유의 억압 [제한적 사유 공간 전환]으로부터 자유롭게 한다는 것이다. 예를 들면 사랑하는 자를 잃은 절망적 슬픔으로부터 자신의 공간이 존재-[반의지]-[반인식] 공간화되었을 때, 이를 벗어나기 위해, 인식 작용을 통해 이성적으로 모든 생명체는 죽을 운명이며 조금 일찍 죽었을 뿐이라는 [인식론적 위로]를 통하는 방법과 존재를 통하여 느껴지는 배고픔으로 문득 슬픔이 감소하는 경험을 통한 [존재론적 위로] 그리고 사랑하는 자의 유언을 생각하고 그것을 이루기 위하여 의지를 다시 세워 슬픔을 위로받는 [의지론적 위로]가 있을 것이다. 그러나 이 위로는 제한적이며, 시간을 필요로 하는 [인간적 위로]이다. [표층 세계를 통한 위로]는 최고의 인식 상태에 있어 삶과 죽음의 분별이 의미 없음을 잘 아는 선지식(善知識)들의 세계에서 볼 수 있는 [표층 인식 세계의 위로]와 이미 목마름, 배고픔, 고통으로 죽음 직전의 자가 자신의 극한 존재 상태를 통해 위로받는 [표층 존재 세계의 위로], 전쟁 중 적국으로부터 국가를 지켜야 한다는 목적에 의해 슬픔이 경감되는 [표층 의지 세계의 위로]가 있을 수 있다. 이 위로는 크게 제한적이지 않으며 시간에 자유로운 [표층적 위로]이다.

[표층 세계]는 모든 인간 개체 사유 세계를 하나의 세계로 규정할 수 있는 [사유 통합화]를 생각하게 한다. 또한 [표층 세계]는 사유 공간 속 자유로움의 근원인 [자기 이탈]에 수반되는 억압에, 자유롭고 독립적인 공간을 구성하게 한다. [표층 공간 전환]을 통해 우리는 자신의 사유 세계를 타자(他者)의 사유 세계와 접촉시켜 모든 인간 일반 사유 세계와의 결합을 시도할 수 있다. 이때 각 개인이 경험하는 시간이 서로 결합하여 [공간적 시간]을 구성한다. [반존재]와 인식의 평면적 세계 참조 인간 사유의 심층 세계는 타자(他者)의 사유와 상호 독립적일 수밖에 없으며 이로써 인간은 각자 자신의 사유 속에서 갇혀 버리지만, 사유의 표층 세계화를 통해 타자(他者)의 사유와 접촉 또는 결합된 총체적 사유를 시도할 수 있고, 경험할 수 있게 된다.

삶의 사유 공간과 그 해석

[사유의 표층 세계]는 우리 사유 주체가 할 수 있는 최대한의 지속적인 [철학적 수련]과 자신의 사유 세계로부터 떨어져 나온 존재 [나]가 기존의 나를 사유하는 [자기 이탈]로부터 달성될 수 있다. 이때 [자기 이탈]은 [자기 초월]로도 규정한다. 이 때는 외부로부터 자신을 볼 수 있기 때문에 표층 세계로의 접근이 가능하다. [자기 이탈]은 자신의 전체 사유 영역에 대한 성찰과 이를 자신으로부터 독립시킬 수 있는 인간의 최고 사유 상태를 필요로 하며 이와 함께 외적 자극으로부터 독립적인 [타자(他者)] 관점에서 자신에 대한 몰입을 필요로 한다.

[표층 세계]에 도달하면 [타자(他者)와의 사유 공간 접촉]은 [공간적 시간]을 인식 가능하게 한다. 이를 반복하면 몇 사람의 사유와 접촉하는 것을 경험할 수 있으며, 이는 모든 인간 일반과 접촉할 수 있는 가능성을 암시한다. 타자(他者)와 나를 접촉시켜 [사유 통합]이 가능하다면, [사유 통합]을 통해 우리는 타자(他者)의 모든 것, 즉 인간의 본질을 경험하게 될지도 모른다. 이는 [개별 오류의 세계]로부터 [통합 진리의 세계]로 자신을 인도할 수 있게 된다. 매우 어려운 과정이지만, 이 과정을 통하지 않는 개별적 철학은 단지 개인적 생각, 사유 표현에 불과하며 타자(他者) 일반 다수를 이끌 수 있는 힘을 갖지 못한다.

통합사유철학강의

삶의 사유 공간과 그 해석

인간 일반의 완전성은 의외로, 아주 작은 무(無)를 통해 암시(暗示)받을지도 모른다. [인간을 완전하게 하는 것]은 인간을 발전시키는 과정이 아니라 [인간을 본래의 인간으로 회복시키는 과정]이다. 인간의 회복은 자유정신적 평등을 기원으로 한다. 인간 일반의 모든 억압과 부자유는 불평등을 기원으로 한다. [무(無)]는 본질적으로 평등하다. 왜냐하면, 우리는 모든 것이 동일한 상태 즉 동일 공간, 동일 시간에서 동일 실체성을 느낄 때 무(無)를 경험하기 때문이다. 이와 같이 [평등적 무변화]로 [무(無)]를 사유한다. 자신의 사유 공간 세계 속에서 8개의 어떤 사유 공간에도 속하지 않고 독립성을 유지하는 [무(無)]의 세계는 모든 인간 일반에게 동일하다.

인간의 삶은 유한하다. 그러나 인간의 사유는 무제한적 본질을 가진다. 본 서(書)에서 우리는 유한성을 무제한화 시키려는 것이 아니라, 유한성의 억압 세계를 무제한적 자유 세계로 전환시키는 것에 대하여 고찰한다. 그렇다고 우리가 신(神)적 자유를 원하는 것은 아니다. 우리는 인간이다. 인간은 죽음으로 억압받는 것이 아니라 [사유의 분열]을 통해 억압된다. 이제 우리는 사람들을 억압과 부자유의 시대로부터 회복시키기 위해 힘을 모아야 할 때가 도래한 것을 인식한다.

통합사유철학강의

우리는 삶을 8개의 공간으로 분류한다. [제1 사유 공간]은 사유 표출 공간, [제2 사유 공간]은 실체 상실 공간, [제3 사유 공간]은 진리와 가치에 대한 무력 공간, [제4 사유 공간]은 허무적 니힐리즘 공간 [제5 사유 공간]은 잠재 공간, [제6 사유 공간]은 숨겨진 개별 질서 공간 [제7 사유 공간]은 실체적 무의식 공간, [제8 사유 공간]은 분열 공간이다. 이 공간 사이를 자유롭게 전환하면서 절망과 억압의 시기, 즐거움과 평정(平靜)의 시기를 겪는다. 최고의 인식 상태에 도달할 수도 있고 아직 그렇지 못할 수도 있다. 다양한 가슴 뛰는 감성 공간이 허락될 수도 있고 허무적 슬픔의 공간 속에 머물도록 강제 받을 수도 있다. 다양한 공간을 허락받을 수도 있고 하나의 공간 속에 갇혀 버릴 수도 있다. 그러나 삶이 아무리 파괴적 불평등을 인정토록 강요하더라도, 자유정신 속 8개 통합 사유 공간이 누구에게나 동일하다는 것은 틀림없는 사실이다.

통합사유철학강의

論 : 생각의 구조

우리는 옳고 그름의 판단과 무관한 진리의 세계를 찾는다.
잘만 하면 분별(分別)로 나누어진 세계를 봉합(封合)할 수 있을지도 모른다.

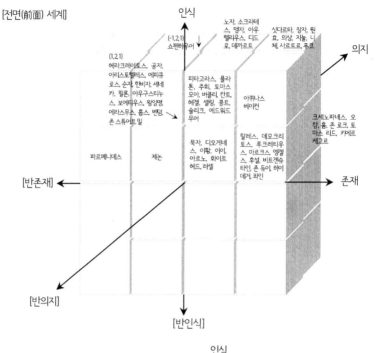

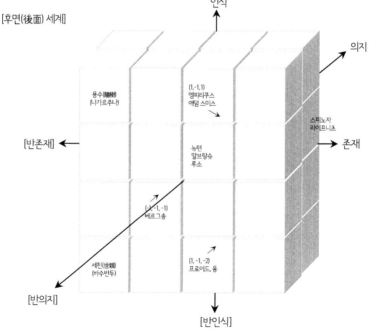

삶의 사유 공간과 그 해석

우리는 아무것도 요구하지 않는 자만 신뢰할 수 있다.

신도 예외는 아니다.

통합사유철학강의

개정판 ‖ 2019년 8월 15일
지은이 ‖ 김주호
펴낸이 ‖ 이현준
펴낸곳 ‖ 자유정신사
등록 ‖ 제251-2012-40호
주소 ‖ 경기도 성남시 판교역로 145
전화 ‖ 031-704-1006
팩스 ‖ 031-935-0520
이메일 ‖ bookfs@naver.com

ISBN 978-89-98392-22-2 (03100)

이 도서의 국립중앙도서관 출판예정도서목록(CIP)은 서지정보유통지원시스템 홈페이지(http://seoji.nl.go.kr)와 국가자료종합목록 구축시스템(http://kolis-net.nl. go.kr)에서 이용하실 수 있습니다. (CIP제어번호: CIP2019030377)